沖縄戦
なぜ20万人が犠牲になったのか

林 博史
Hayashi Hirofumi

a pilot of wisdom

敵若《も》し本土に上陸し来つたならば、
一億総特攻に依り之を撃滅し、
郷土を守り皇国を絶対に護持せねばならぬ

『国民抗戦必携』より

目次

國民抗戰必携
昭和二十年四月二十五日
大本營陸軍部
（増刷許可ス、但シ此ノ場合
「い〇〇複寫」ト記スルヲ要ス）

『国民抗戦必携』表紙

扉デザイン、図版作成／MOTHER

序　なぜ今、沖縄戦か

近代の日本は戦争に次ぐ戦争の時代だったが、その最終盤に大きな地上戦としておこなわれたのが沖縄戦だった。一九四五年三月末から沖縄に米軍が上陸し、三か月にわたって住民を巻き込んで激しい地上戦がおこなわれた。当時の沖縄県の人口は約六〇万人、約八万人は県外に疎開していたと見られるので約五〇万人が巻き込まれた。日本全体（朝鮮、台湾、樺太《からふと》を除く）では人口は七〇〇〇万人あまりだったが、もし戦争が長引いていれば、その日本本土でも同じような地上戦がおこなわれていたかもしれない。そういうことを考えると、沖縄戦はけっして沖縄だけの問題ではない。

今日、日本が戦場になることを想定した準備が次々になされている。ミサイル・アラートによる避難、攻撃されても司令部機能は生き残ることができるようにする自衛隊基地の強靭《きょうじん》化対策、南西諸島への自衛隊配備と住民の避難計画、それらを進めるための軍事予算の倍増など、沖縄が真っ先に戦場にされるだけでなく、日本全体の戦場化が想定された施策が次々に実施されてきている。

狭い地域に多くの住民が住んでいる日本が戦場になるとどうなるのか。そのことを考えるための多くの手がかりを沖縄戦の経験からくみ取ることができるだろう。

沖縄戦における沖縄県民の死者は軍人軍属、民間人を合わせて一二万人以上、一五万人に及ぶのではないかとも推定されている。この数字は沖縄に残っていた人たちの三分の一に近い。本土出身の軍人らや米軍人らを合わせると二〇万人を超えるが、民間人が軍人の死者を上回っていることは間違いない。戦闘行為による戦死者だけでなく、餓死やマラリア死なども多い。軍人の死者はかなり正確にわかるが、沖縄の民間人については正確な数字がわからない。これは民間人の死者には日本政府が注意を払わず、まったく調査をおこなっていないことに大きな要因がある。

亡くなった人だけでなく、生き残ったとしても深刻なケガを負った人、障がいを負った人、飢えやマラリアに苦しめられた人、家を失った人、郷里に戻れなくなった人、家族を失った人、孤児となった人、心の傷を負ってその後も長年苦しみ続けた人などその傷は長く続いている。

これほどまでに膨大な被害を出した戦いを二度と繰り返さないために、その後の日本は何をしてきたのだろうか。戦争も軍備も放棄する平和憲法を制定したことはそのひとつかもしれないが、日本政府は沖縄を切り離して米軍の軍事支配に提供したし、一九七二年に日本に返還されてからも、今なお日本全土の米軍専用基地の七〇パーセントを国土面積の〇・六パーセント

図　南西諸島

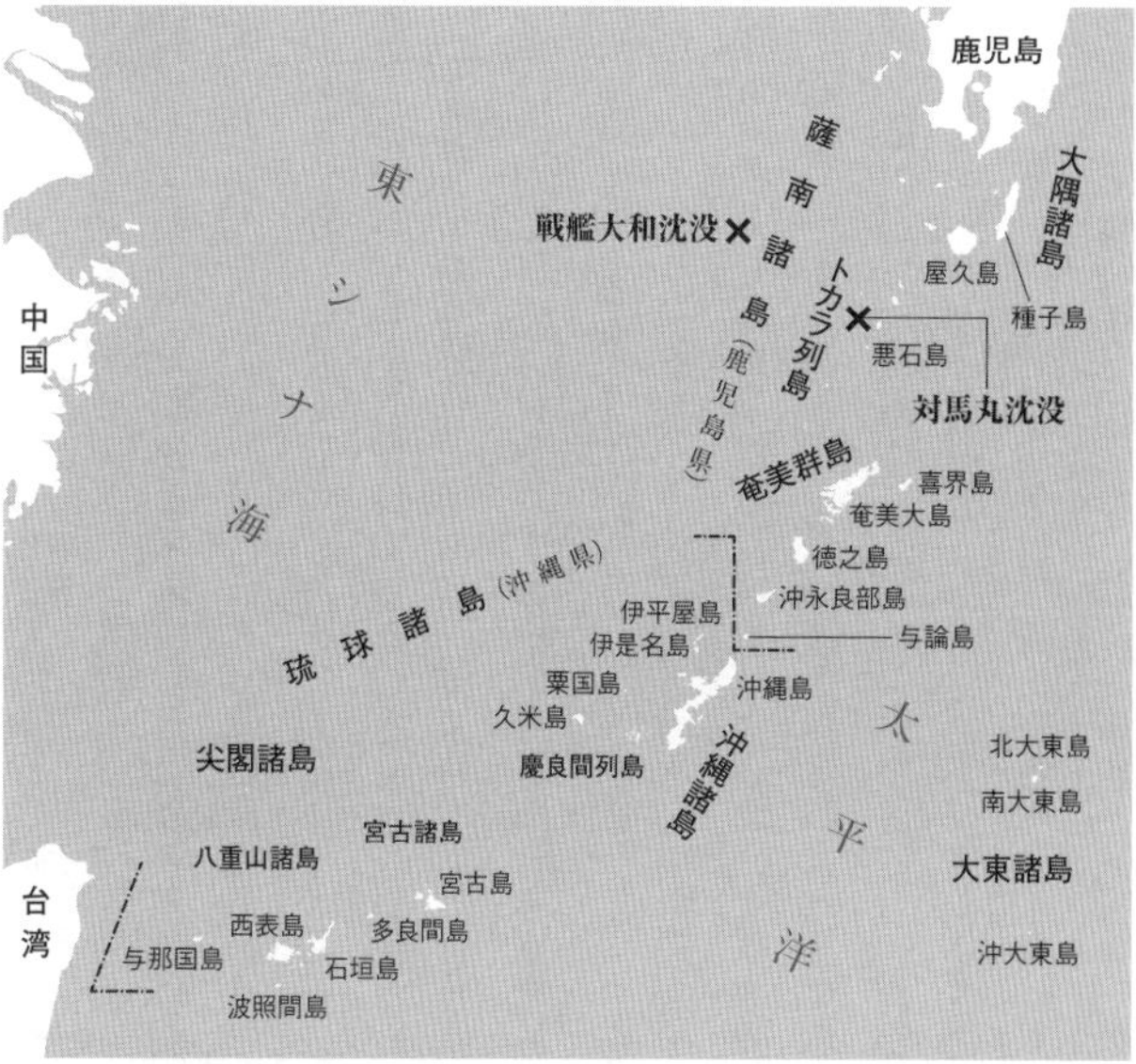

石原昌家『証言・沖縄戦』青木書店より。一部補足し作成

しかない沖縄に押し付け続けている。

沖縄戦における重要な出来事のひとつは、日本軍が多くの沖縄県民を殺害したことだが、歴史教科書にこの事実を書こうとした時、文部省（現在の文部科学省）は教科書検定で削除させたことがあった。これに対して沖縄県民総ぐるみの抗議によって取り消させて、その後はその事実を教科書で書くことが認められるようになったが、後に日本軍が「集団自決」を強制したという記述は削除させ、今日にいたるまで認めていない。こうし

たことは沖縄戦の重要な事実を否定することだが、なぜ日本政府はそこまで沖縄戦の教科書記述にこだわるのだろうか。

自衛隊が、旧日本軍が住民を犠牲にした事実を認め反省し、自衛隊は旧日本軍とは違う、国民の生命と安全を何よりも第一に考える組織だというのであればいいのだが、そうした旧日本軍の負の事実からは目を背け、沖縄で「日本軍が長期にわたり善戦敢闘」したと幹部候補たちへの教育において賛美し続けていることも再三指摘されている（「沖縄タイムス」二〇二四年六月六日、第五章—5も参照）。

現在にいたるまで、日本政府も自衛隊も旧日本軍を称《たた》え、住民を犠牲にしたことを隠し続けているのはなぜだろうか。

人が歴史を振り返る時、それはただ過ぎ去った過去を見るためではなく、今の自分、さらに自分を取り巻く社会の現状を見つめ、どのような未来をつくっていこうとするのか、を考えるためである。だからある歴史の事実を否定しようとするのは、それが今の、さらに未来に向けてつくろうとしているものにとって都合の悪いものだからである。

沖縄の人々を本土防衛の捨て石（捨て駒）、つまり本土のための犠牲にしたのが沖縄戦だったが、そのことを認めず、そうした犠牲を繰り返さないような施策を抜きにしたまま、南西諸島の軍事化、戦争の準備が進められている。

そうしたことは沖縄だけのことではない。現在、日本全国では約三〇〇地区の自衛隊基地などの「強靭化」計画が進められようとしていることをどれほど多くの人が知っているだろうか。化学・生物・核兵器などによる攻撃にも耐えられるように司令部の地下化などが計画されている。筆者の住む東京郊外の町の自衛隊基地でも同様の計画があるが、地上の基地施設が破壊されて司令部だけが地下にもぐって生き延びるような状況になった場合、その周辺に住んでいる人々はいったいどうなっているのだろうか。日本軍だけが地下の壕（ガマ）に潜んで生き延び、住民は壕から追い出されて砲爆撃にさらされた沖縄戦の状況と重なって見えてしまうのは考えすぎだろうか。

さらに米軍基地や自衛隊基地のみならず、日本全国各地の空港や港湾などの民間施設までも軍事利用が進められていることを考えると、沖縄だけの問題ではなく日本に住むすべての人々にも関わる問題なのである。

いずれにせよ今日の日本に住む私たちにとって、人々の生命と安全を守るうえで、沖縄戦から何をくみ取り、現在、そして未来に生かしていくのか。その課題を今こそ考えなければならない。そのような切迫した状況が広がっているように思われる。沖縄戦から八〇年、今につながる問題として沖縄戦とは何だったのかを一緒に振り返って考えてみたい。

なお本書では、歴史的な事実の叙述だけでなく、普通の人々の視点から沖縄戦の実相に迫るために多くの体験者の証言を引用紹介した。そのために新書としては分厚いものになったが、自分がそこに巻き込まれていたらどうだったのだろうか、と想像しながら読んでいただければ幸いである。

凡　例

参照した文献については、文献を特定できる最低限の情報のみを記すのでくわしくは巻末の参考文献リストをご覧いただきたい。沖縄県史の場合は、「県史6・二三五頁」、市町村史の場合は、「糸満7上・五八頁」「那覇3―7・二二五頁」のように市町村名と巻、引用参照頁を記す。一般の文献は、著者名、書名、引用参照頁（野里洋『汚名』三五頁）、論文は、著者名、論文名（林博史「沖縄戦における脱走兵について」）を記す。

史料については、最低限の情報のみ記載するか、くわしい情報が記載された参考文献を挙げておいたので、それを参照していただきたい。「沖縄１４３」とあるのは防衛省防衛研究所戦史研究センターの請求番号である（正確には「沖台　沖縄１４３」）。ＲＧから始まる番号は米国立公文書館の請求番号である。

引用にあたっては、カタカナはひらがなに、旧漢字は新漢字に、また読みやすいように適宜新かなづかいに直した。

沖縄戦についての基本的な文献である、『沖縄県史　各論編6　沖縄戦』、吉浜忍・林博史・吉川由紀編『沖縄戦を知る事典』、古賀徳子・吉川由紀・川満彰編『続・沖縄戦を知る事典』、林の著作（『沖縄戦と民衆』『沖縄戦　強制された「集団自決」』『沖縄戦が問うもの』）から要約叙述している際には典拠を省略した場合もあるのでご容赦いただきたい。

なお沖縄諸島の中心となる島は一般には沖縄本島と呼ばれることが多い。ただ「本島」という言い方は

「離島」に対する差別だという考え方もある。自然科学の観点からは「本島」という言い方ではなく、沖縄島と言うようである。本書ではそうした議論も念頭に置いたうえで、沖縄諸島のなかで政治行政経済その他において中心となる島として、また沖縄戦において主要な戦場になったことも含めて沖縄本島と記述する。また特に島の名前を記していない場合は沖縄本島での出来事の叙述である。

第一章
沖縄戦への道

1939年11月3日、普天間宮参拝後、並松街道を行進する垣花女子警防団

那覇市歴史博物館 提供

1　沖縄の近代――同化・差別と反発

沖縄戦は一九四五年三月にいきなり起きたわけではない。かつては独立国だった琉球《りゅうきゅう》王国が日本に併合され、その後は戦争を繰り返す日本のひとつの県として歩んでいった。その近代の歩みの行きついた先が沖縄戦だった。ここではかんたんに近代の沖縄を振り返っておきたい。

琉球王国から沖縄県へ

琉球王国として日本とは別の国だった沖縄は、一七世紀初頭に徳川幕府の許可を得た薩摩《さつま》藩の侵攻によって与論島《よろんじま》以北の薩南諸島（奄美《あまみ》群島、トカラ列島、大隅《おおすみ》諸島など現在の鹿児島県）を薩摩藩の直轄地とされ、沖縄本島より南は琉球王国として存続しながらも薩摩の支配下に置かれた。その方法で薩摩藩は明《みん》と琉球王国との進貢貿易から利益を得た。幕府を倒して成立した明治政府は全国で廃藩置県をおこなった翌年の一八七二（明治五）年、琉球国王を「琉球藩王」に「冊封」し、さらに一八七九（明治一二）年に軍隊と警察を派遣して琉球王国を廃して沖縄県を設置した（琉球処分）。一五世紀以来の琉球王国は終わった。

その後、旧琉球王国の家臣など清《しん》国を頼って琉球王国の復活を目指す人々がおり、明治政府は、彼らをなだめるうえでも古い制度を残し、急激な日本化を控える「旧慣温存」政策を取った。また琉球の日本併合を認めない清国との間で、沖縄諸島以北を日本領、宮古・八重山諸島を中国領とする分島案を提示したこともあったが、日本が日清戦争（一八九四―一八九五年）に勝ったことによって台湾を獲得し、台湾より北にある南西諸島全体を日本の領土とすることが確定した。これ以降、明治政府は旧慣温存政策をやめ日本本土への同化を目指す政策に転換した。

なお学校教育に関しては、すでに一八八〇年に会話伝習所（後の師範学校）と首里中学校（後の県立第一中学校）を開設、一八八七年に他府県に先駆けて沖縄県尋常師範学校に「御真影」（天皇皇后の写真）を「下賜」し同化政策を始めていた。日清戦争後、本土の地租改正にあたる土地整理事業を一八九九年から一九〇三年にかけて実施、一八九八年から徴兵制も実施された。徴兵忌避も多かったが、日露戦争には沖縄出身兵約三九〇〇名が参戦するようになった。

この時期、沖縄での自由民権運動が県による抑圧によって衰退するなかで一八九九年のハワイ移民の送り出しを皮切りに海外への移民が始まり、多くの移民を出すようになった。

政治行政については、一九〇八年に特別町村制が実施されて、それまでの間切《まぎり》や島が町村となり、一九〇九年に沖縄県会が設置された。ただし本土並みの自治権を得るのは一九二〇年まで待たなければならなかった。なお、国政への選挙が実施されたのは一九一二年、宮古・八重山は一九一九年だった。

同化と差別・貧困への反発

その後、第一次世界大戦中、主要な産業だった糖業が盛況となるが、戦後の一九二〇年代に入り砂糖価格が大暴落して沖縄経済は大打撃を受け、米だけでなくイモも食べることができず、「ソテツ地獄」と呼ばれる窮状に陥った。毒抜きが必要で、誤れば命を失いかねないソテツを食べて飢えをしのがなければならない状況になったためにそのように呼ばれた。そのために海外移民や本土への出稼ぎ、身売りなどが増えた。

本土への出稼ぎでは阪神工業地帯などの製糸・紡績工場の労働者などが多かったが、本土の労働者以下の低賃金や劣悪な労働条件下に置かれ、また差別にさらされた。特に沖縄の言葉は本土では通じなかった。そうした体験が広がるなかで、沖縄の言葉や習慣文化などを遅れたものとして否定し、本土（ヤマト）に同化することによって「日本人」となり差別から逃れようとする同化志向を生み出した。沖縄県庁や教育界の幹部たちは本土出身の官僚や教員たちによって占められ、彼らが上から同化政策を推進すると同時に、沖縄の有力者や教育者たちもそれを下から推進した。

しかし他方では、そうした差別や沖縄の貧困を生み出す社会の問題を見つめ、社会への批判的な問題意識を持った人々を生み出していった。特に出稼ぎなどによって本土に行き、そこで労働運動に参加し、あるいは大正デモクラシーや社会主義思想に接することによって自覚的な人々が生み出されていった。そうした影響は沖縄のなかに、特に教員や師範学校・中学の生徒などに広がっていった。

沖縄では一九二七年に小学校教員や師範学校生を中心に社会科学研究会がつくられたが、一九二九年から警察による弾圧を受けて次々に検挙され、教員は免職、生徒は退学させられた。さらに一九三〇年に八重山教育労働者組合、翌三一年に沖縄本島で沖縄教育労働者組合ＯＩＬが組織され、子どもの貧困など社会問題を考えようとしたが、弾圧を受けてそれに参加した小学校教員や師範学校生徒たちは治安維持法によって起訴されたり、懲戒免職、退学など教育界から追放され、なかには警察の拷問によって精神異常をきたした者も出た（安仁屋政昭『沖縄の無産運動』八四―一一六頁、川満彰・林博史『沖縄県知事　島田叡《あきら》と沖縄戦』第四章）。

沖縄の豊見城村《とみぐすくそん》で小学校教員だった仲宗根源和《なかそねげんわ》は、後に日本共産党の結成に参加するが、「非常に貧乏」「そういう情況をみていたら、これはいくら教壇で教えようとしても駄目だ。沖縄の貧乏を救うことがまず必要だというところへ僕の目は向いていったんです」と回想している。こうした貧困の現実を変えるために労働者農民の立場に立つ思想と考えられていた社会主義（共産主義）に共鳴するようになった（新崎盛暉『沖縄現代史への証言』上・五四―五七頁）。なお戦前から戦後にかけての日本共産党の最高指導者だった徳田球一《きゆういち》は名護の出身だった。

一九二〇年代末から三〇年代にかけて全国でそうした教員に対する弾圧がおこなわれ、一九三二年一一月末までに全国で五九五人が検挙されたが、東京一二九人、ついで岩手五七人、沖縄五六人だった。その後、一九三三年に長野県で、二・四事件(「教員赤化事件」)と言われる大弾圧事件がなされ教員など一三九人が検挙された。これにより検挙された教員数は長野が最多になるが、沖縄は四番目で、人口比では長野に次いで二番目に多かった(内務省警保局保安課『特高月報』一九三三年一月、四月、林博史『沖縄戦と民衆』二九四―二九五頁)。社会の問題を考えようとすること自体が危険思想と見なされ弾圧されたのだった。

一九三〇年代に入ると中国への侵略戦争が進められ総力戦体制をつくるために、それに反する思想や運動は弾圧され、人々の思想・意識は統制され、天皇と国家のために命を捧《ささ》げることを求める皇民化政策が本格化し戦争に動員されていくようになる。しかしそうした同化・皇民化、思想統制、戦争への動員が大きな流れとなる一方、抑えつけられていたとはいえ、そうした流れとは異なる人々やその意識も底流には流れていたと言えるだろう。もちろんそうした問題意識を持っていてもそれを捨て去って抑圧的な仕組みに加担するようになることが多いが、他方で外国に行き外国人と交流のあった移民帰りの人たちも含めて――移民先によって異なるが――、戦争へと突き進んでいく社会の流れとは異なる意識を持っている人たちも少なくなかった。

近代の沖縄社会のなかで生まれた多様な人々の存在は、軍国主義の抑圧体制の下で一元化されたように見えながらも、沖縄戦のなかでの人々の意識と行動に大きな意味を持ってくることになる。

2 中国やアジア太平洋への侵略戦争と沖縄

中国での沖縄出身兵士たちの体験

日本は一九三一年から満州事変を契機に中国への侵略戦争を始め、三七年からは日中戦争へと中国との戦争を全面化させていった。沖縄からも多くの青年男子が徴兵によって兵士となったが、一九三七年度には六二四〇人が徴兵検査をうけ、うち一九六二人（うち海軍一〇七人）が軍隊に入営した（沖縄県総務部統計課編『沖縄県勢要覧』昭和一四年版・一六頁）。

およそ一九三五年度以降に現役徴集された者が日中戦争に関わっていると考えられるが、中国に行ったかどうかは別として沖縄を出て軍隊に入った者は、一九三七年度から四三年度までで一万五〇四二人となる（大江志乃夫編『支那事変大東亜戦争間動員概史』二六〇頁）。またこれとは別に再度召集された者などは一九三七年度から四三年度までで三万三人である（同二六三頁、ただし一九四〇年度の数字が印刷不良でよく読めないため、前後の年度の数字の中間をとって四〇〇〇人として計算した。また沖縄の数字は現役徴集も含めてすべて下一桁のゼロが余分に記された誤記と考えられるのでそれをとって計算した）。この二つを合計すると四万五〇四五人となるが、二度以上召集された者を減じ、一方で志願した者などを含めると四万人前後の沖縄出身者が軍隊に入り沖縄から出て行ったと考えられる。当時、沖縄県の人口約六〇万人、うち男は二八万人ほどなのでかなりの割合になる。

中国との戦争から沖縄に帰ってきた兵士たちはその体験を口々に周りの人たちにしゃべった。中国人を妄《みだ》りに殺害したり強かんしたりした経験が語られ、敵に捕まれば自分たちもそうなるのだという認識を沖縄の人々に広げることになった。

中国に送られた日本軍の兵士たちは最初に、捕まえてきた中国人を銃剣で刺殺する訓練をやらされたが沖縄出身兵も同じだった。一九四一年に入隊した喜友名朝惟さんは中国で「縛った支那人捕虜」を銃剣で「突き刺す訓練」をやらされた（北谷町《ちゃたんちょう》『戦時体験記録』七一九頁）。

たとえば一九三七年から三年間華北に派遣された小波津正雄さんは、中国のある集落で八人の青年を引っ張り出してきて田んぼに並べて日本刀で首を刎《は》ねたこと、「青年たちの手足を縛り上げて転がし、藁《わら》を少々かぶせて火をつけ、死ぬまで焼いたりもした。さらに、竹の先を火に焙《あぶ》り、そこに油を塗った竹槍《たけやり》で、裸にした現地の青年を何分で殺せるか試したりもした」など「実に野蛮で、残酷な振舞をした」ということを語っている（西原3・七九八頁）。「敗残兵を捕まえて手を後ろにしばり、並べて座らす。それにガソリンをかけて、紙に火をつけ投げる。すると三分ほどで焼け死んでいた」ということを糸村昌光さんは振り返っている（北谷5上・六九三頁）。

日本軍でさえもこんな残虐なことをするのだから「鬼畜」の米軍ならもっとひどいことをするだろうと、敵への恐怖心を煽《あお》ることによって軍への協力に駆り立て、捕虜になるくらいなら死ぬように仕向けていくことになった。

沖縄の外に送られた労働力と「南進論」

日中戦争が長期化するなか、一九四〇年一二月から国民徴用令による労働力の日本本土への送り出しが始まった。佐世保の海軍工廠《こうしょう》や三菱重工業長崎造船所など軍需工場に沖縄からも送り込まれ、四三年五月末までに計二五一二人にのぼった（県史6・二六頁、『沖縄県史料　近代1』六五五－六五九頁）。

石垣島からは一九四三年八月に今日の船で出ろと命令され滋賀県の近江航空工場に徴用されたが、そこで沖縄から徴用されたふたりが自殺、そのひとりの遺書には「沖縄の人あわれ、何も知らされずに引っ張られてきてこんな惨めな思いをする」と書かれていたという。また本土で米軍の空襲によってなくなった人もいた（琉球新報社会部編『未来に伝える沖縄戦』6・一〇—一二頁）。

一九四四年に入ると女子勤労挺身隊《ていしんたい》の本土への送り出しが本格化し、たとえば愛媛県今治《いまばり》の紡績工場には挺身隊として若い女性たちが一九四四年二月と三月に送られ、今治空襲の際に沖縄から来た六人が亡くなった（名護5—Ⅲ・一〇九—一一四頁、県史6・三六六—三七一頁）。

なお日中戦争前から漁民が多数、南洋諸島や東南アジアに出稼ぎに行っており、一九三〇年代後半には九〇〇〇人以上にのぼり、沖縄県内の漁業人口の六〇〇〇—七〇〇〇人を上回るほどだった（名護5—Ⅲ・一六五頁）。戦争中に引き揚げてきた者も多いと見られるが、残っていた漁民たちは太平洋戦争で軍に動員されて多くの犠牲を出すことになる。

一九四〇年九月に日本軍はベトナム北部を占領（北部仏印進駐）したが、この頃から東南アジアへの進出を図る「南進論」が宣伝されるようになると、沖縄の歴史を利用して人々を侵略戦争に駆り出す宣伝がなされるようになる。沖縄師範学校の教諭安里延によって書かれた『沖縄海洋発展史』（一九四一年三月）が刊行され、琉球王国の海外交易や近代の移民などを海洋発展の歴史として取り上げ、沖縄は「南進国策の第一線」（同前・五頁）であり、「南方発展の第一線に立つ沖縄県人の使命」は「重大」であるとして、沖縄の歴史が侵略に利用されるようになっていく（同書への沖縄県知事兼沖縄県海外協会長早川元《はじめ》の序文）。

日中戦争は中国の強い抵抗を受けて長期化し、アメリカから経済制裁を受けるようになった。そこで日本は英米による中国政府への支援ルートを断ち切るとともに石油をはじめとする東南アジアの資源を獲得することによって状況を打開しようとし、一九四一年一二月八日マレー半島上陸作戦と真珠湾攻撃を宣戦布告なしにおこなって東南アジア・太平洋地域へ侵略を拡大した（アジア太平洋戦争）。この戦争の目的は「重要国防資源の獲得」であり、占領地に軍政をしいて抵抗する者には容赦のない殺戮《さつりく》と弾圧を加えた。

その後、一九四二年六月にミッドウェイ海戦で敗北し、それに続くガダルカナル島の攻防戦で大損害を被り形勢が逆転した。米軍の反攻の前に日本軍は次々と後退した。米軍は、海軍主体の太平洋方面軍（最高司令官ニミッツ海軍大将）がギルバート諸島やマーシャル諸島からマリアナ諸島へ中部太平洋を進攻し、陸軍主体の南西太平洋軍（最高司令官マッカーサー陸軍大将）はオーストラリア軍とともにニューギニアからフィリピンを目指して進攻していった。

3　なぜ沖縄が戦場になったのか

沖縄への日本軍の配備と飛行場建設

一九四三年九月に天皇が出席して日本の戦争遂行政策を決定する御前会議が開かれ、そこで「絶対確保すべき要域」として「絶対国防圏」を設定し、サイパンなどのマリアナ諸島を第一線陣地とすることを決定した。そして一九四四年三月二二日、南西諸島を担当する第三二軍を創設し、マリアナ防衛を支援する航空基地の建設が開始された。

沖縄では一九四三年夏頃から半ば強制的に土地を接収し——代金が支払われた場合でも強制貯金に回された——飛行場建設が始められていたがあまり進んでいなかった。第三二軍の下、読谷《よみたん》、嘉手納《かでな》、伊江島《いえじま》、小禄《おろく》、石垣島、宮古島などで計一六の飛行場建設が進められた。飛行場大隊や要塞建築勤務中隊などの飛行場部隊が次々に送り込まれ、四四年四月下旬から建設が本格化、五月からは住民が大量に動員されるようになった。たとえば伊江島飛行場建設では、国頭《くにがみ》郡の一一の町村に徴用が割り当てられ、五月五日から八月末までに計三万七八四〇人がひとり一〇日間の予定で働かされた（実際には一〇日間では終わらないことが多かった）。国頭郡の人口の約三分の一、一戸あたり一・五人が徴用されて伊江島に送り込まれたことになる。それ以外に陣地構築などでも動員された。飛行場建設に動員された徴用者の人数は部分的にしか史料が残っていないが、たとえば中《なか》飛行場（嘉手納）には七月の一か月間に一八万四四九六人、暴風雨で中止した一日を除くと一日平均六一五〇人が建設に徴用されている。戦後にまとめられた第三二軍「史実資料」では沖縄全体で「一日平均約五万の島民を使役」したとされている。

しかし一九四四年七月にはサイパンなどを米軍に奪われ、日本本土はB29の直接の空襲の範囲内に入った。サイパンにいた二万人以上の在留邦人のうち半数は沖縄出身者だった。在留邦人が多数いた地域での日米両軍の初めての戦闘で、日本軍による住民虐殺や自決の強要など沖縄戦で起こったさまざまな出来事はここですでに起きていた。

マリアナ諸島を奪われた時点で戦争の勝敗は決着がついていたと言えるが、日本は戦争を継続し、四四年一〇月、米軍はフィリピンのレイテ島、四五年一月にはルソン島に上陸し、日本軍はフィリピンの山中に追い込まれた。フィリピンにいた多くの日本人民間人にも大きな犠牲を出したが、日本軍は軍政によって現地の人々を苦しめ、ゲリラと見なした多数のフィリピン住民を虐殺したため、住民の間で日本への反感を強めたことが、在留邦人の大きな犠牲の背景にあった。

地上戦闘部隊の増強

一九四四年六月米軍がサイパンに上陸、沖縄も米軍の来襲を受ける危険性が高まったため、急きょ、地上戦闘部隊の沖縄派遣が決まった。しかし六月二九日、独立混成第四四旅団の約四六〇〇名を乗せた富山丸が徳之島沖で米潜水艦に撃沈されて約三七〇〇名とその装備が失われた。そこで七月に独立混成第一五連隊を沖縄に空輸、さらに七月から八月にかけて第九師団、第二四師団、第六二師団が沖縄本島に、第二八師団が宮古島に到着するなど地上戦闘部隊が中国・「満州」から続々と送り込まれてきた。日本全土から兵士たちがかき集められた。第三二軍の新しい司令官に牛島満《みつる》中将が着任、七月初旬に軍参謀長に就いていた長勇《ちょういさむ》少将（沖縄戦時は中将）とともに沖縄戦を指揮することになる。

一〇万にのぼると見られる日本軍は、学校など公共施設を宿舎として接収しただけでなく、民家にも将兵たちが分宿することになり、沖縄は一気に戦時色に染まった。人々は飛行場や陣地の構築などに徴用され、また将兵のための食糧の供出を要求された。徴用に人手を取られれば食糧生産に支障をきたすが、軍からは両方を要求された。もともと食糧を自給できない沖縄はさらに困難な状況に追い込まれた。

大本営の命を受けて陸軍少将長勇は七月はじめに沖縄に赴いて調査をおこない、守備兵力な

1945年2月、米軍上陸前に撮影された。1は大田實海軍少将、2は牛島満第32軍司令官、3は長勇第32軍参謀長、6は八原博通第32軍高級参謀　沖縄県公文書館蔵

どの計画とともに県民の県外疎開などを提案しそれを基に準備が進められた（その直後に第三二軍参謀長に就任）。九月には飛行場建設の遅れを取り戻すために沖縄に来たばかりの戦闘部隊を飛行場建設に投入し、一〇月上旬までに北（読谷）・中（嘉手納）飛行場や伊江島飛行場など主な飛行場をおおむね完成させた。ところが一〇月一〇日に米機動部隊の艦載機による大空襲、いわゆる十・十空襲を受けた。米軍はレイテ島上陸作戦を前に、沖縄や台湾などの日本軍の航空基地や港湾施設を叩《たた》くことを目的としていた。この日の計五次にわたる空襲により、第三二軍「戦闘詳報」などによると、軍人軍属の戦死者は二一八名、陸軍人夫約一二〇名、民間人の死者は三三〇名、さらに大量の武器弾薬や食糧を失った。この数字以外に八重山の飛行場建設に

徴用されて沖縄本島に戻ろうとしていた船が久米島沖で撃沈され約六〇〇人が死亡している（八重瀬・四二―四三頁）。

また那覇は約九割が焼失し、焼け野原となった。なお第三二軍はこの日から兵棋演習を予定して前の晩から各部隊の幹部が那覇に集まって宴会をしており、不意打ちを受けた形になった。この空襲を契機に沖縄は一気に戦場の雰囲気に変わった。

本土防衛の捨て石としての沖縄

第三二軍は、沖縄本島に陸軍三個師団を配備し、米軍の上陸に対して水際で決戦を挑む考えで作戦計画をつくっていたが、四四年一一月台湾の防備強化のために第九師団を台湾に引き抜かれることになり、四五年一月までに同師団は台湾に移った。第三二軍の要請を受けて大本営は一個師団の増派を検討したが、本土防衛準備を優先させたために一月下旬、大本営は増援を送らないと通告した。

その背景を見ると、一九四五年一月二〇日、大本営が天皇に上奏して決定した「帝国陸海軍作戦計画大綱」がある。ここで作戦の目的は「皇土特に帝国本土の確保」とし、沖縄本島以南の南西諸島などは「皇土防衛の為《ため》縦深作戦遂行上の前縁」とされ、そこに敵が上陸してきた時は「極力敵の出血消耗を図り且《かつ》敵航空基盤造成を妨害す」ることとされた。つまり、沖縄は皇土＝本土とは見なされず、本土防衛のための「前縁」とされ、本土防衛のために敵の損害を増やし時間稼ぎをすること、すなわち沖縄は本土防衛のための捨て石とされたのである。

太平洋戦線において米軍の進攻によって日本軍が次々と敗退を余儀なくされていくなかで、天皇は「決戦」をおこなって米軍を叩くことを軍に要求するようになった。しかしサイパン、フィリピンでも天皇の期待はかなわないなか、二月に天皇が元首相ら重臣七人を個別に呼び戦局について所信を聴取した際に、元首相の近衛文麿《このえふみまろ》は上奏文を提出し、敗戦は「最早《もはや》必至」だとして「国体」すなわち天皇制を守るために「速かに戦争終結の方途を講ずるべき」だと提言した。しかし天皇は「もう一度戦果を挙げてから」と言って戦争継続の意思を示して近衛の上奏を斥《しりぞ》けた。天皇は、米軍に一撃を与えることによって国体護持＝天皇制維持が保証されることを期待していたのである（山田朗『大元帥 昭和天皇』三七〇―三八三頁、『昭和天皇の軍事思想と戦略』三二一―三二二頁）。

沖縄戦は、日本軍にとって本土防衛準備のための時間稼ぎの戦いであると同時に、天皇制を守るために米軍に一撃を与えようとする戦いでもあった。両者は矛盾する側面があり、実際に沖縄での日本軍の戦い方に混乱が生じたが、いずれにせよ「国体」（天皇制）を守るために沖縄の人々が捨て石にされたことに変わりはなかった。

一個師団を減らされ増援の望みも絶たれた第三二軍は水際で決戦をおこなう作戦を放棄した。

1945年、首里城地下の第32軍司令部壕内　　沖縄県公文書館蔵

本島中部西海岸（読谷から北谷）に米軍が上陸してきた場合、そこにある北飛行場（読谷）と中飛行場（嘉手納）を放棄、首里に軍司令部を置き、首里の北側にある宜野湾《ぎのわん》から西原以南に主陣地を構えて、そこで持久戦をはかるという作戦計画を採用した。四四年一二月から首里城の地下に軍司令部壕を作る工事が始まり、米軍上陸直前の四五年三月に軍司令部はこの地下壕に入った（保坂廣志『首里城と沖縄戦』第1章）。なお第三二軍はこのふたつの飛行場や伊江島飛行場は米軍上陸直前に放棄し、一部は破壊した。同時に増援が期待できないことから沖縄県内で住民の徹底した根こそぎ動員が図られることになる。

米軍が上陸後に押収した日本軍文書によると表1－1のように第三二軍の人員は一九四五年二月二八日時点で、沖縄本島とその周辺だけで六万六四九〇名（または六万五四二〇名）、宮古・八重山諸島や奄美群島、大東諸島なども合わせると

表1-1　第32軍編成表（1945年2月28日現在）

部隊	編成表定員	実人員	配属人員	実人員計	備考
第24師団	12783	14360	3174	17534	
第62師団	8317	10353	3772	14125	
独立混成第44旅団	3139	3173	2947	6120	
国頭支隊	1364	1715	1245	2960	
第5砲兵司令部	5134	5261		5261	
第19航空地区司令部	5090	2209		2209	
軍通信隊	1929	2019		2019	
第21野戦高射砲司令部	3176	3189		3189	
第49兵站地区隊	2574	2550		2550	
第11船舶団司令部	3087	3087		3087	
第32野戦兵器廠	1842	1617		1617	
第32野戦貨物廠	1282	1336		1336	
その他	3691	3413		3413	
沖縄本島と周辺　合計				66490	上記の合計 65420
第28師団	15218	12337	19429	31766	宮古八重山
歩兵第36連隊	3707	3229	1381	4610	大東島
独立混成第64旅団	5235	5119	1801	6920	奄美
沖縄本島以外　合計				43296	
総　計				109786	上記の合計 108716

"10th Army Translation," No. 256, 7 July 1945 より作成。米軍が押収した日本軍文書であるが、英訳しか残っていない。原史料ではかなり細かな部隊までリストアップされて人員が記されているが、その中から主な部隊のみを取り上げて記した。

（注）数字については、複雑な記述がなされており、いくつか数字が合わない個所があるが、できるだけ合理的になるように計算しなおした。合計・総計欄の数字は、原史料の数字を記し、各部隊の数字を合計した場合の数字を備考欄に記した。「配属人員」とは、たとえば第24師団の構成部隊ではないが、同師団の指揮下に入れられた部隊の人員を指す。

表1-2　日本軍部隊一覧

沖縄戦に関係のある日本軍主要部隊（1945年4月1日現在）

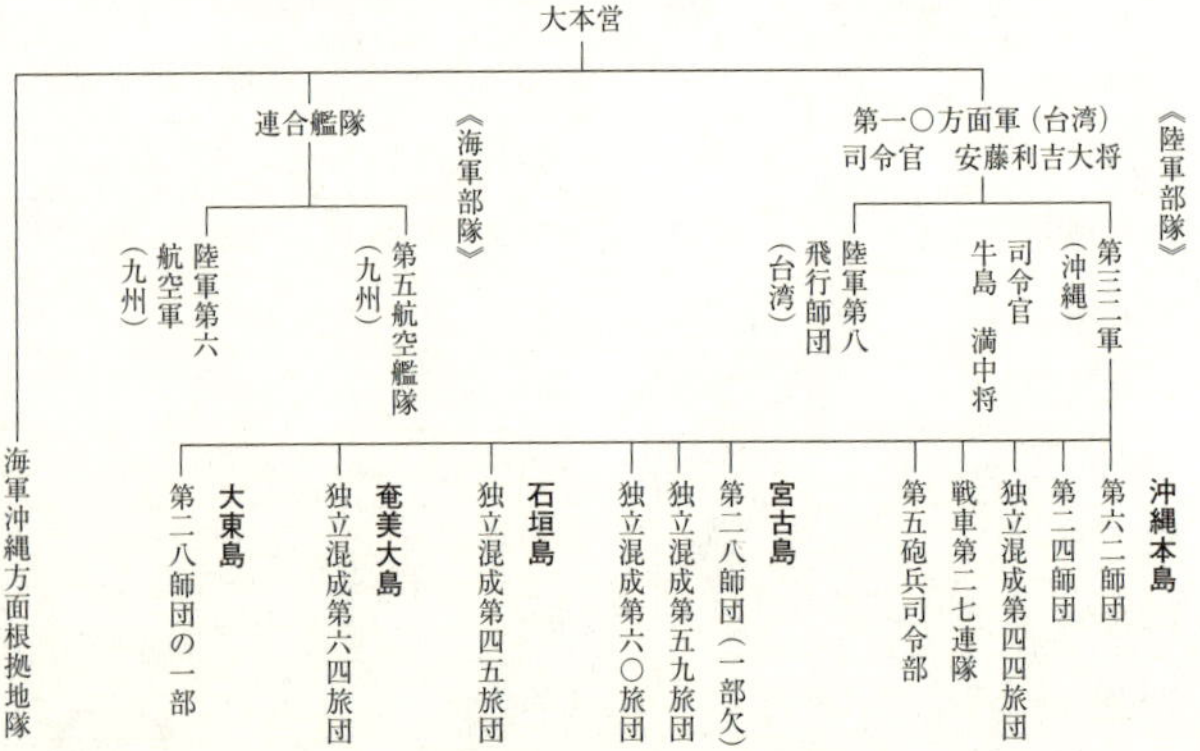

（注）海軍の第五航空艦隊は、九州の基地航空隊。
陸軍の第六航空軍は、一時的に海軍の連合艦隊司令長官の指揮下に入っていた。
海軍の沖縄方面根拠地隊は陸戦に関しては第三二軍司令官の指揮下に入った。

沖縄本島に配備された日本軍部隊（1945年4月1日現在）

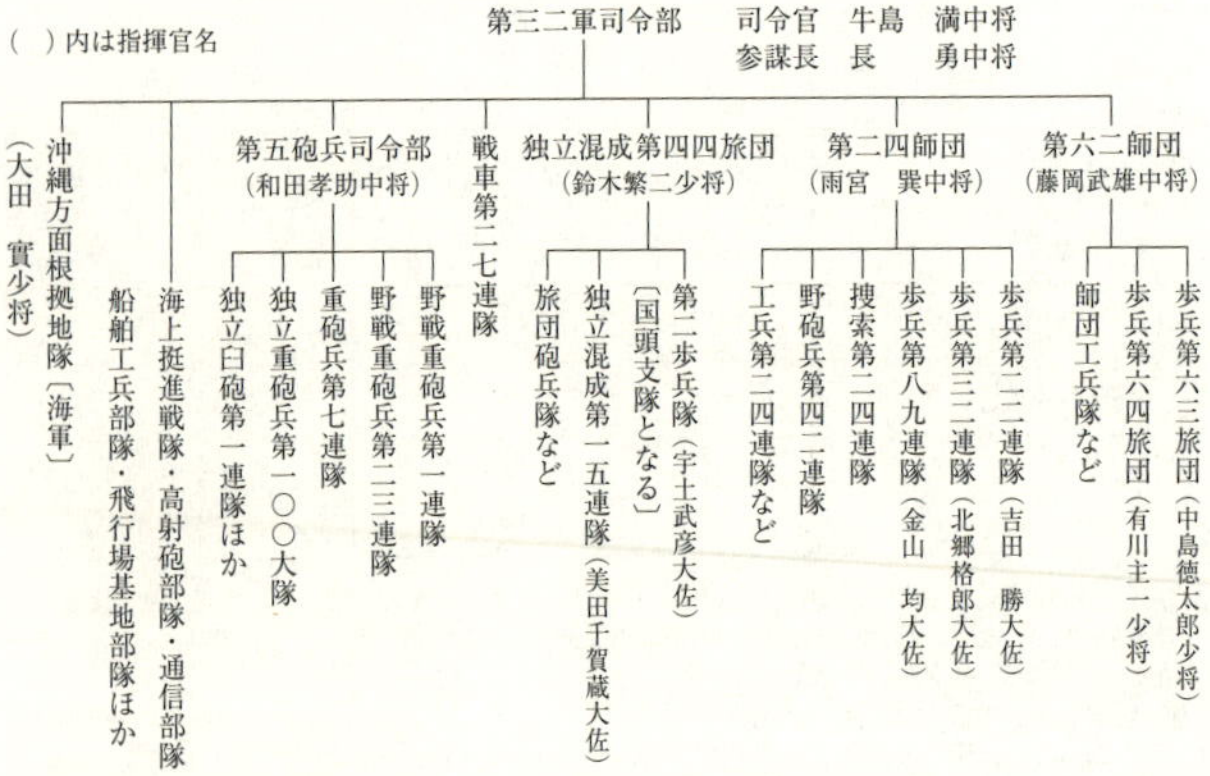

藤原彰編著『沖縄戦―国土が戦場になったとき』青木書店、59頁を基に作成

表1-3　米軍部隊一覧

沖縄戦に参加した連合軍主要部隊

TF＝タスク・フォース　（　）内は指揮官名

- 中部太平洋部隊（スプルーアンス海軍大将）
  - 支援部隊〔TF50〕（スプルーアンス海軍大将）
    - 米空母機動部隊〔TF58〕（ミッチャー海軍中将）空母18、戦艦8、巡洋艦16
    - 英空母機動部隊〔TF57〕（ローリングス海軍中将）空母4、戦艦2、巡洋艦5
  - 合同遠征部隊〔TF51〕（ターナー海軍中将）
    - 上陸支援部隊〔TF52〕（ブランディ海軍少将）護衛空母18
    - 上陸支援射撃部隊〔TF54〕（ディーヨ海軍少将）戦艦10、巡洋艦10
    - 北部攻撃部隊〔TF53〕輸送などの支援（リーフスナイダー海軍少将）
    - 南部攻撃部隊〔TF55〕同上（ホール海軍少将）
    - 西南諸島攻撃部隊〔TF51第1群〕（キランド海軍少将）
    - 陽動部隊〔TF51第2群〕（ライト海軍少将）
    - 海上予備部隊〔TF51第3群〕（マクガバン海軍准将）
    - 攻略部隊〔TF56〕＝第10軍（バックナー陸軍中将）

米軍　第10軍の主要部隊

（　）内は指揮官名

- 第10軍（攻略部隊）（バックナー陸軍中将）
  - **〈南部上陸軍〉**
    - 第24軍団（ホッジ陸軍少将）
      - 第7歩兵師団〔3個歩兵連隊〕（アーノルド陸軍少将）
      - 第96歩兵師団〔同上〕（ブラッドレー陸軍少将）
  - **〈北部上陸軍〉**
    - 第3海兵軍団（ガイガー海兵少将）
      - 第1海兵師団〔3個海兵連隊〕（デル＝ベール海兵少将）
      - 第6海兵師団〔同上〕（シェファード海兵少将）
  - **〈西部諸島上陸部隊〉**
    - 第77歩兵師団（ブルース陸軍少将）
  - **〈陽動上陸部隊〉**
    - 第2海兵師団（ワトソン海兵少将）
  - **〈予備部隊〉**
    - 第27歩兵師団（グライナー陸軍少将）〔乗船待機〕
    - 琉球戦術航空軍（ムルケー海兵少将）
    - 琉球海軍部隊（コップ海軍少将）
    - 沖縄島基地司令部（ウォーレス陸軍少将）〔陸上守備隊〕

（注）以上のほかに、ニミッツ太平洋方面軍最高司令官の指揮下に戦域予備部隊として第81歩兵師団（ミューラー陸軍少将）があった。

『沖縄県史　各論編6　沖縄戦』57頁を基に作成

総兵力一〇万九七八六名（または一〇万八七一六名）だった。その後、三月に臨時召集と防衛召集がおこなわれ、後者の場合、第六二師団だけで五四八〇名を防衛召集する予定であったことがわかっているが、三月三日の沖縄本島全域での防衛召集（六日に出頭）だけで約一万四〇〇〇名にのぼっている。さらに三月中にも引き続き防衛召集がおこなわれ、月末には師範学校や中学校・実業学校の男子学徒が防衛召集されているのでこれらを含めると、沖縄本島とその周辺における日本軍は九万名から一〇万名、第三二軍全体では一三万名を超える兵力であったと推定される。

米軍はなぜ沖縄をねらったのか

米軍はなぜ沖縄を奪おうとしたのだろうか。マリアナ諸島を占領し、フィリピン進攻作戦を控えた一九四四年一〇月三日、統合参謀本部は四五年一月二〇日に硫黄島《いおうとう》上陸、三月一日（後に四月一日に延期）に沖縄上陸をおこなうという作戦命令を下した。この沖縄攻略作戦を米軍は「アイスバーグ作戦」と名づけた。日本を降伏に追い込むためには日本本土進攻が必要と考えていたが、台湾—中国沿岸部のルートと、硫黄島—沖縄のルートのどちらを取るかという議論があり、後者が選択された。日本本土進攻のための中継補給拠点と同時に航空基地を確保して本土攻撃や本土封鎖（大陸や南方との交通遮断）をおこなううえで沖縄が重要な地として選ばれた。

このアイスバーグ作戦は、慶良間《けらま》列島攻略から沖縄本島上陸、伊江島と本島の占領と基地建設、その他の南西諸島の占領、と三段階に区分された。特に飛行場は沖縄本島の八つを含めて計一三滑走路を計画していたが、上陸後の四月一九日の偵察により沖縄本島に一八、伊江島に四、計二二の滑走路建設が可能であると判断したために第三段階の作戦（宮古島や喜界島《きかいじま》などの占領）は中止された。この結果、宮古や奄美での地上戦が回避されることになったが、数多くの飛行場建設のために本島の住民は北部の狭い地域に押し込められ、飢餓やマラリアで犠牲をたくさん出すこととなった。

地上作戦は、バックナー陸軍中将の率いる第一〇軍が陸軍四個師団、海兵隊三個師団など総兵力一八万人あまり、それを支援する海軍の中部太平洋艦隊などを合わせると総兵力は五〇万を超えた。太平洋戦争における最大規模の上陸作戦だった。さらにこれらの部隊が沖縄とその近海にとどまって戦えるように、米本土からの物資輸送体制も整備された。

日米両軍ともに上陸地点として、中部西海岸か、南部の港川海岸の二か所が候補として考えられたが、大量の兵力や物資を陸揚げする広さがあり、飛行場にも近い中部西海岸を米軍は選択し、港川海岸には上陸すると見せかけて日本軍を牽制《けんせい》する陽動作戦をおこなっただけだった。

第二章
戦争・戦場に動員されていく人々

戦中。女子警防団の銃剣訓練　那覇市歴史博物館 提供

戦中。波之上での出征激励会　那覇市歴史博物館 提供

1　沖縄の戦時体制

社会運動や思想の弾圧

戦争を進めていくために、国家社会の仕組み全体を戦争を推進できるものにつくり替え、意識を含めて人々をそこに動員していく戦時体制をつくることが目指された。そのためには、第一に、戦争遂行や戦時体制を批判・反対する運動や人、その思想を弾圧し異論を封じること、第二にそうした戦争に人々を動員していく仕組みを整え、人々が自ら進んでそれに参加するような教育宣伝が徹底された。

第一の点から見ると、明治以来、日本政府は出版や集会・結社の取り締まりを通して政府に批判的な言論・社会運動を取り締まってきたが、第一次世界大戦後の共産主義・社会主義運動や労働運動・農民運動などの民衆による社会運動の発展に対して治安維持法を制定し、同法は改悪を重ねて弾圧立法の頂点として社会運動を圧《お》し潰していった。一九二八年の日本共産党への大弾圧である三・一五事件を皮切りに共産党関係者だけでなく警察・司法が共産党の影響力があると見なした「外郭団体」にも拡大され、弾圧が広がっていった。正当な理由もなく逮捕された人々は警察署で拷問を受け、裁判にかけられることなく殺された人も多かった。

一例を挙げると、『蟹工船《かにこうせん》』や『一九二八年三月十五日』などを執筆した作家であり共産党の活動家でもあった小林多喜二は、一九三三年二月に特高警察に逮捕され築地警察署で拷問を受けて殺された。家族の元に返された遺体の下半身全体は内出血でどす黒く膨れ上がり、背中も全面的に内出血し右人差し指は反対方向に曲げられて完全骨折するなど凄惨《せいさん》な拷問の跡が全身に表れていた。優れた研究者であり『日本資本主義発達史講座』（岩波書店）の中心的な編者でもあった野呂栄太郎も一九三三年一一月に逮捕され、翌年二月拷問のために命を奪われた。

労働農民党の衆議院議員だった山本宣治は、帝国議会で「竹刀で繰返し殴られて……悶絶《もんぜつ》」「鉛筆を指の間に挟み、あるいは三角型の柱の上に坐《すわ》らせて、そうしてその膝の上に石を置く、あるいは足をしばって逆さまに天井からぶら下げて……悶絶するまで」放置する、「生爪を剝がして苦痛をあたえる」など各地の三・一五事件での拷問の実態を取り上げて政府を追及した。しかしその一か月後の一九二九年三月五日、山本は右翼によって刺殺され、これ以降、特高警察による拷問を追及する国会議員は現れなかった。

一九三二年頃から警察による弾圧の矛先は、社会主義、自由主義、個人主義、キリスト教など多様な思想・運動に拡大され、知識人、研究者、文学者、演劇人、宗教関係者など弾圧は広がっていった。国家から自立した思想・個人はその存在を許されなくなっていった。

沖縄では労働運動や農民運動は弱かったが、すでに紹介したように教員などの運動が、いずれも弾圧にあって潰された。

キリスト教の宗派のひとつである灯台社は非戦を唱えて軍事教練や宮城遥拝《ようはい》（天皇のいる皇居に向かって拝むこと）などを拒否したために一九三三年に全国的に弾圧され、警察署で「殴る、蹴る、投げる」「柔道を教えてやる」と言って投げ飛ばす、「石壁とお前の頭のどちらが固いかを験《ため》してやる」と頭を壁に打ち付けるなど拷問を受け、信仰を捨てなかった何人もが拷問やひどい獄中生活のなかで獄死させられた。沖縄でも一九三九年に上運天先文とふみの夫婦が逮捕され、四三年には当山昌謙が逮捕、当山は沖縄戦中も刑務所で拘束され続けた。当山は幸い、南部に避難中に米軍に保護されて助かった。

社会運動にとどまらず、一九三七年からの日中戦争の全面化と長期化、太平洋戦争の開始と続くなかで、戦時体制の拡大、総動員体制の実施にともなって生じる社会的矛盾やひずみへの不平不満・批判を監視し、取り締まり、封殺することに警察、特に特高警察の機能が向けられるようになる。社会運動にも関わっていない一人ひとりの国民が監視・取り締まりの対象となる。道ばたや床屋、風呂屋、映画館、列車・バス内でしゃべったこと、俳句短歌、手紙、自宅のノート・日記などの内輪の言動までもが監視対象とされ、民衆相互の密告が奨励されて弾圧されたのである。

そうした弾圧を推進していったのが内務官僚、特に警察官僚であり、沖縄戦の時の県知事島田叡や県警察部長荒井退造はそうした弾圧取り締まりを長年にわたって実行してきた内務官僚だった（川満彰・林博史『沖縄県知事　島田叡と沖縄戦』第四章参照）。

行政・教育による戦時体制づくり

次に第二の点を見よう。内務省をはじめ文部省など各政府機関や県市町村も一体となって情報を統制し、戦時体制・総力戦体制をつくり、人々を戦争に動員していった。そうした仕組みをつくるのは軍の役割もあるが、主に文民の行政機関だった。

満州事変が始まった一九三一年以降、「満蒙権益擁護」「支那膺懲《ようちよう》」などのスローガンによって中国を敵視する排外主義が煽られ、また「肉弾三勇士」などの軍国美談がつくられ、国防献金や兵器献納（献金して飛行機などを買って軍に献納）が全国で取り組まれるなど軍国熱も煽られた。新聞やラジオなどがそれを煽動《せんどう》し人々をそうした運動に動員した。五・一五事件や二・二六事件など軍事クーデターを通じて軍部の影響力が拡大していったが、内務官僚や文部官僚、商工省など経済官僚も軍とともに総力戦体制をつくっていった。一九三五年の天皇機関説事件を契機に、明治憲法を立憲的に運用する天皇機関説が否定され、国家神道の国体観念を唯一の正統なものとして国民に押し付ける国家に変わっていった。日本軍のことは「皇軍」＝天皇の軍隊と呼ばれるようになり、神がかった精神論が風靡《ふうび》していくようになる。

明治以来の近代の日本は教育勅語に見られるように、道徳的に正しいことは天皇・国家が決めて国民に与えるという仕組みを取ってきた。国民が自らの意思と力で憲法を制定しようとする自由民権運動を弾圧して、天皇が国民に大日本帝国憲法を与えた。それに対して人々が自らの頭で考え議論し批判的につくり出そうとする思想と運動が広がってくるが、そうした自主的な思想と運動は一九三〇年代までに弾圧によって徹底的に潰されていった。

一九三七年七月から始まった日中戦争が全面化かつ長期化し、戦時体制づくりが本格化していく。同年一〇月、国民精神総動員中央連盟が結成され国民精神総動員運動が開始された。沖縄県でも時局宣伝や貯蓄奨励（貯金を軍事費に利用）、自由主義・個人主義の排撃などが講演会、懇談会、映画会などを通じて広められ、人々を戦争協力へと駆り立てていった。宮城遥拝、神社参拝など天皇への崇拝は行事を通じて人々の身体《からだ》を馴《な》らすことで浸透させていった。上からの命令に自らの頭で考えることなく心と身体が忠実に反応するようにしつけていくのである。

中国との戦争が長期化し戦時体制づくりも強化されるなかで、沖縄では、方言つまり沖縄口（ウチナーグチ）を撲滅し標準語を強要する標準語励行運動がおこなわれ方言札《ほうげんふだ》も利用された。ほかにもさまざまな風俗改良運動が取り組まれた。たとえば、日本（ヤマト）風に名前を変えさせる改姓改名（たとえば仲村渠《なかんだかり》は中村、安慶名《あげな》は安田に、カメ、ナベなどの女性の名前は漢字のヤマト風に)、琉装は和装に、琉球相撲や村芝居の禁止、モーアシビ(毛遊び、若い男女が夜、野原や海岸に集まって飲食や歌舞で楽しむ習俗)禁止、洗骨の廃止と火葬場設置、ハジチ(女性の刺青《いれずみ》)禁止、神社建設(沖縄には本土のような神社信仰はなかった)、ユタ(神霊などと交流し託宣・呪術をおこなう者で女性が多い)取り締まりなどが推し進められた。これらは一九世紀末からの同化政策のなかでおこなわれてきていたものが多いが、戦時体制下でさらに強力に実行された(県史6、『なは・女のあしあと—那覇女性史(近代編)』第Ⅶ章)。

なお近代以来、沖縄独自の慣習や文化を排除しようとした背景には、本土からの沖縄差別に対して、本土(ヤマト)に同化することによって差別から逃れようとする意識が働いていた。特に本土に出稼ぎに行ったり、軍隊に召集されて九州の各部隊に配属されたりするなどの体験がそれを促した。こうした沖縄の人々の同化志向は、上から押し付けられた側面もあるが、差別から逃れ成功したいという願いが込められていた。

天皇・国家に命を捧げる国民づくり——皇民化政策

しかし日中戦争の時期になると、天皇・国のために命を捧げる人間、つまり皇民になることが求められた。それが皇民化政策・教育だった。したがって同化と皇民化は重なるものが多いが、質的に新たな段階に変わったと言えるだろう(「集団自決」と皇民化については後述する)。

村から青年が兵士として出征していく時には盛大な歓送行事がおこなわれた。村を挙げて壮行会がおこなわれ、村民は「祈武運長久」と書かれたタスキと千人針の腹巻を着け、村長などが激励のあいさつをおこない、日の丸を振り軍歌を合唱して送り出した。ある例を見ると、国民学校に生徒や婦人会が見送りに集まり、軽便鉄道の駅では生徒たちが習字紙でつくった日の丸を棒に付けて振り「勝ってくるぞと勇ましく」と軍歌「露営の歌」を歌って見送った（普天間春さん、中城・証言編下・七二七頁）。広く国民学校生徒たちに歌われたこの「露営の歌」は、「死んで還れと励まされ」と出征していく兵士に名誉の戦死を促すとともに、生徒たちは「大きくなったら兵隊（に）行くとしか」思えないようにさせた（前田仲喜さん、大宜味《おおぎみ》・八九頁）。

一九四四年のことだが、国民学校三年生以上で組織された少年団で、高等科生徒の少年団長が「我らの体は大君のもの　我らの心も大君のもの　心と体を練り鍛え　大君に捧げます」と「誓いの言葉」を言ってから訓練がおこなわれた（知念清徳さん、具志川5—I・二二九頁）。

那覇港に向かう沿道では小中学校生徒をはじめ婦人会など多くの人々からの「手に手に日の丸の小旗を持って『ガンバッテコイヨー』『オ国ノタメニシッカリー』などの歓呼の声の中」（高良正文さん、那覇2中6・七〇頁）を行進、港では知事や司令官などが激励のあいさつをして送り出した。

日中戦争が長期化すると一九三九年以降は召集を解除されて沖縄に戻ってくる兵士が増えた。

一例を挙げると一九四〇年四月二一日には開城丸で一〇一名が帰ってきた。那覇港には県や軍の代表をはじめ在郷軍人会、愛国婦人会、国防婦人会、青年学校代表など大勢が出迎えて県主催の「盛大な歓迎式」を挙行、男子師範学校の音楽部員を先頭に波上宮で帰還奉告祭をおこなった。その沿道では中小学校生徒らが日の丸と万歳の歓呼で出迎えた（「琉球新報」一九四〇年四月二二日）。何十人かがまとまって帰ってくるごとに「武勲の郷土勇士」（「琉球新報」一九三九年一二月一一日）などと称える報道がなされこうした行事が繰り返された。

他方、戦病死者の遺骨が帰ってくる場合には、那覇港の埠頭《ふとう》に祭壇が設けられ、県や軍、その他諸団体の代表、遺族らが参加して慰霊祭が執り行われ、その後、出身の町村の小学校（国民学校）で、町長・村長をはじめ校長、生徒、町村民多数が参加して町葬・村葬がおこなわれた。沖縄本島以外の島々でもそうした行事が大々的におこなわれ、新聞では「武勲の英霊凱旋」（「大阪毎日」一九四〇年五月二日）などの見出しで報じられ、遺族には「息子は今次事変に応召され家を出たとき既に身命を君国に捧げてゐましたので今更、戦死したとの報《しら》せを受けても武門の名誉だ。よく働いてくれたといふ感謝以外に何も感慨もありません」と語らせている（「海南時報」一九三八年二月二日）。

こういう親の言葉は本音とは言えないだろうが、こうした一連の行事を通じて天皇と国のために命を捧げることが名誉だとして称賛され、その意識は特に青少年に刷り込まれていった。

戦地の兵士たちには郷土の町村民や小学生などから激励の慰問の手紙や慰問袋が送られた。一九四一年二月には同年度中に沖縄県から一六万二〇〇〇個の慰問袋を送るとして市町村ごとに割り当てたことが報道されている（「大阪朝日」一九四一年二月四日）。

こうした一連の行事によって、出征する兵士にとっては武勲をあげなければ郷里に帰れないという圧力となり、捕虜になることを躊躇《ちゅうちょ》させることにもなったのではないかと思われる。郷土の人々が出征した兵士を死に追いやっていく仕組みがつくられていったのである（一ノ瀬俊也『故郷はなぜ兵士を殺したか』）。このことは全国に言えることだが、字《あざ》の共同体意識が強い沖縄ではその圧力は一層強かったのではないかと推測される。なお太平洋戦争が進むなかで遺骨は戻らなくなり、壮行会や歓迎会もおこなわれなくなる（新聞記事については、具志川2、竹富11など市町村史の新聞集成を参照した）。

人々を動員していく地域社会

国や行政は地域社会を使って人々を戦争へ動員していった。国家権力から距離を置いた自主的な組織・団体は許されなくなり、一九四〇年一〇月に大政翼賛会がつくられ、すべての政党や労働組合は解散させられた。大政翼賛会の沖縄県支部は同年一二月に結成され、知事が支部長を兼ねた。翼賛会の下に大日本翼賛壮年団（翼壮）が結成された。この年は、紀元二六〇〇年として大々的な行事がおこなわれて現人神としての天皇の統治が宣伝された。歴史的事実としては認められない神武《じんむ》天皇即位二六〇〇年という神がかった虚像が国民に教え込まれていった。「ぜいたくは敵だ」という標語の下で人々の服装や髪型、日常生活の隅々にまで国家と地域社会の監視の目が張り巡らされるようになった。

この年の九月に内務省は「部落会町内会等整備要領」を制定して、全国の都市部には町内会、農村部には部落会、その下には隣保班・隣組なども整備し、全国民を行政の末端に組み入れて監視動員する仕組みをつくった。これらの組織を通じて、人々の徴用・勤労奉仕の割り当て、防空訓練への動員や物資の供出、金属類の供出、貯蓄奨励、防空訓練、さまざまな通達や宣伝など国家の意思が一軒一軒にまで徹底された。また隣組は住民相互を監視させて、国家への批判や不満を抱く者がいれば密告させ、警察が非協力者を検挙するなど弾圧を手助けする機関ともなった。

防空訓練は、後に実際の空襲ではかえって犠牲を増やすだけでしかなかったことが証明されるが、こうした訓練は軍事的緊張を高めて人々を戦争に動員し、同時に異論を許さないという戦時精神動員の役割を持っていた。これは現在のJアラートなどと共通している。

南部の玉城村《たまぐすくそん》では、一日の到達目標地点に日の丸を立てて開墾作業などをおこない、あるいは畑の真ん中に日の丸を立てて一斉に作業する「日の丸共同作業」が取り入れられた（南城・一〇九頁）。

一九四三年四月時点で沖縄県下の二市五五町村に八一〇の部落会町内会が組織され、さらにその下に計一万一一八三の隣保班が組織されていた。沖縄では、字（区とも言い、その長を区長と呼んでいた）の統制力が強く、この共同体の統制力を利用して、あるいは相互に監視させて住民を戦争に動員していった。

米の多くを本土や台湾からの移入に頼っていた沖縄では、本土の大都市より一年も早い四〇年四月から米の配給制が開始された。食糧などの配給も町内会・部落会を通しておこなわれたため、戦争に協力しない者は最低限の生活もできなくなった。自分はやりたくない、関係ないなどということは許されない仕組みがつくられていったのである。

住民の相互監視という点に関して防諜《ぼうちょう》がある。防諜というのは、すでに一九三五年頃から警察が主導して人々を監視統制する手段として強調されるようになった（荻野富士夫『特高警察体制史』）。特高警察の主要任務のひとつが外事警察である。国外からの危険思想・人物を取り締まる任務であるが、外事警察と防諜が結びつくのは天皇制や国家の政策に批判的な思想は海外から持ち込まれるという考えからだった。これは人々の主体性を認識できない発想だった。今日でも市民の運動に対して外国の工作だ、外部から金で動員されているなどという捏造《ねつぞう》された話が流されることがあるが、それと通じるものがある。

一九四二年の防諜週間に沖縄県の特高課長がおこなった談話のなかで、「スパイの対象となるのは国民一人一人である。親子あるいは夫婦といっても決して油断してはならず、よくよく言葉を慎まねばならない。そこでスパイ活動を防ぐには国民全体が力を合わせて、お互いをよく監視しなければならない」と話していた（警察官与座孝さん、那覇2中6・七七頁）のはそうした相互監視の仕組みを警察が意図的に利用していたことの現れである。住民を相互にスパイの疑いをかけて監視するように地域社会の仕組みをつくったのは行政と警察だった。

戦争を煽るマスメディア

天皇のために命を捧げることが名誉であるという意識を沖縄の人々に叩き込むために利用されたのが「軍神大舛《おおます》」だった。与那国《よなぐに》出身の大舛松市陸軍中尉は一九四三年一月にガダルカナルで戦死し、一〇月に陸軍省が大舛の勲功を発表した。それをきっかけに「大舛中尉顕彰運動」が組織されて沖縄の各新聞はこれを大々的に取り上げ、「軍神大舛」に続けとキャンペーンがはられた。沖縄県学務課は「死ねる教育」を打ち出し（「朝日新聞 沖縄版」一九四四年一月一日）、「沖縄新報」は「大舛精神は体当りの精神であり、所謂《いわゆる》特攻精神である」「死ぬことによって不滅の勝利を確信するの精神」だと煽り立てた（四五年一月一四日）。大舛は県立一中の卒業生だったので学徒たちを動員するにあたって徹底して活用された（保坂廣志『戦争動員とジャーナリズム』）。

沖縄には「琉球新報」「沖縄朝日新聞」「沖縄日報」の三つの新聞があったが県警察部の働きかけにより、一九四〇年一二月「沖縄新報」に統合され、言論は行政・警察によって完全にコントロールされていた。

新聞は戦意昂揚《こうよう》のために記事を捏造することさえした。一例を挙げると、「朝日新聞 沖縄版」一九四二年九月一〇日付に南風原《はえばる》村の在郷軍人が、「病床に呻吟《しんぎん》する二人の愛児を養女に託して」宿泊訓練に参加したという「美談」が紹介されている。しかしこの人物が戦後語ったところによると、連隊長の許可を得て毎晩、家に看病に戻っており、また養女ではなく実際の母親が看病していた。また記者の取材はなく、つまり彼の談話は記者の捏造だったという（南風原9・一七四頁）。

「朝日新聞」の沖縄担当記者で戦後は沖縄タイムス社長を務めた上間正諭は、戦死した兵士の遺族のことを「銃後の母は、涙一つ流しませんでした、という格好で書くのです。真実の報道どころか、まったくの捏造でした。それによって、戦意が高揚すればいいと本当に錯覚していたのです」と語っている（保坂廣志『戦争動員とジャーナリズム』八二頁）。

徴兵を忌避する人たち

他方で、沖縄での徴兵忌避も増えていた。一九四〇年二月二七日付で留守第六師団長河村薫が陸軍大臣宛に提出した「軍部関係思想要注意者策動等に関する報告　内容に関する件」のなかで、「海外渡航者は事変前の三倍に激増」しており、そのなかには「合法的兵役忌避」と見られるものがあると注意を喚起している（「密大日記」昭和一五年第六冊参之壱、県史23・五〇八―五〇九頁）。沖縄県は一九三九年六月には「徴兵検査未済者の海外渡航防止」の通牒《つうちょう》を市町村に出しており、九月には「十九歳以上の徴兵検査未済者の海外渡航は禁止」せよと市町村に指示している（「海南時報」一九三九年九月二九日）。

一九三〇年代のデータだが、海外に在留しているために徴集が延期された人数は、一九三五年時点で全国に五万一七二二人、そのうち沖縄県が最も多い九四七二人だった。満州事変が始まる前の一九三〇年では全国で三万九九四一人、うち沖縄六六七六人（トップは広島の六八五一人）だったので、三〇年代に入って大きく増えていることがわかる（菊池邦作『徴兵忌避の研究』二二八―二二九頁）。

戦争に反対することが許されないなかで移民は兵役から逃れるための数少ない方策だった。そうした実態があるので、国や県はますます必死に取り締まりを強化し、皇民化政策を押し付けてくるようになる。と同時に外国の社会文化と接した移民帰りは警察から要注意者として警戒されることになる。

2　戦場動員態勢へ

軍のために動員される人々

こうしたなかに第三二軍が創設されて日本軍がやってきた。当初、沖縄の人々は日本軍を歓迎し積極的に協力していた様子がうかがわれる。日本軍の陣中日誌などでも「熱心積極的に協力しあり」（具志川村、独立混成第一五連隊第二中隊）、「軍に対する信頼心は絶対的なり又協力的なり」（金武《きん》村、同第一中隊）、「地元官民（青年会、在郷軍人、一般民衆）は積極的に協力し相当の成果を挙げつつあり」（伊江島、同第三大隊）などと地元住民が勤労奉仕でも食糧提供でも協力的であるという叙述であふれていた（林博史『沖縄戦と民衆』三七―三八頁）。

しかし大規模な日本軍の駐留が長くなり、飛行場建設や陣地構築のための徴用・勤労動員が重くのしかかり、食糧不足にもかかわらず大量の食糧や物資を供出させられることが長引くと、人々の意識は変わり、それに苛立《いらだ》った日本軍の態度も強硬になっていった。

米軍の上陸に対処するための戦闘準備に沖縄の人と物が徹底して動員された。まず人について見ると、すでに述べたように飛行場建設のために多くの男女が動員されたが、四四年七月以降、何万人もの日本軍がやってくると陣地構築のためにも動員された。学校の夏休暇は「戦力増強の一点に集中する」（那覇・首里両市・島尻郡の校長会、七月一一日）こととされ、校舎は軍に「無期限無条件で借す《（ママ）》」こととなった（琉球政府文教局『琉球史料』第三集・五〇八頁）。なお政府の方針により四四年四月から学徒動員について中学生や高等女学生らの「通年動員」ができるようになっていたが七月からは中学校低学年や国民学校高等科生にも拡大され、そうした生徒たちも通年動員されるようになった。

新しく着任した牛島満第三二軍司令官は八月三一日に開催された兵団長会同において訓示をおこない、南西諸島が「正に其《そ》の運命を決すべき決勝会戦場たるの公算極めて大」だとし、「本職統率の大綱」七項目を示した。その第五では「現地自活に徹すべし　極力資材の節用増産貯蔵等に勉むると共に創意工夫を加へて現地物資を活用し一木一草と雖《いえど》も之《これ》を戦力化すべし」、第六では「地方官民をして喜んで軍の作戦に寄与し進んで郷土を防衛する如《ごと》く指導すべし　之が為懇に地方官民を指導し喜んで軍の作戦準備に協力せしむると共に敵の来攻に方《あた》りては軍の作戦を阻碍《そがい》せざるのみならず進んで戦力増強に寄与して郷土を防衛せしむる如く指導すべし」と沖縄の人と物を徹底して活用するように命じた。さらにその第七では「防諜に厳に注意すべし」とスパイ防止を指示している（県史23・四七頁）。

国家総動員法（一九三八年四月公布）に基づいて国民徴用令が一九三九年七月に公布され、この国民徴用令は一九四〇年一二月に沖縄に適用されるようになった。これにより沖縄から佐世保海軍工廠などに徴用されたことはすでに述べた。労働力動員の対象は拡大されていき、四四年一一月におこなわれた国民登録では男子は満一二歳以上六〇歳未満、女子は満一二歳以上四〇歳未満の無配偶者は市町村長に申告しなければならなかった（「沖縄新報」一一月一六日、一九日）。これに基づいて国民勤労動員署（国民職業指導所を改組）が勤労動員にあたった。また物の供出は、一九四二年に制定された食糧管理法によって、生産した農産物を政府に一定価格で供出することが義務付けられたことによる。

県立第一中学の藤野憲夫校長は「徹底した軍国主義者」であり、「お前らを、死ぬ一歩手前まで訓練してやる」とそれを実行していた。生徒たちは、学校の正門に置かれた「蔣介石《しょうかいせき》」と墨書した大石をハンマーで叩いたり、「ルーズベルト」の藁人形を「直突一本突け」と木銃で突いてから教室に入らされた（那覇3—7・三頁）。

首里高等女学校では、教師は少女たちに「日本人として、恥じないような立派な死にかたをするんだ……犬死はするな……米兵を一人でも多く殺してから死ぬんだ」と生徒たちに語っていた（那覇市『市民の戦時体験記』二四頁）。

徴用と供出は、県あるいは県の地方事務所、国民勤労動員署などから町村を通じて各字に割り当てがなされ、字は各家に割り当てていった。つまり軍→県機関→町村→字→各家というルートであるが、各地に駐屯している部隊が県の機関を通さず直接、町村あるいは字に徴用や供出を要求するケースもあった。

軍は学校などだけでなく民家、特に立派な瓦屋根の家や母屋を将兵の宿舎として利用した。また短期間の徴用だけでなく、炊事婦、ミシンなど縫製の仕事（縫工）、書記（筆生）・タイピストなどの事務仕事、補助看護婦、電話交換手、伝書鳩の飼育係などさまざまな仕事で女性たちも軍属として軍に雇用した。彼女らは自宅から通って一定の給与を受け取っていたが、米軍の上陸が迫ると自宅を離れて軍と行動をともにするようになり、手榴弾《しゅりゅうだん》を渡され戦場に動員された。なお書記には高等女学校卒の女性が採用されている。男の場合、自動車工や機械工、鋳工、靴工、大工、左官、木材伐採・薪炭生産、医師、気象台職員など専門的な技術を持っている者たちが軍属として雇用された。ほかに船員や漁民も船ごと徴用されて軍のための漁業や海上輸送に動員された（「第十七号第二種　軍属に関する書類綴」琉球政府援護課）。

当初は徴用においても人々は積極的に協力したようであり、またある程度の賃金も払われていたが、後になると支払われなくなっていったようである。徴用先での厳しい労働、貧しい食事、日本兵からの暴行や沖縄人への差別などもあり、また食糧増産、食糧などの供出が次々に要求されるのに、時には複数の部隊から軍作業への徴用要求がなされて労働力が足りず、徴用や供出の割り当てを出せないと字の長である区長は非難・叱責の対象になりしばしば軍人から暴力が加えられた。

中城村《なかぐすくそん》安谷屋《あだにや》区長は、「(兵隊が区長のところに来て) 人員が足らない、来たものはだらしのないものばかりだと、大変な剣幕で折檻するんです。(中略) 居丈高に怒って、自分の子供ぐらいの青二才から、顔を殴られたことも」あったと語っている (宮城勝元さん、旧県史9・二〇九頁)。浦添村《うらそえむら》仲西区長のところに、仲西飛行場の建設現場の中隊長がやってきて「徴用の人数が少ない」「女でもいいから引っぱってこい」と区長の胸元をつかまえ、「貴様は命令というのはわかるのか」「命令は天皇陛下のお言葉だから、お前たちは国のために働け」と言われ、区長自ら夜中の一二時までモッコ担ぎをやらされた (親里仁正さん、浦添5・三四頁)。

大宜味村から伊江島に徴用された金城秀一さんの体験によると、壕掘りからの帰り道にすれ違った工兵隊長が「『沖縄人はおれたちをバカにしている』と大声でどなりつけ、いきなりひとりの隊員を列から引き抜き、山羊《やぎ》でもつるすように、両手をしばりあげ、棒で頭を地面すれすれにひっさげていった」。見かねた人が抗議したがそのまま連れ去っていった。また「さん橋から飛行場まで食事を運んでいたら、『運ぶのが遅い、早い』で口論となり、あげくの果てにビンタをはられ、足げにされるのは決まって沖縄の人たちであった。年齢からいえば自分の子どもくらいの者から、こんな仕打ちをされることに、みじめさとともにはぎしりを覚えた」と語っている（福地曠昭『防衛隊』六二頁）。

二歳の子どもがいた池原トミさん（金武村）は三度にわたって徴用を拒否したところ、憲兵が家に来て銃を突きつけて徴用に出るように強要された。しかも三か月徴用ということで病気になっても帰ることを許されず、徴用期間が切れても看護婦として勤務を命じられた（『伊江島の戦中・戦後体験記録』五五頁）。

農林学校の生徒たちが読谷村《よみたんそん》（当時は読谷山村《ゆんたんざそん》）座喜味《ざきみ》で高射砲陣地の構築作業に動員されたとき、空腹に耐えかねた一部の生徒らがこっそりキビ畑に入ってキビをかじっていた。それを見つけた作業監督の少尉が「貴様らのような外地人の怠け者は一銭五厘で内地ではいくらでも集められるんだ。貴様らを切り捨てるのはわけもないことだ」と大声でわめき散らした。生徒たちは「我々を外地人扱いするとは何事ですか。沖縄も内地ではないですか」と抗議し「一触即発の険悪な状況」になったこともあった（上勢頭《かみせいど》・五九七―五九八頁）。

食糧など物資の供出

食糧などの供出にあたっても、軍曹が軍刀を抜いて「なぜこんなに少ないのだ。もっと出せ」と区長を脅したこともあった（浦添村供出係大田朝英さんの話、浦添5・三三―三四頁）。西原村桃原《とうばる》区長が、上等兵に対して「供出は一度だけではいけない、今一度に全部を取ったら後の供出に困るから」と言うと、ナタで鼻を殴られて鼻血を出してしまった（喜屋武久英さん、旧県史9・六四八頁）。

米軍上陸後のことだが具志頭村《ぐしかみそん》の玻名城《はなしろ》区長をしていた新地惟宏さんによると、四月上旬に曹長が女連れでやってきて壕の明け渡しを要求してきた。しかし供出の際に「非国民扱い」されたこともあったので腹が立って、壕の提供を拒否したところ曹長が「軍の命令に反する者は切り捨てる」と刀を抜いたので、「切れるものなら切ってみろ」とその刀を持った右手を蹴り上げて組み付いた。そして馬乗りになって曹長の喉元を締め上げたが、やってきた村長と巡査に止められたことがあったという（具志頭2・八三一―八三二頁）。

農業会に勤務していた古波津清昇さんは、各市町村の農事実行組合を訪問して軍隊への甘藷《かんしょ》（サツマイモ）の供出を督励するのが「主な業務」だった。しかし甘藷の供出量が少ないということで農業会の金城全保課長に若い主計中尉が「老人や子供は餓死させてもかまわない。戦う軍人の為に食糧を確保せよ」と要求するので、課長が「最早戦いは敗れたのも同然だ」となげいていたという（東風平《こちんだ》・二八九頁、八重瀬・二六頁）。

薪の配給事務をおこなっていた県の林務課が、軍が薪を要求して無理難題を言うので、住民にも必要だと拒否したところ「国賊」と言われたという（高良恵三さん、那覇3―8・一五〇頁）。

稲福具哲さんの父は美里村泡瀬《みさとそんあわせ》の漁業組合長をしていた。中山という部隊長が「海が荒れていても、さかなはいるから取ってこい。一日の供出量は決められている。それには絶対服従だ。住民は食わんでもいいんだ。兵隊が食わなかったらどうなるんだ」と脅し、特に十・十空襲後には、日本刀を抜いて父の首筋に突き付けたり、刀をシャツの袖口に突っ込んだりして「さかなをとってこい。とりにいくかいかんか」と脅迫したので大変こわかったという（旧県史10・四二七頁）。

宮古島では、「軍令の食糧調達で割り当て量の野菜を提出しなかったということで住民への見せしめ」として、ある「農民を城辺《ぐすくべ》国民学校の角の電柱にしばりつけ、その上に『国賊』と貼紙をはっていた」ことがあった（平良恵俊さん、福地曠昭『防衛隊』三三二―三三三頁）。

宮古島に駐屯していた独立速射砲第五大隊（第二八師団）が戦後まとめた「史実資料」のなかで、「現地住民……当初は克《よ》く協力せるも漸次協力の程度は不良となり来り、一般に住民は利己的にして金銭に捉われ」と当初は協力的だったが後にそうではなくなった、住民は利己的だったとまったく反省もない身勝手な言い方をしているが、人々が軍の要求に応えられなくなり、軍に対する不満が広がっていきつつあった様子がうかがわれる。

こうして軍に食糧などを供出しても、「代金は、豚でも、竹でも、茅《かや》の供出にも最初は支払っていましたが、公定相場で……」「戦争が始まるかなり前からの代金は、払われませんで、全然受け取りませんでした」（中城村安谷屋区長宮城勝元さん、旧県史9・二〇九―二一〇頁）というように途中からは支払われなくなったようである。

日本軍は陣地構築などのために木材を必要とし北部の山岳地帯から木材を伐採してきたが、集落の並木や松林も切り倒した。西原村では、「兵隊は、部落の松並木や松林を遠慮えしゃくもなく伐《き》っていました。人家の床などもはずして、薪にもしました。はじめは兵隊は、何もかもやりたいように勝手に振る舞っておったんですよ」（村労務主任の安谷屋広英さん、旧県史9・六四四頁）と語っている。

屋敷にある大きな松の木を日本兵が切り倒そうとするので、持ち主の区長が切らないように頼んだら「貴様らは日本軍に向かって何をいうか」とビンタをして切り倒してしまった（具志川5―I・六一二頁）。

また兵隊が勝手に一〇軒ほどの瓦葺《ぶ》きの立派な家を壊して、材料を持っていったという証言もある（喜屋武村山城の仲門光利さん、旧県史9・八九八、九〇七頁）。

石垣島の川平《かびら》では「ここに駐屯した兵隊は、私たちがおそわった兵隊、想像しあこがれていた兵隊とは似ても似つかなかった。道義的にも地におちていた。特に海軍がきてからは住民の家禽《かきん》を勝手に持ち去るし、芋畑をもあらすようになった。食糧事情も悪化していることとて、畑主が怒って芋どろぼうの兵隊を捕えれば、兵隊はひらきなおって『我々は君らを守るためにきているのだ。この皇国軍人を捕えるとは何たることだ。貴様らを軍法会議にまわしてやる』と逆に畑主をしぼりあげる有様であった」。さらに川平湾を特攻艇の基地にするので部落を明け渡せと要求した井上隊長は部落の代表に対して「君たちが、中途敵潜水艦に撃沈されて死のうが、内地でこごえ死にしようが、僕の知ったことでない。この計画は陛下のお定になったものので今更変更することはまかりならん」と日本刀をガチャガチャさせながら脅したという（南風野喜作さん、旧県史10・六二一―六二三頁）。

日本軍将兵の横暴・非行

こうした軍の横暴に加えてさまざまな問題が起きていた。

第六二師団（石兵団）が沖縄にやってきてからまもなくの一九四四年九月七日の「石兵団会報」四九号に「姦奪は軍人の威信を失墜し民心離反若《も》しくは反軍思想誘発の有力なる素因となる」と注意を促しているが、同時に「軍会報中必要事項」、つまり第三二軍からの通達として「本島に於《お》いても強姦《ごうかん》罪多くなりあり」と警告されている。「石兵団会報」五八号（九月二一日付）は、「参謀長注意事項」として「民家に立入る者未《いま》だ多数あり（中略）性的犯行防止上厳守のこと」「強姦に対しては極刑に処す関係直属上官に到る迄《まで》処分する軍司令官の決心なり」と警告している（県史23・一五七―一六一頁）。

しかしながら一九四四年六月一五日より四五年二月二六日までに第三二軍の軍法会議で判決が宣告された四八名を見ると、逃亡一八名、従軍免脱二名、上官への暴行、侮辱や抗命など上官への反抗五名などがあるが、強かんなど性犯罪で裁かれたケースは見当たらない（林博史「資料紹介　第三二軍（沖縄）臨時軍法会議に関する資料」）。警告は警告だけにとどまり、実際には厳罰には処せられなかったことがうかがわれる。

日本軍は軍慰安所を各地に設置したが、それにとどまらず歩兵第八九連隊（連隊長金山均大佐）が移動してきた東風平村では連隊副官から「区長さん、連隊長の女を考えてくれ」と要求されるようなケースもあった（東風平区長宮城栄徳さん、東風平・三六一―三六三頁）。宮古島では、高等女学校に通っていた久貝吉子さんに対して、部隊長が愛人にしたいと両親に申し入れてきたが両親は断った。しかし彼女の友人のなかで将校の愛人になったものも少なくないという（川名紀美『女も戦争を担った』二一三頁）。こうした軍幹部が現地に愛人をつくる（村などの幹部にその女性を出させる）のは中国などでやっていたことであるが、沖縄に来ても同じ発想でいた将校も少なくなかったことを思わせる。

元首相近衛文麿の秘書の細川護貞《もりさだ》（細川護熙《もりひろ》元首相の父）が、沖縄を視察した高村坂彦《こうむらさかひこ》（内務省防空総本部施設局資材課長）からの話として日記に次のように記している。

「（一九四四年一二月一六日）昨十五日、高村氏を内務省に訪問、沖縄視察の話を聞く。……初めは軍に対し皆好意を懐《いだ》き居《お》りしも、空襲の時は一機飛立ちたるのみにて、他は皆民家の防空壕を占領し、為に島民は入るを得ず……。而《しこう》して焼け残りたる家は軍で徴発し、島民と雑居し、物は勝手に使用し、婦女子は凌辱《りょうじょく》せらるゝ、等、恰《あたか》も占領地に在るが如き振舞ひにて、軍紀は全く乱れ居れり。指揮官は長某にて、張鼓峰の時の男なり。彼は県に対し、我々は作戦に従ひ戦をするも、島民は邪魔なるを以《もっ》て、全部山岳地方に退去すべし、而して軍で面倒を見ること能《あた》はざるを以て、自活すべしと広言し居る由」（細川護貞『細川日記』三三六頁）。

　沖縄戦当時は大本営船舶参謀として沖縄戦準備に関わり、戦後、引揚援護局事務官として沖縄戦についての報告書をまとめた馬淵《まぶち》新治は次のように総括している（陸上自衛隊幹部学校『沖縄作戦における沖縄島民の行動に関する史実資料』二〇、二四頁）。

「（軍隊使用の建物について）日本兵は住民の住宅に雑居するに至り、結局島民の生活に割り込む結果となって物資不足に悩む未亡人や、若い娘達の間に忌まはしい問題を惹起《じゃっき》し、道義の頽《たい》廃《はい》が目立ってふえ、軍横暴の声となり島民の反感を買った例が散見される」「丁度この頃心ない将兵が辻遊廓《つじゆうかく》で日夜飲み騒ぐのを見せつけられた住民は、これから乗る（ママ）かそるかの国土決戦を行うため、軍国調一色に塗りつぶされたこの郷土沖縄がまるで外地同様植民地であって、あたかも外国軍隊が駐留しているのではないかとの錯覚さえ感じさせたと述懐する者もある」。

　第三二軍内部の報告でも、「憲兵隊よりの通報によれば空襲後盗難事件頻発しあり　軍人にして空家に立入り物品を持出す者ありと注意を要す」（「石兵団会報」七四号、一〇月一九日）、「空襲後那覇宿営部隊は各々空家に宿営しあるも無断借用し或《あるい》は釘付せる戸を引脱し使用しあり又家中の物品を勝手に持出し使用しある部隊あり　民間においては『占領地に非《あら》ず無断立入りを禁ず』等の立札を掲げあり　注意を要す」「混雑に紛れ鶏、豚、等を無断捕獲し食用に供しある部隊あり　民間より苦情ありたるを以て注意のこと」「性的犯行の発生に鑑み各隊此《この》種犯行は厳に取締られ度《たし》」「某隊に於て家畜を調査し将来全部軍に於て徴発すべき旨を漏し為に民間に於ては小豚迄殺し食用に供しありと各隊は注意し地方人に不用意なる言動をなさざること」（同七九号、一〇月二六日）など兵士による非行について繰り返し警告されている。

その後も「無意味に畑に立入り農作物を荒すもの特に砂糖黍《さとうきび》を無断にて取る者あり　厳に注意のこと」「竹及茅を勝手に切取り持ち行くものあり」「農家より農具を借り返却せざるものあり」「借用家屋の家賃を払はざる隊あり」「農作物を荒す者多し地方側より苦情申出《い》であるを以て注意のこと」というような注意が繰り返されている（同八六号、一一月二三日、以上、県史23・一六三―一六八頁）。さらに「軍会報伝達事項」として「本島は内地即《すなわ》ち皇土であり決して支那満洲の如き占領地ではない勝手な行動をせざる如く指導せられ度」という注意がなされているものもある（伊江島地区隊「駐屯地会報」一一月二六日、県史23・三八二頁）。

憲兵隊は民間人の手紙を無断で開封して内容を検閲していたが、「私の家を軍隊に貸したる所、戸板、不要の柱、等を薪に使用し錠をかけたる場所を開き物品を勝手に使用し、あちら、こちら勝手に壊したりした上移動に当りては家賃も支払はずに行きました」と書かれていた手紙を取り上げて、部隊に注意を促していた（「石兵団会報」一〇一号、一二月二八日、県史23・一七一頁）。

その後も将兵による横暴非行はなくなることはなく、住民の軍に対する不満反発は溜《た》まっていったと見られる。こうした状況が、沖縄戦のなかで軍を信用せずに軍とは別の行動を取った人々の背景にあったのではないかと思われる。

軍と県の対立

一九四三年七月から沖縄県知事だった泉 守紀《いずみしゅき》は第三二軍とはことごとく対立した。軍慰安所設置に協力を求めてきた第三二軍に対して「ここは満州や南方ではない。……皇土の中に、そのような施設をつくることはできない」と拒否し、自らの日記のなかでは「兵隊という奴《やつ》、実に驚くほど軍規を乱し、風紀を紊《みだ》す。皇軍としての誇りはどこにあるのか」と辛辣な非難を書き留めていた（野里洋『汚名』九〇―九四頁）。

四四年一二月に軍が県に対して中南部の住民を北部に疎開させるようにとの要請をおこなったのに対して、「食糧の自給自足不可能な県にとって、軍の要求は不可能に近い」「武器を持たぬ民間人を軍人とともに玉砕させることは不合理というものだ」と泉知事は反発していた（同一四〇―一四三頁）。食糧を自給できないにもかかわらず軍に多くを供出させられ、平野のある中南部でイモを植えて増産しようとしている時に、耕地のない北部に多くの住民を疎開させても飢えて多くの犠牲を出してしまうのではないかという危惧であり、合理的な考えだった。先に紹介した高村坂彦の話も泉知事から得た情報が多かったと思われる。泉は内務省から派遣されてきた内務官僚であり、特に特高警察などの役職を歴任し人々の自由を抑圧してきた官僚だったが、軍との関係は良くなかった。

そのため内務省は軍の要求に応え軍と協調する知事が必要と判断し、四五年一月泉知事に代わって島田叡を任命、島田は一月末に沖縄に着任した。そこから軍と県が一体となった、戦時体制をさらに進めた戦場態勢づくりが急速に進むことになる（川満彰・林博史『沖縄県知事　島田叡と沖縄戦』参照）。

3　疎開——根こそぎ動員と表裏一体の政策

役に立たない者を疎開させる

米軍上陸に向けた戦場態勢づくりの準備のひとつが疎開である。当時は「退去」「避難」などの言葉も使われているが疎開という言葉で説明していこう。戦時中の日本における疎開とは、役に立つ者の徹底した戦時動員と表裏一体のものだった。

一九三七年に制定された防空法が四一年、四三年と改正され、都市部において「防空活動に支障を来たすと考えられる人達」、東京都の方針では「足手まとい」となる者だけを疎開させ、ほかの少しでも役に立つ者の疎開は許さない方針が示された（水島朝穂・大前治『検証防空法』七三―七四頁）。

沖縄では、一九四四年七月に長勇少将の視察報告を受けて軍は政府に要請、政府は南西諸島の疎開方針を決定した。同時に第三二軍からの要請により沖縄県が「県外転出実施要綱」（七月二六日）を作成した。軍から特に食糧問題を「憂慮」して、「防空防衛上、在留を要せざる人員の県外転出方を要請し来りたるを以て、協議の結果」、この要綱を作成したとしたうえで、「転出を認むる範囲」は六〇歳以上と一五歳未満、婦女、病者とし、「老幼者の世話を為《な》す必要ある者及軍其の他に於て在住の必要なしと認むる」婦女のみ認めるとされた。つまり軍が必要としない者だけを疎開させる方針だった。軍は食糧問題に関心があり、足手まといになる者が残って食糧を消費してしまうことを避けたかったからだった（県史6・三八五頁）。

同年一一月に陸軍省と海軍省が共同で作成した「沿岸警備計画設定上の基準」でも「老幼其

の他非警備能力者等」を「避難」させるのであって、「退去は国民挙げて抗戦に徹するの主義に基き一般には原則として之を認めざる」という方針を示していた（県史23・六九三―六九六頁）。

つまり政府や軍の方針は、役に立たず足手まといになる者は疎開せよ、少しでも役に立つ者は残って戦えというものだった。民間人の生命を守ろうという発想ではなかった。実際、長勇第三二軍参謀長が「戦場に不要の人間が居てはいかぬ、先《ま》づ速かに老幼者は作戦の邪魔にならぬ安全な所へ移り住むことであり、稼働能力ある者は『俺も真の戦兵なり』として自主的に国民義勇軍などを組織し、此の際個人の権利とか利害など超越して神州護持のため兵隊と同様、総《すべ》てを捧げることだ」「一般県民が餓死（伏字）つたつて軍はこれに応ずる訳けにはいかぬ、県民の生活を救ふがために負けることは許されるべきものでない」と新聞紙上で沖縄県民に対して公言したのは、けっして彼の個人的な考えではなく、軍と政府の考え方そのものだった（「沖縄新報」一九四五年一月二七日）。

県外疎開――一般疎開と学童疎開

一九四四年七月七日、閣議は沖縄からの県外疎開を決定、内務省や軍、県の協議により本土へ約八万人、宮古・八重山から台湾に二万人を疎開させる方針が決まった。警察が疎開業務を担当することとなり、七月二一日に最初の疎開船が那覇港から出港した。さらに県警察部のなかに特別援護室が設置されて疎開が進められた。本土に縁故者のいない無縁故者は宮崎、大分、熊本の三県で受け入れられた。

学童疎開については県内政部教学課が担当し、八月一六日に那覇の児童一三一人が鹿児島に到着したのが最初で、一九日に第二陣三九四人が到着した。ところが八月二二日に対馬丸《つしままる》が悪《あく》石島《せきじま》付近で米潜水艦によって撃沈され、学童七八四人を含む一四八四人が死亡した（対馬丸記念館公式ウェブサイト）。軍と警察はこの事件を発表することを禁じたが、着いたはずの子どもたちから何の連絡もないことなどから一般に知られるところとなった。

このために人々は疎開に消極的になったが、十・十空襲によって沖縄が戦場になる恐れが現実化したことによって疎開しようとする人々が増え、四五年三月までに本土に約五万三〇〇〇人、台湾に約二万人、計約七万三〇〇〇人が県外に疎開したとされている（荒井紀雄『戦さ世の県庁』三九頁）。なお学童疎開は四四年一〇月末までに計六一一一人という報告がある（県史6・三七七頁）。

なお戦後、疎開した人たちが沖縄に帰ることができるようになったのは四六年八月からであり、特に親から離れて疎開した学童たちは空腹と寒さに苦しめられた。また沖縄に帰って初めて肉親の死亡を知った人たちも少なくなかった。

疎開船だけではなく、多くの船が米軍潜水艦によって沈められた。沖縄と本土を結ぶ定期航路では嘉義丸《かぎまる》が撃沈され（四三年五月二六日）、沖縄県出身者二八三人を含め三二一人が犠牲になるなど五隻が沈められた。沖縄から多くの移民が行っていた南洋諸島からの引き揚げ船も赤城丸（四四年二月一七日、沖縄県出身三六九人を含む五一一人が犠牲）をはじめ一〇隻あまりが沈められた。沖縄県史の調査では二六隻が挙げられている（県史6・五四六頁）。

県内疎開

県外への疎開が進められる一方、陸軍省・海軍省の策定した前述の「沿岸警備計画設定上の基準」（一九四四年一一月一一日）を受けて、第三二軍は「南西諸島警備要領」（日付不明、一一月か一二月）を策定し、「凡《およ》そ戦闘能力ならびに作業力有る者は、挙げて戦闘準備および戦闘に参加する」としたうえで、「六〇歳以上の老人、国民学校以下の児童ならびにこれを世話する女子は、昭和二〇年三月までに、戦闘を予期しない、島の北部に疎開する」という方針を決めた（八原博通《やはらひろみち》『沖縄決戦』八八頁）。つまり戦場で役に立たない者は本島北部（国頭《くにがみ》、山原《やんばる》とも言う）へ疎開させるということだった。

この軍の方針を示された泉知事が反発したことはすでに紹介した。その後、四五年一月末に島田知事が着任、さらに米機動部隊がカロリン諸島のウルシー環礁を出撃したことから沖縄に向かっている可能性が高いと判断した第三二軍は二月七日に長勇参謀長が県を訪ね、住民の食糧確保と中南部住民の北部疎開を要請した。県はただちに一〇万人を北部に疎開させることを決めて北部の町村ごとに受け入れる人数を割り当てた。たとえば、人口一万人ほどの国頭村には、那覇、真和志《まわし》、浦添、読谷山、勝連《かつれん》などから二万二三七〇人、人口八〇〇〇人ほどの大宜味村には那覇市などから一万九〇七〇人が割り当てられた。現地では急いで避難小屋の建設を始めたが防衛召集や徴用などで労働力が奪われ、食糧生産にも人手を割かなければならず、計画の一部しかできないうちに米軍上陸を迎えた。疎開者用に準備された食糧も十分ではなく、市町村ごとに指定された疎開地でなければ受け入れを拒まれ食糧配給を受けられなかった（県史6・三八九―三九七頁、川満彰・林博史『沖縄県知事　島田叡と沖縄戦』第一章）。

この北部疎開も従来からの方針通り、六〇歳以上か一五歳未満（国民学校以下という表記もある）、女性、老人などに限定され、荒井退造警察部長は、「可動力ある者」の疎開は「明らかに戦列離脱であり厳重取締り」をおこなうと警告した（「沖縄新報」二月二一日）。警察などではそうした者を発見すればその場で徴用し労務に就かせることにした（「沖縄新報」二月二四日）。女性のなかでも軍が利用できる若い世代は居住地で軍の炊事班や救護班に動員され疎開を許されなかった。このため北部の山中に、疎開者たちは面倒を見る青壮年なしで放置されることになった。

県は平時の事務を全面的に停止して戦時行政を展開することとし、人口移動業務（県外と北部疎開）と食糧関係業務に集中することとした。島田知事は台湾に飛んで米の確保に努めたが、台湾から届いた米は三〇〇〇石（約四五万キログラム）であり、大宜味村での避難民への配給基準一日ひとり一合七勺《しやく》（約二五五グラム）で計算しても一七六万五〇〇〇人分、県外疎開で人口が減っていると考えても四〇万人の四、五日分にすぎなかった。

こうしたなかで泉知事が予想した通り、北部の山中では米軍に投降することも許されないなかで人々は飢えに苦しめられることになる。このことは後で触れたい。

宮古・八重山の疎開

八重山諸島では石垣島、宮古諸島では宮古島から台湾への疎開がおこなわれ、一部の東海岸を除く台湾全土で受け入れがなされた。二つの諸島を合わせて七五〇〇から九〇〇〇人ほどが台湾に疎開したと見られている（県史6・四〇五―四〇六頁）。台湾では工場の倉庫や学校などが割り当てられ、食糧難やマラリアなどに苦しめられた。特に戦後は行政からの支援もなくなり、漁船などを確保して自ら帰る者も多かったが、一九四五年一一月基隆《キールン》港を出港した栄丸《さかえまる》が遭難し約一〇〇人が犠牲になるようなケースもあった（県史6・四〇四頁）。米軍と中国政府の許可を得て四六年五月頃までにようやく全員帰還した（台湾疎開については、赤嶺守編『沖縄籍民」の台湾引揚げ　証言・資料集』、松田良孝『台湾疎開』、津田邦宏『沖縄処分―台湾引揚者の悲哀』）。

台湾疎開とともに、諸島内あるいは島内疎開が軍の命令によっておこなわれた。八重山では、軍の防衛方針の確定を受けて四四年一〇月（と推定）「県民指導措置八重山郡細部計画」が策定された。ここでは「退去は石垣地区守備部隊長の命を受け警察署長これを命ず」とされ、「避難すべき者は原則として」「六一歳以上一五歳未満の者にして防衛活動に適さざる者」「妊産婦」「病弱者」「前記に揚ぐる者の保護に必要なる者」とされた（大田静男『八重山の戦争』三一六頁）。ここでも役に立たない者だけを「退去」（疎開）させることとしていた。

八重山では四五年三月末から米軍と英軍の機動部隊による砲爆撃がおこなわれるようになるが、米軍の上陸の恐れがあると判断した軍は六月一日に住民に対する疎開命令を出した。一〇日には甲号戦備、すなわち敵軍上陸に向けた戦闘準備態勢が発令された。

石垣島では海岸近くの集落から山岳地へ、波照間島、新城島《あらぐすくじま》、黒島、竹富島、鳩間島《はとまじま》などからは島民を西表島《いりおもてじま》へ強制的に疎開させた。いずれもマラリア有病地帯に行かされた。マラリアを媒介するハマダラカは水が淀《よど》んだ地域で繁殖するのでそうした場所を避けて集落がつくられていたが、日本軍はそうした地帯に人々を無理やり送り込んだのである。

そのために各地でマラリアが広がり、八月頃には人々は郷里の島・地区に戻るようになったが、食糧難とマラリアの猖獗《しょうけつ》は続き多くの死者が出た。人口三万人あまりの八重山で半数以上がマラリアにかかり、三六四七人が死亡したとされている（この数字は暫定的なものである。

県史6・二六六頁、大矢英代『沖縄「戦争マラリア」』)。なかでも陸軍中野学校出身の離島工作員によって強制的に西表島の南風見《はいみ》というマラリア地帯に移動させられ、そこで暴力的な支配を受けた波照間島民は多大な犠牲を出した（本書一四六—一四七頁参照）。米英軍の砲爆撃以上の苦しみと犠牲を強いたのが日本軍による強制疎開政策だったと言える。

4 軍と県による戦場動員

軍県一体で進められた「県民総武装」

一九四五年一月末に沖縄に着任した島田叡知事は、県民の「戦力化」（「沖縄新報」二月四日）を宣言して軍と一体となって戦場態勢づくりを急速に進めた。戦争を後方で支える態勢（戦時体制）からさらに進んで、戦場で県民が戦う戦場態勢づくりが本格化した。二月二一日には県民に対して知事の「諭告」を出し、「県民総武装」を宣言していた。この諭告は、「全県民が兵隊」になり「一人十殺の闘魂をもって敵を撃砕」せよという長勇第三二軍参謀長の談話（「沖縄新報」一月二七日）に呼応するものだった。

米軍上陸直後には「沖縄県諭告第二号」を出し（「沖縄新報」四月六日）、「軍の布告に曰《いわ》く男

勝利を堅く信せよ
軍の布告を守り敵必殺
縣諭告
一、皇軍の勝利を固く信せよ
二、軍の布告を身を以て實行せよ
三、壕を敵に發見られぬ様細心注意を拂へ
四、物資を極度に節約せよ
五、食物をよくかんで腹八分目にせよ大小便はきれいに處分せよ衛生に充分注意せよ
六、食物の生産に挺身せよ
七、新聞をよく讀んで人にはなせ

1945年4月6日付「沖縄新報」に掲載された沖縄県諭告第2号

も女も身を以て□行せよ　その為には竹槍のけいこをせよ　竹槍のないものは早く造□挺なんか全部刺し□□殺せ」と県民に竹槍訓練を奨励し、女性（民間人）の斬り込みを礼賛し、県民に武装して米兵を殺せと煽った。

　この諭告第二号を掲載した日の新聞の社説では「〝心の総武装は既に通り過ぎた〟県民は今や実際の総武装をなすべき秋《とき》がきて居る」とし、竹槍だけでなく、ナタやスキ、クワでも何でもいいので「武装」せよと煽動している。言うまでもなく新聞は警察や軍の検閲を受けており、軍や（県）警察の意図に反するものは掲載できなかった（川満彰・林博史『沖縄県知事　島田叡と沖縄戦』一五二―一五四頁）。

　島田知事や荒井警察部長は、内務省から派遣された内務官僚であり、ふたりは長年、警察官僚として勤務して人々の自由の抑圧、戦争動員の任務を果たしてきたし、島田は上海《シャンハイ》、荒井は満州で軍と一体となって軍主導の下で抗日運動の取り締まりなど侵略戦争を推進する役割を果たした。そうした経験が沖縄にも持ち込まれたのである。

軍人として召集された中学生——鉄血勤皇隊

兵士としての召集は軍がおこなうのだが、男子学徒隊の編成には県が直接関わった。島田知事の着任前の四四年一二月に軍と県の間で、中学下級生に通信訓練、女学校上級生に看護婦訓練をおこない、米軍上陸時にはそれぞれ動員することが決まっていた。小学校（国民学校）の上級学校として男子は師範学校、中学校、実業学校、女子は高等女学校があり、現在の中学生から高校生（師範学校だけはもう少し上）にあたる。

三月三日より前に、第三二軍司令官、沖縄県知事、沖縄連隊区司令官（沖縄県での徴兵業務担当）の三者の覚書が結ばれ、学校ごとに学徒を鉄血勤皇隊に編成して軍事訓練をおこない、米軍上陸時には直接軍に編入して戦闘に参加させる手順、具体的には県が名簿を作成して軍に提出、それを基に防衛召集をおこなって一四歳以上の学徒を軍人として召集する手順が決められた（県史23と川満・林に全文収録）。

実際に三月二三日に米軍による上陸作戦に向けての砲爆撃が始まってから数日のうちに学校ごとに学徒が兵士として防衛召集され、軍隊組織としての鉄血勤皇隊が編成された。一部の学校では親の承諾書ないしは印をもらうために家に帰された学徒がおり、親の承諾を得た者もいたようだが、学徒が自分で印を捺《お》したり、そうした手続きもなされないままに軍人にされた者が多かったと見られる。

なお一部ではあるがこうした手続きがおこなわれたのは防衛召集の仕組みと関係がある。防衛召集とは陸軍と海軍のそれぞれの防衛召集規則による召集方法で、空襲時の警備や日本軍の配備されていない離島の警備などのために現地の者を短期間召集することが想定された仕組みだったが、沖縄などでは日本軍を補うために使われた。防衛召集された者も正規の軍人である。一九四五年三月段階の法制度では一七歳から四五歳までの男子を防衛召集することができた。さらに一七歳未満一四歳以上の男子は志願の手続きを取って（本人、戸主・親権者の承諾、市町村長の作成した書類などを提出、連隊区司令官が承認）、第二国民兵役に編入されると防衛召集の対象者となる。

中学校などの学徒の多くは一七歳未満であったので、第二国民兵役に編入する手続きが必要だったが、軍と県はそれを省略し、ただ親権者の印だけで済ませて（多くの場合はそれさえもなく）防衛召集をかけたのである。仮に印をもらってきたとしても法令で定められた手続きが取られておらず違法に青少年を兵士として動員したとしか言えない。軍が一七歳未満一四歳以上の男子学徒をまとめて防衛召集しようとしてもそもそも名前がわからない。そこで県に学校ごとに鉄血勤皇隊を編成させて名簿をつくらせ、それを軍に提出させることによって軍は学徒を学校単位でまとめて防衛召集することができたのである。

当時の法にも反するやり方を県は認めるべきではなかったと言えるが、仮に島田知事が軍の要請を受け入れたとしても、米軍上陸までに一か月ほどあったので法に定められた第二国民兵役に編入する手続きを取るべきだった。しかしそうすると親が反対して手続きを取らなかったり学校を辞める者も出てきただろう（学校を辞めれば召集されない）。そうさせないために県と軍が共謀して米軍上陸のぎりぎりまで隠し、どさくさのなかで学徒を兵士として召集して戦場に送り込んだとしか説明できないのではないか。

一般住民を戦闘員に――義勇隊

軍人としての動員のほかに少しでも役に立つ住民を戦場に動員する仕組みが義勇隊だった。一九四五年二月一五日付「沖縄新報」で「醜敵邀撃《ようげき》の態勢の確立／全県下に義勇軍／皇土防衛の国民軍編成」として、県知事（翼賛会県支部長）を義勇隊統監としその下に各市町村義勇隊、町内会や部落会名を付けた単位隊で構成する義勇隊の編成を報じた。各警察署長は必要な場合は市町村義勇隊の指揮統制をおこなうこととされており、県と警察が組織者だった。荒井警察部長は「軍と共に戦ふ　郷土死守に一丸挺身」という見出しの談話のなかで「食糧の増産確保と軍作戦への協力が最大の任務であり、働らき得る者は一人残らず寸暇を惜しんでこれに挺身しなければならぬ」と語っている。

この日の新聞には敵が上陸した時には義勇隊員は軍に協力し、「弾丸運び、糧秣《りょうまつ》の確保、連絡」のほかに「直接戦闘の任務につき敵兵を殺すことが最も大事である。県民の戦闘はナタでも鍬《くわ》でも竹槍でも身近なもので軍隊の言葉で言ふ遊撃戦をやるのだ、県民は地勢に通じて居り、夜間の斬込、伏兵攻撃即ちゲリラ戦を以って向ふのである」という「現地軍参謀」の談話が掲載されており、兵士として召集できない住民を義勇隊員に動員し戦闘要員として利用することが最初から目論《もくろ》まれていた。

このとき並行して北部疎開が進められていたが、役に立つ者の疎開が認められなかったのはこうした義勇隊などへの動員があったからである。中城村の女子青年団員たちは独立歩兵第一二大隊から疎開を禁じられ「命に背く者は鉄砲」で撃つと脅された（「第十七号第二種　軍属に関する書類綴」、中城・資料編・二〇三頁）。

三月一六日に島尻郡と首里市、那覇市の市町村長、校長、県視学らが出席する「首脳者会議」が開催され、ここで「義勇隊の訓練」として「一人十殺一戦車　一億皆戦士」と義勇隊に戦闘訓練をおこなうことが確認されている（琉球政府文教局『琉球史料』第三集・五一〇頁）。

こうした県の施策を受けて、各部隊は地元の青年たちを義勇隊に動員していった。たとえば南部の玉城村（現在の南城市）では独立混成第四四旅団第一五連隊は、防衛召集者だけでなく義勇隊の青年学校生や住民の「戦力化を急速に完整し戦斗任務に基く訓練を強行」せよとの命令を二月一二日に下し、さらに一八日には青年学校生徒を「部隊本部伝令として服務」させた。三月には各区長に一五歳以上の男子を集めさせて各部隊に配属、銃の撃ち方や手榴弾の投げ方、梱包《こんぽう》爆弾の仕掛け方など戦闘訓練までおこなった（玉城6・八六頁）。なお青年学校とは、国民学校卒業後、進学せずに仕事についた青年男女に軍事訓練や職業教育などをおこなっていたものである。

つまり義勇隊は、軍の要請に応えた県知事の施策であり、法的には兵士として召集できない人々（女性も含めて）を戦場に戦闘要員として駆り出すことが意図されていた。だから荒井警察部長は、北部疎開にあたって「非該当者の立退及び疎開は明らかに戦列離脱であり厳重取締りを要する」と義勇隊に動員可能な人物が疎開することを断固許さず取り締まろうとしたのである（「沖縄新報」二月二一日）。

なお本土では一九四五年三月二三日に閣議で国民義勇隊編成が決定されるが、戦闘要員ではなく勤労動員などに就くものだった。その後、六月下旬に法制化された国民義勇戦闘隊は、一五歳から六〇歳までの男子と一七歳から四〇歳までの女子を義勇兵役に就かせ、女性も兵士として召集するものだった。したがって沖縄で編成された義勇隊は法的根拠がまったくなく、県

（知事）の判断で法的に兵士にはできない県民を動員して武器を持たせ戦闘要員として利用するものであり、違法／無法な行政と言わざるをえない。

　この義勇隊のような男女を問わない住民の戦場動員はその前からすでに想定されていた。一九四四年八月一一日と二七日に伊江島で敵の上陸を想定した「軍官民合同警備演習」がおこなわれている。伊江島に配備された独立混成第一五連隊の連隊長美田《みた》大佐が統裁官となり、民間側からは村長、助役、警察官、在郷軍人会分会長、青年学校長、同全教員、警防団長、国民学校長、農業会長が補助官として参加した。白軍が敵、青軍が味方とされ、青軍には、中尉の指揮下に青年学校男子生徒、軍医と炊事係下士官の指揮下に女子生徒が入り、さらに防衛隊と警防団も参加した。一般民衆は防空壕に退避し、そこから各隣組より二組以上の挺身奇襲を実施することとされた（沖縄１４３、県史23・三五四―三五七頁）。

　防衛隊、警防団、青年学校生徒たちは村落内に入ってきた敵に竹槍で挺身奇襲する役割を与えられた。子どもと高齢者を除いてほとんどすべての男子は戦闘要員として動員され、さらにそれ以外からも挺身奇襲部隊を出すことになっていた。そこには多くの女性も加わらざるをえなかったと見られる。

　地域社会や学校で竹槍訓練がおこなわれた。男たちは軍事動員されているので地域に残された「子ども、女、年寄り」も「公民館に集まって、わら人形をつく訓練」をやらされた（友寄良善さん、恩納3・四〇〇頁)。

国民学校でも、先生が「パラシュートで降りてくるアメリカ兵隊は五分ぐらいは目が回ってフラフラしているので、そこを竹槍で突く」「アメリカ兵は山羊目だから夜は物が見えない」などと生徒たちを指導していた(糸満7下・三二〇—三二一頁)。学校で、「ルーズベルト、チャーチルの藁人形を作って竹槍で突撃」するのはあちこちでおこなわれていた(具志川5—I・二〇五頁)。具志頭村の西原敏雄さんは「小学校一年から、女の子でも敵に見立てた藁人形を竹やりで刺す訓練をしていた」と振り返っている(八重瀬・二七六頁)。

本部《もとぶ》半島に駐屯していた独立速射砲第三大隊の「対空挺戦備促進要領」(一九四五年四月一四日)では「地方住民と雖も敵の降下兵に対しては其の着地の瞬間に於て之を殺す如く常に覚悟し準備しあらしむる如く指導」するとしており、パラシュートで降りてきた米兵を竹槍で刺し殺すというのは単なる訓練ではなく実際にやろうとしていたことがわかる(同「大隊命令」、沖縄169)。

長勇参謀長が、「ただ軍の指導を理窟なしに素直に受入れ全県民が兵隊になることだ。即ち一人十殺の闘魂をもって敵を撃砕するのだ」。「沖縄県民の決戦合言葉」は「『一人十殺』これでゆけ」(「沖縄新報」四五年一月二七日)と煽ったことを軍と県が一体となって具体化していったのである。

第三章 沖縄戦の展開と地域・島々の特徴

1945年4月16日、占領した読谷飛行場を守るための米軍の対空砲火

那覇市歴史資料室収集写真。那覇市歴史博物館 提供

1945年6月、伊江島。海兵隊が壕の日本兵を掃討するために火炎放射器を使用

沖縄県公文書館 蔵

1　米軍最初の上陸地――慶良間《けらま》列島

日本軍の予想に反して、米軍は本島上陸の前にまず那覇の西方約四〇キロにある慶良間列島に上陸してきた。日本軍はここに㋹（マルレ）と呼ばれる長さ五メートルほどで爆雷を積んだ特攻艇を配備し、本島に上陸する米艦隊に背後から奇襲攻撃をおこなうことを考えていた。しかし米軍は、島々に囲まれた慶良間海峡を船舶の停泊地や水上機基地として利用することを考えていた。

一九四五年三月二三日から沖縄本島などへの空母艦載機による爆撃、翌日からは艦砲射撃も始まるなか、二六日朝、阿嘉島《あかじま》、慶留間島《げるまじま》、座間味島《ざまみじま》に、二七日朝には渡嘉敷島《とかしきじま》に米軍が上陸した。

日本軍は㋹一〇〇隻をひとつの戦隊とする海上挺進戦隊とそれを支援する海上挺進基地大隊を各島に配備していた。四五年二月に基地大隊の主力が本島の兵力を補うために移動し、代わりに朝鮮人軍夫（軍労務者）が主体の水上勤務中隊などが配備された。米軍の砲爆撃によって多くの㋹は破壊され、その秘密が漏れないように残りは日本軍自らが破壊して沈め、海上特攻に出撃できずに島の山中に退避した。

一九四四年九月から機密である特攻艇が配備されていたため慶良間列島全体が「海上封鎖し、村民は一歩も島を出られないし、他所からここへ来ることも出来」ない状態になった（旧県史10・七六三頁）。島民は外出する時には軍がつくったマークを押した白い布きれを胸元に付けなければならなかった。特攻艇の出撃基地であったために特に厳しい住民統制がなされ、軍官民一体の強固な戦時体制がつくられていた。座間味島の信仰の場所だった拝所の横に建てられた忠魂碑の前では、大詔奉戴日などに宮城遥拝、君が代・海ゆかばの斉唱、詔書奉読がおこなわれ、在郷軍人らによる講話などで天皇のために命を捧げることが尊いと繰り返し教えられるなど戦意昂揚の場となった。やってきた日本軍の将校は、「〝鬼畜〟である米兵に捕まると、女は強姦され、男は八つ裂きにされて殺される。その前に玉砕すべし」という訓示をおこない、いざとなれば自ら死ぬことが当然のこととして島民たちに叩き込まれていった（宮城晴美『新版 母の遺《のこ》したもの』九八頁）。

また島々には日本軍慰安所が設けられて朝鮮人女性が送り込まれてきた。島の若い女性たちにとっては米軍に捕まると同じような扱いを受けるという恐怖心を実感させた。

そうしたなかで米軍上陸直後に島民たちの「集団自決」が起き、その死者は、座間味一七七人、慶留間五三人、渡嘉敷三三〇人と言われている（第四章―4、林博史『沖縄戦 強制された「集団自決」』参照）。

1945年4月21日、座間味島。米軍の病院に入院している地元の子ども。親が掻き切ろうとした彼らの喉の傷に処置がなされている
沖縄県公文書館蔵

屋嘉比島《やかびじま》には銅を採掘していたラサ工業慶良鉱業所の従業員とその家族が住んでいた。米軍の艦砲射撃のなかを坑内に避難、そのなかで一家族五人がダイナマイトを爆発させて「自決」し、その爆風で巻き添えになった四人を合わせて九人が亡くなった。しかし日本軍がいなかったので、所長の判断により五〇〇人以上の人々は米軍に投降して助かった（座間味下・一七〇―一八三頁）。

阿嘉島では上陸した米軍がすぐに座間味に引き上げたために「集団自決」は起きなかったが、足が不自由のためにに避難できず家にとどまり米軍に保護された老人夫婦が日本軍に虐殺された。阿嘉島の野田義彦戦隊長は六月下旬になってようやく島民が山から下りることを許した。彼は終戦後の八月二二日にようやく降伏書に調印して山を下りた。

米軍は慶良間列島の海岸を占領して慶良間海峡を利用できるようにすると山中まで深入りしなかったので、日本軍は山中に立てこもった。しかしその日本軍によって、投降しようとした

り米軍に保護された住民が虐殺される事件が起きている。また投降を許されなかった島民たちは山中で飢餓に苦しめられ、多くの朝鮮人軍夫は日本兵から食糧などで差別されて飢えに苦しみ、畑の作物を盗んだとして処刑されるなど犠牲を強いられた。

座間味島では、梅澤裕《ゆたか》戦隊長が四月一一日（または翌日）に重傷を負ったために部隊はバラバラになり、山中に逃げていた住民も五月上旬までには米軍に収容された。梅澤も五月末に米軍の捕虜となり、その後、米軍やすでに投降していた部下の説得を受けて、山中に残っていた将兵に投降するように促した。

渡嘉敷島では、赤松嘉次《よしつぐ》戦隊長らは山中に立てこもり、七月はじめ、投降勧告のために送られてきた伊江島島民六人を処刑あるいは自決を強要し、さらに八月一五日の終戦の詔勅の放送を傍受して終戦を知りながらも、一六日に降伏を勧告するために送られてきた住民四人のうちふたりを処刑する（ふたりは逃げて助かる）など住民虐殺を繰り返した。その後、赤松戦隊長は米軍に投降した。なお伊江島を占領した米軍は島全体を航空基地として利用するために収容した島民を渡嘉敷島に移していた。

こうしてかねてからいざとなれば「玉砕」だと叫んで多くの島民を「集団自決」に追いやり、さらに島民が米軍に保護されることを許さず虐殺し、あるいは飢餓に追いやりながら、三人の戦隊長は全員生きながらえたのである。

なお渡嘉敷島の東にある前島では、渡嘉敷島から来た日本軍に対して、島の国民学校分校長が、自分が責任をもって島民を預かると約束し、日本軍には引き取ってもらった。日本軍がいなかったので、上陸してきた米軍に島民はまとまって投降し、島民からは犠牲は出なかった。

2　米軍の沖縄本島上陸　一九四五年四月

米軍は慶良間列島占領に続いて四月一日に沖縄本島の中部西海岸、読谷―嘉手納―北谷の海岸に上陸してきた。この地域は大量の軍隊を上陸させるのに適していただけでなく、北飛行場（読谷）と中飛行場（嘉手納）があり、米軍は飛行場を求めていたからでもある（米軍の動きについては、県史6、米国陸軍省編『沖縄　日米最後の戦闘』光人社NF文庫参照）。

首里城の地下に軍司令部を置いた第三二軍はその北方五キロから南に主陣地を構えた。事実上放棄していた上陸地点には後方部隊の要員や防衛召集者（軍事訓練をほとんど受けていない沖縄の現地召集兵）を集めた「烏合《うごう》の衆に等しい特設第一連隊」（八原博通『沖縄決戦』一四九頁）を配備しただけだった。つまり主力温存のための捨て石部隊だったが、瞬く間に蹴散らされて、多くの兵士は北部の山中に逃げていった。

前述のように米軍は南部の港川海岸に上陸するふりをして日本軍を牽制する陽動作戦をおこ

なったが、結局、上陸しなかった。

シムクガマ　救命洞窟之碑　著者撮影

沖縄本島上陸

四月一日の朝八時半より、海兵隊二個師団と陸軍歩兵二個師団の計四個師団が上陸、その日のうちに北飛行場と中飛行場を占領した。米軍の工兵隊はただちに飛行場の拡張整備をおこない、七日には読谷飛行場、九日には嘉手納飛行場に海兵航空隊の戦闘機部隊が到着し作戦を開始した。戦闘機部隊は九州から飛来してくる日本軍機を迎撃するとともに進撃する米地上軍を支援する任務に就いた。沖縄戦の始まりとともに基地建設も始まっていた。

最も北側（読谷村北部）に上陸した第六海兵師団は読谷飛行場を占領してから北に向かって進攻、一三日には本島最北端の辺戸《へど》岬に到達した。また本部半島に立てこもる国頭支隊を攻略し一六日にはそこを押さえ

図3-1　米軍上陸

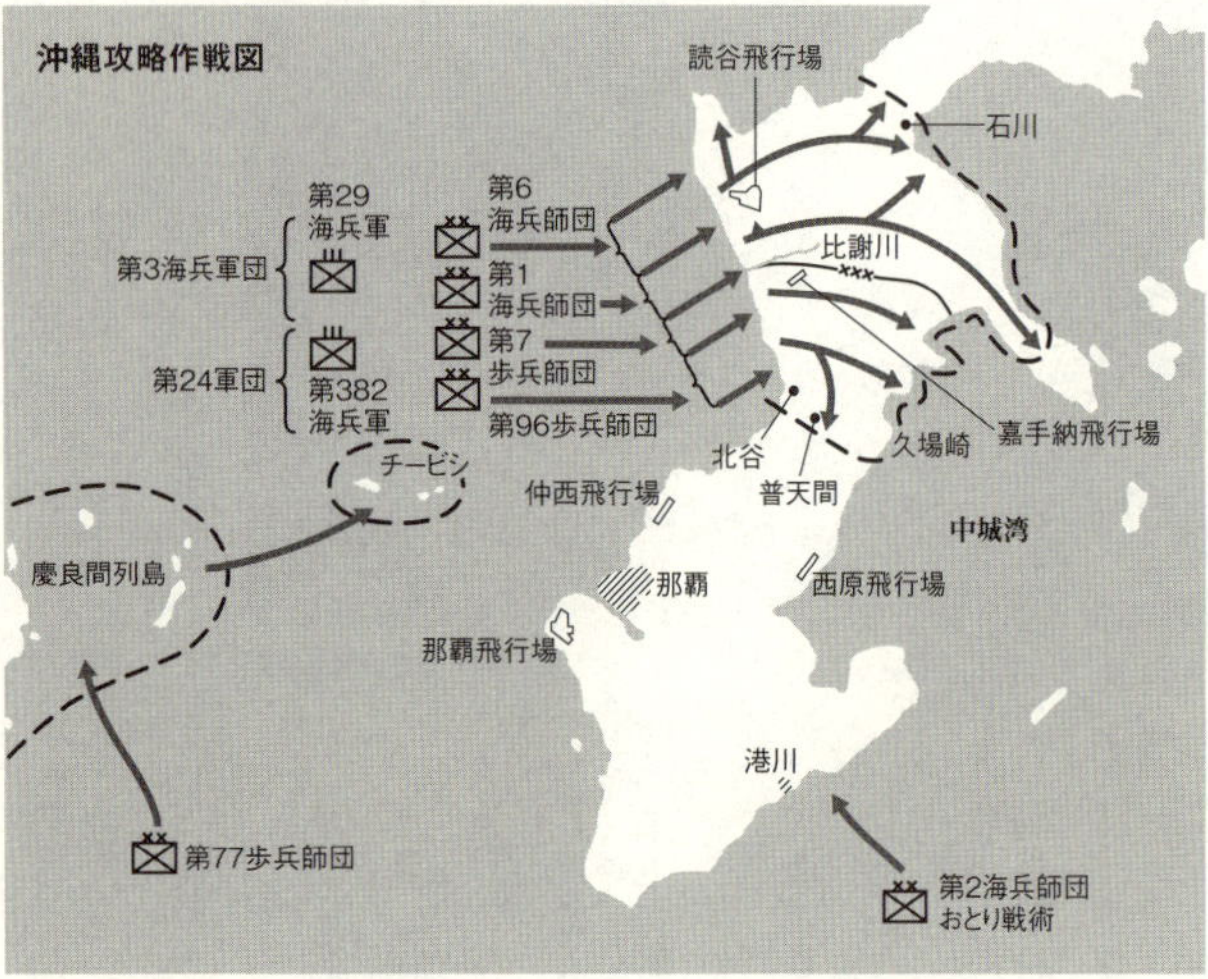

米国陸軍省編『沖縄　日米最後の戦闘』光人社NF文庫、39頁を基に作成

た。第六海兵師団が上陸した読谷村では、二日に波平集落の人々が避難していたチビチリガマで「集団自決」が起きて八三人が亡くなった（詳細は後述）。

しかし他方で波平の人々約一〇〇〇人が避難していた近くのシムクガマでは、やってきた米兵が出てくるように呼びかけたところ、警防団の少年らが竹槍を持って突撃しようとしたが、ハワイ帰りの比嘉平治さんとそのおじの平三さんが「竹槍を捨てろ」とやめさせ、外に出て米兵と交渉し、住民を殺さないことを確認してから、ガマの人たちに投降するように呼びかけた。こうして約一〇〇〇人の人たちは投降し、艦砲で犠牲になった四人以外は助かった。

比嘉平治さんはハワイでバスの運転手をしていたので英語ができた。ハワイでかなり儲《もう》けて読谷に戻ってきて瓦葺きの家を建てていたが、日本軍が彼の家を接収しようとするのを拒否するなど、日本軍の横暴をはっきりと批判する人だった。そのために日本軍からにらまれ、周りの人々からも「非国民」扱いされていた。村にやってきた日本軍を日の丸の小旗を振って出迎えた甥《おい》に対して「日本の政治家、軍人は、アメリカの国の力の大きさを分かっているのか」と言ったという。そうした「非国民」が一〇〇〇人の命を救ったのだった（下嶋哲朗『生き残る』八三―九一頁、林博史『沖縄戦と民衆』一九八頁）。

読谷村の南部に上陸した第一海兵師団は、東海岸まで一気に進攻して占領、本島を南北に分断した（現在の沖縄市北部からうるま市）。海兵師団の南側、嘉手納から北谷海岸に上陸したふたつの陸軍歩兵師団は、第九六歩兵師団が西側、第七歩兵師団が東側を担当して本島中部を南に向かった。初めは激しい戦闘もなく進んだが、五日から第七歩兵師団は中城村の161・8高地（ザ・ピクナル）で最初の激しい戦闘を経験した。さらに八日頃から牧港《まちなと》（浦添市）―嘉数《かかず》（宜野湾市）―我如古《がねこ》（同）―和宇慶《わうけ》（中城村）を結ぶラインに強固な陣地を構築していた日本軍の第六二師団との間で激しい戦闘が始まった。

大本営と天皇の戦争指導

ここまでは第三二軍が想定した通りだったが、ふたつの飛行場をかんたんに米軍に渡したことから天皇をはじめ大本営陸軍部や連合艦隊から危惧する声が出た。沖縄で米軍に一撃を与えることを期待していた天皇は「現地軍は何故攻勢に出ぬか」と陸軍に不満を示した。その意を受けた大本営は四月四日に天皇の「御軫念《ごしんねん》」（心配）を第三二軍に打電し、北・中飛行場の奪還を求めた。この天皇の「御軫念」は大きな影響を与え、第三二軍は攻勢に出たが失敗した。

他方、海軍は戦艦大和《やまと》を中心とする海上特攻を計画、六日午後に山口県の徳山を出撃、八日未明に沖縄島突入を企図した。しかし七日、大和は米軍機によって撃沈され、制空権のないなかを強行した海上特攻は失敗に終わった。第三二軍は八日夜に総攻撃ではなく「陣前出撃」に縮小していくらかの攻勢を実施したが成果なく終わった。圧倒的な米軍を前に攻勢に出るのは不可能だと認識せざるをえなかった第三二軍はそれ以降、持久戦に徹することとした。

この間、東京では、二日に参謀本部第一部長が小磯《こいそ》国昭首相に対して、「（沖縄は）結局敵に占領せられ本土来寇《らいこう》は必至」と答えている。この記録がなされた参謀本部の日誌の四月一九日の項には、「航空母艦撃沈破二一」など「計三九三隻の偉大なる戦果」をあげたという海軍発表の新聞報道を取り上げ、その敵の「損害の確実性を疑はざるを得ざる」とし、「海軍の戦果発表振りと云ひ識《い》者の笑ひ種を提供するのみなり」と海軍発表は信用できないと嘲笑していた（参謀本部第二〇班「機密戦争日誌」、県史23・三一―三二頁）。沖縄を含めて国民は、陸軍中央も嘲笑するようなウソの発表を信じ込まされていたのである。

空からは航空機による特攻がおこなわれた。四月六日から六月二二日まで「菊水作戦」と称された航空特攻がおこなわれ、石垣島と宮古島からも少ないながらも特攻機が出撃した。この沖縄戦で日本陸海軍は特攻機を含めて二九〇〇機、四四〇〇人を失った（藤原彰『沖縄戦と天皇制』一二四―一二七頁、県史6・一二五―一三一頁）。

これに対して米軍は、沖縄周辺に駆逐艦など監視船を配置してレーダーで監視し、戦闘機が空中哨戒《しょうかい》で迎撃にあたり、それをくぐり抜けた特攻機は対空砲で撃ち落とす態勢を取った。そのため監視船の被害は大きかったが、主力艦船の被害は減っていった。

地上戦において日本軍は、爆雷を抱えて戦車に飛び込む戦法など特攻とも言える戦法を取っており、陸海空のあらゆる方面で兵士の命を捨てさせる戦法が取られたのが沖縄戦だった。

米軍は慶良間列島に上陸するとただちに日本政府の行政権と司法権を停止する布告「米国海軍軍政府布告第一号」を公布し軍政を開始した。四月一日に軍政本部の先発隊も本島に上陸し、分遣隊も次々に上陸して軍政業務を開始した。

沖縄に上陸した米軍は多くの住民を収容し収容所（収容地区）に移した。収容所と言っても

図3-2　沖縄戦の経過

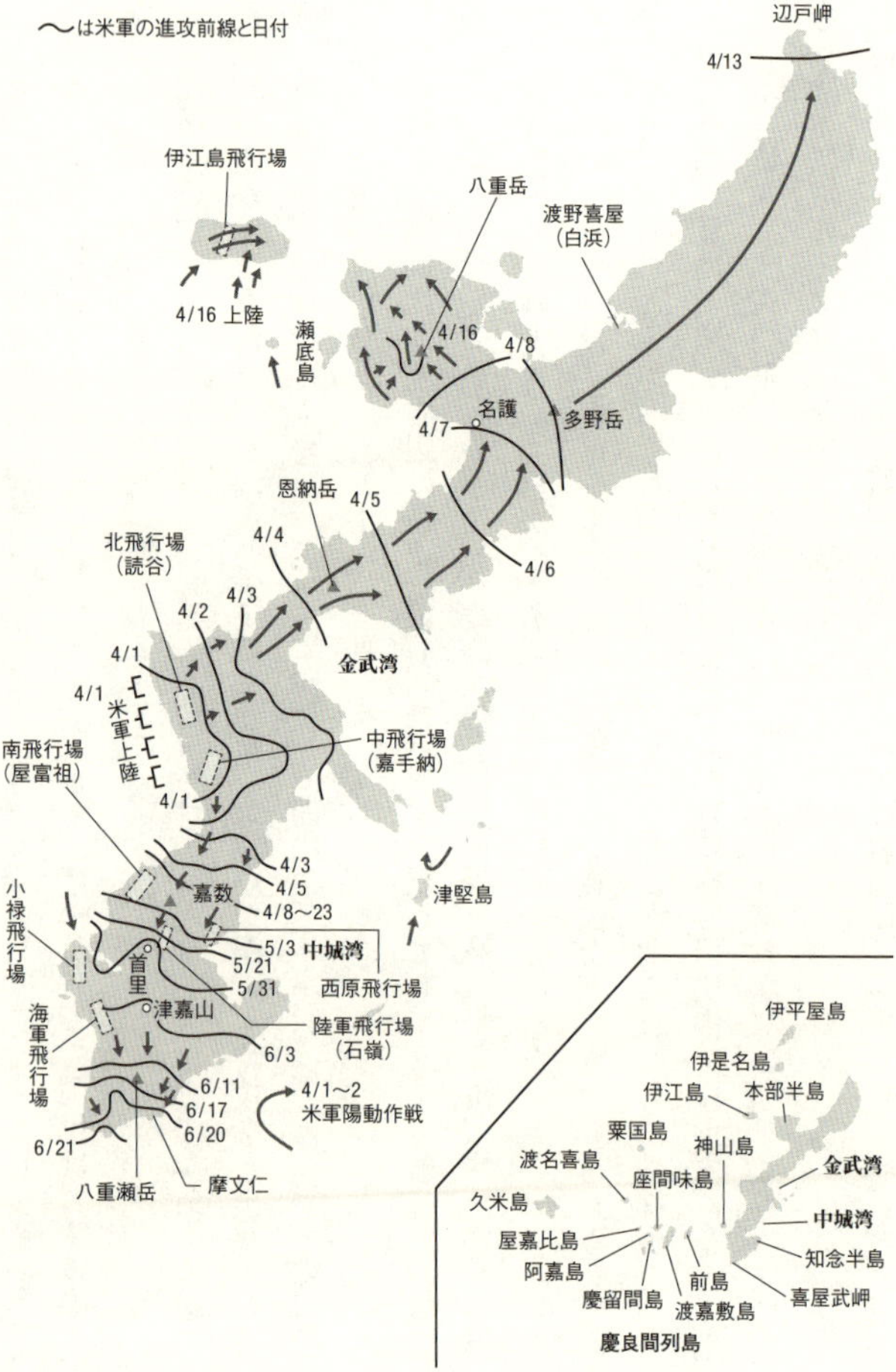

藤原彰『沖縄戦―国土が戦場になったとき』青木書店、73頁より。一部修正し作成

1945年4月4日、読谷村楚辺。沖縄本島で収容された民間人　沖縄県公文書館蔵

フェンスや鉄条網で囲まれた建物があったわけではなく、集落などを指定してそこに囲い込んだものだった。四日には島袋（現在の北中城村）に収容所を設置し、その日のうちに二、三千人を、一〇日には男一〇〇〇人、女三〇〇〇人、子ども四〇〇〇人、計八〇〇〇人を収容した（軍政分遣隊C－2戦時日誌、沖縄県公文書館 THM1001）。ほかにも各地に収容所（収容地区）が開設された。具志川村（現在のうるま市）に設けられた高江洲《たかえす》収容所では四月上旬には高江洲小学校が開校、米軍占領下で最初の学校と見られる（古賀徳子ほか編『続・沖縄戦を知る事典』八五頁）。中南部や北部で戦闘がおこなわれていたなか、こうした地域ではある意味で「戦後」が始まっていたのである。

3　沖縄本島中部の激戦　一九四五年四月―五月

運命を分けた地域

四月八日頃から首里北方の中部地域で日米両軍の激しい戦闘が始まり五月下旬まで続くことになった。嘉数高台は一〇〇メートル足らずの丘だが、米軍が攻めてくる北側は急斜面になっており、日本軍は周辺の丘に機関銃などの銃座を相互支援できるように配置していた。また陣地間を地下トンネルでつなぎ、米軍の砲爆撃の間は地下陣地に潜み、昼に丘の上を占領されても夜になると奪い返した。この嘉数高台では日本軍が撤退した二四日までの二週間あまり、昼夜ごとに丘を奪い合う激戦が続いた。さらに日本軍はその南側の前田高地（浦添城址）に次の陣地を構えており、丘ごとに激しい戦闘が繰り広げられた。

嘉数を撤退した第三二軍は、多くの戦死傷者を出した第六二師団を西側（浦添）に集結させ、東側（西原）には南部で待機していた第二四師団を、那覇方面には独立混成第四四旅団を進出させた。被害の大きかった米軍も第二七歩兵師団を後方に下げて北部に送り、それに代えて第一海兵師団と第七七歩兵師団を投入して攻勢に出てきた。

図3-3　宜野湾　字ごとの戦没者率

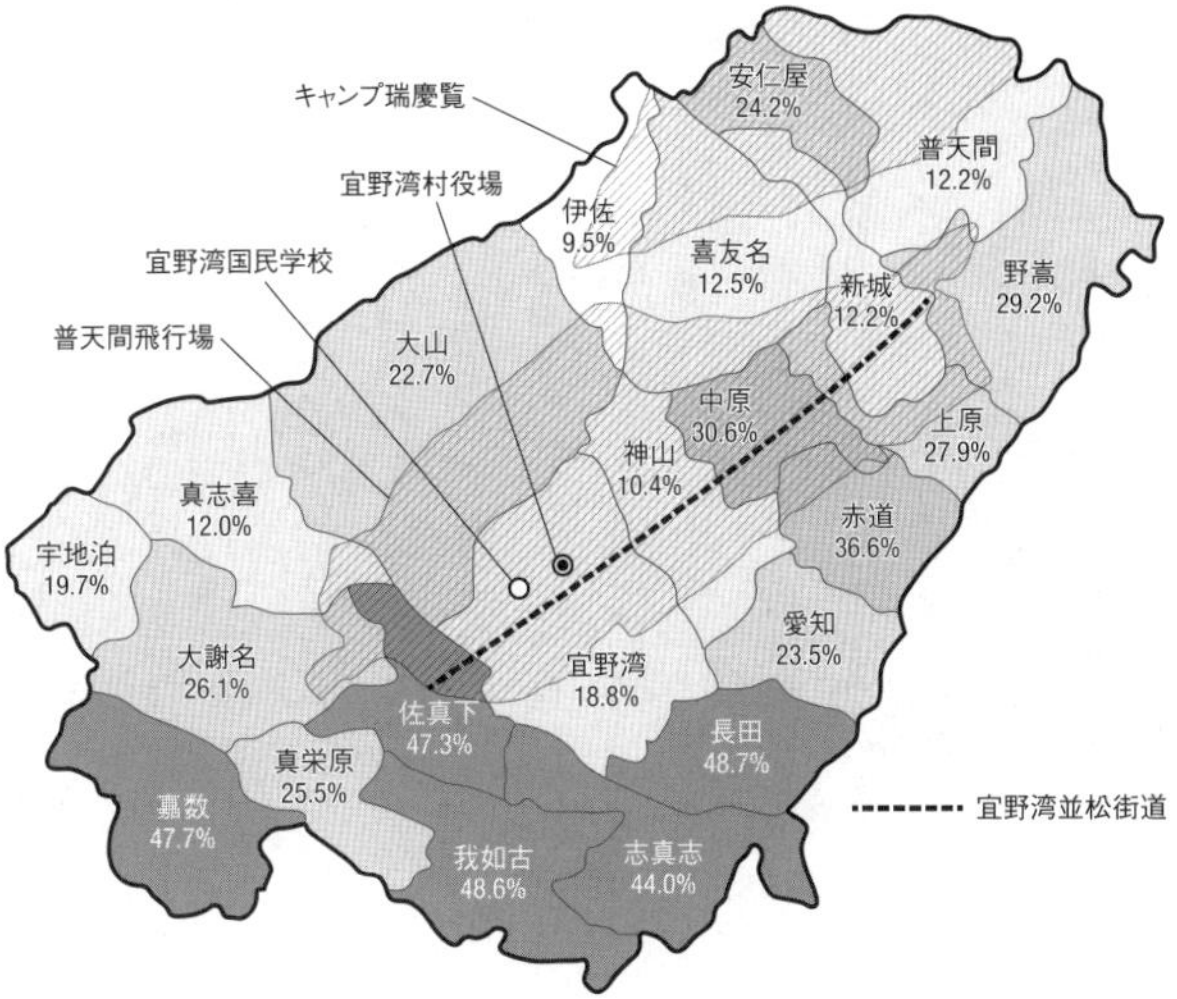

古賀徳子、吉川由紀、川満彰編『続・沖縄戦を知る事典』吉川弘文館、105頁を基に作成

ところで宜野湾村の地域を見ると、北側は早々に米軍の支配下に入るが、嘉数などの南側の一部で激しい戦闘が続くことになった。そのため前者の地域では概して住民に死者が少なく、後者では非常に多くなっている（図3－3）。北側の地域には日本軍はいなかったので、住民が隠れているガマにやってきた米軍は通訳を通じて出てくるように呼びかけ、住民が集団で投降したケースが多かった。それに対して主陣地のある南側の地区では、日本軍がいたために投降することはできず、南部に逃げて多くの犠牲を出した。日本軍がいたかどうかが、住民の生死を分ける分水嶺《ぶんすいれい》になった。現在の沖縄市や

うるま市など日本軍がほとんどおらず早期に米軍の占領下に入った地域とこの宜野湾村の北側の状況は共通している。

宜野湾村北部の新城《あらぐすく》ではアラグスクガー（新城川）の壕に区民全員約三〇〇人が避難していた。壕内ではアメリカとハワイから帰ってきて、英語のできる宮城蒲上さんと宮城トミさんのふたりを中心に「共通の意志確認として」「全員どんなことがあっても死ぬことは考えないこと、そのため見つかったら抵抗しないでアメリカ兵のいう通りに行動する」ことにしていた（警防団長の宮城宇精さん、宜野湾3・一八頁）。米兵は「鬼畜」であり見つかったらみな殺しにされると不安に思っていた人々に対して、蒲上さんらは「アメリカ人は鬼畜ではない、優しい人も多い」と安心させようとしていた。米軍が壕にやってくるとそのふたりが出て行って米兵と交渉し、「殺しはしない」という約束をしたので全員壕から出た。こうした理性的な判断と統制の取れた行動によって人々は救われた（宜野湾3・一三一一九頁）。

村北部の喜友名《きゆうな》のフトゥキーアブのガマには約五〇〇人が避難していた。やってきた米兵に対して若い者二、三人が竹槍をもって米兵をやっつけようと息巻いていたので、知念亀吉さんが「壕の外はどうなっているかわからないし、出てみなければ殺されるかどうかもわからない」と言って必死に止めて投降して助かった。ただ「米軍に捕まったら、何をされるかわからない」と言われていたのを信じ込んで壕から出ようとしなかった四、五人の一七、八歳の少女たちが米軍に手榴弾を投げ込まれて殺されてしまった（宜野湾3・二二、六三一頁）。米兵への恐怖心を煽るプロパガンダが少女たちの命を奪ったのである。

他方、主陣地のあった地域では、たとえば、佐真下《さました》の区民約一〇〇人が避難していたジルーヒジャグヮーガマには、日本軍の少尉が日本刀を振りかざしてバナナを切って見せ、「米軍の捕虜となる者は絶対許さない。捕虜となる者はこの刀で切り殺す」と住民を脅し、さらに「米軍の捕虜になれば、戦車の下敷にされて殺されるのだ」と恐怖心を煽った。そのために四月一七日に米軍が来て投降を呼びかけたが誰も応じず、米兵が壕に入ってきて捕まった約二〇人を除いて住民は別の穴から脱出して南部に逃げた。しかし南部で一家全滅など多くの犠牲を出した（宜野湾3・六六四―六六六頁）。

日本軍がいると投降できず、別の穴から逃げることができたのでこの壕内で死ぬことはなかったが南部に逃げてそこで多くの犠牲を生み出した。もし壕から逃げ出すことができなければ米軍に爆雷などを投げ込まれて多くの犠牲を出していただろう。

宜野湾村の南側の浦添村でも日本軍がいなかった壕では投降して集団で助かったケースもあるが、日本軍がいるなかで投降を許されずに南部に逃げて犠牲になった人が多い。浦添市の戦災実態調査によると、村民の犠牲者率は四四・六パーセントにのぼっている。また「準軍属」（本書三一四頁参照）と認定された住民のうち南部での死者が四六・三パーセント、時期を見ると南部撤退後（五月二八日以降）が五四・三パーセントを占めている（浦添5・三一六―三一七、三四一頁）。日本軍の存在と南部撤退が非常に大きな犠牲を生み出したことがわかる。

宜野湾村の東側にある中城村の登又《のぼりまた》では、与那覇朝徳さんの祖母が自宅に戻った時に米兵に捕まったが、その二日後くらいに防空壕に避難していた家族の下に帰ってきて「アメリカ人は、人を殺さないよ。良い人だよ。行こう」と言うので、それを信じて家族全員で投降した。同じ字にブラジル帰りでポルトガル語を話せた七〇歳代くらいの人がいて、自宅に米兵が来た時にポルトガル語で「戦をするのは兵隊だけで、ここにいる人たちは兵隊ではないので戦はしない。私たちは平和を好んでいる」と言ったということだった。かねてよりその人から「北部や南部に逃げても、沖縄本島は小さいので意味がない。どうせ死ぬなら自宅が良い」と言うのを聞いていた与那覇さんの家族は疎開せずにとどまり、米軍に「素直に投降した」（中城・証言編下・五九三―五九七頁）。こういう判断と行動は日本軍がいなかったからできたのである。

斬り込みに駆り出される兵士たち

第三二軍は、地下陣地を出て攻勢をおこなっても米軍の激しい砲爆撃の餌食になって損害を増やして敗北が早まるだけなので、地下陣地を利用した持久戦に努めた。米軍の砲爆撃が激しい時は地下陣地に潜伏してやり過ごし、砲爆撃の間隙をぬって出入り口から大砲や機関銃による反撃をおこない、あるいは夜になると小規模の夜襲（斬り込み）をおこなうことが多かった。首里の北側など中部戦線にはたくさんの丘があり、それらの地下陣地に配備された大砲や機関銃などが相互に支援し合えるような陣地群を構築していた。

地下陣地のある丘の上を米軍に占領されると、出入り口から爆雷や手榴弾を投げ込まれたり、上からドリルで穴をあけてガソリンなどを流し入れて火を付けられるなど防禦《ぼうぎょ》できないので、部隊をあげて夜襲をかけて丘を奪い返すこともおこなった。そこでは近接して手榴弾を投げ合う肉弾戦がおこなわれた。ただ夜が明けて米軍の砲爆撃が始まると地下陣地に戻り、また米軍歩兵に丘を奪い返され……、ということが繰り返された（大田嘉弘『沖縄陸・海・空戦史』三六七―三六八頁、八原博通『沖縄決戦』一八四頁）。首里北側の正面にあたる嘉数高地や前田高地、首里西方のシュガーローフ・ヒル、東方のコニカル・ヒル（運玉森《うんたまむい》）など軍事拠点である小高い丘をめぐる戦闘は何日にもわたって両軍が丘を奪い合う戦闘が繰り広げられた。

ただ多くの夜襲は小規模な組が数多く送り出されておこなわれた。

第二四師団が一九四五年四月一五日付で出した「斬込隊戦訓」では二、三人で構成するように指示されている（RG338/Entry50418/Box58）。五月一四日に第三二軍司令部が出した作戦命令では、那覇方面から迫ってくる米軍に対して、各師団・兵団は「可能な限り多くの挺身斬込班を編成すべし」と命令、第三二軍警備隊だけで三人の班を五〇編成せよとしている。装備は、爆薬、手榴弾、火炎瓶、剣、発煙剤などが挙げられている（RG338/Entry 10th Army/Box61）。後に大本営陸軍部がまとめた「沖縄作戦の教訓」（一九四五年六月二九日）と題した戦訓では、斬込班は三―五名で編成し、装備は「槍（小銃は重く不便）」、手榴弾、爆雷とされている（県史23・六八一頁）。

四月一七日に米軍が押収した「西原地区における戦闘実施要領」（日付不明）では、斬込隊は二―五人で構成し、「住民の服を借りてあらかじめ確保」し、「服装においても話し方においても現地住民のように見せかけることが必要である」とし、「方言を流ちょうに話す若い兵を各隊に一人を割当てる」よう指示している（RG554/Entry147/Box493）。また第六二師団が四月一一日に出した「石部隊挺進斬込戦訓」では服装について「便衣を可とす」とある。便衣とは民間人の服のことである。四月二六日には、「敵占領地に浸透し、襲撃する目的をもって平服着用を許可する」という日本軍の許可証を米軍が入手し英訳して部隊に注意を促していた（第七歩兵師団G2報告書、中城・資料編・二九一―二九二頁）。

米軍はこうした日本軍の作戦文書を押収して英訳し、各部隊に注意するように配布していた。こうした戦法を警戒した米軍は民間人であっても襲撃してくる日本兵ではないかと疑って射殺せざるをえなくなった。米軍はビラなどで夜間は動かないように民間人に警告をしていたが、夜間、米軍陣地に近づいてきた者たちを銃撃し、死体を確認した時に女性が着物の中に手榴弾を持っているのを見つけた（ジョージ・ファイファー『天王山』上・二七八―二七九頁、下・二三二―二三三、三一〇―三一一頁）。日本軍は多くの人々、特に若い女性に手榴弾を配っていた。実際には夜襲ではなかったとしても、米兵が、夜襲のために近づいてきた戦闘員と考えても無理からぬものがある。米軍が軍人も民間人も無差別に攻撃した理由の大きなひとつは日本軍のこうした戦法にあり、そのことが民間人の被害を拡大したと言ってもよい。

米軍の報告書でも四月二四日付で「敵はあらゆる努力を払って兵力温存をはかっているようである。今日に至るまで、玉砕的な反撃はほとんど報告されていない」と記されている（第七歩兵師団Ｇ２報告書、中城・資料編・二八八頁）。しかし米軍には次々に補充兵が送り込まれてくるのに対して、日本軍は確実に損害を増やし消耗していったのである。

天皇・政府から見放された沖縄

こうした激しい戦闘が続くなかの四月二六日、鈴木貫太郎首相は、ラジオ放送で、沖縄で「全員必死特攻敢闘」している将兵や官民に感謝するとともに「私ども本土にある国民もまた時来らば一人残らず特攻隊員となり、敵に体当り」をおこなう決意を表明した。これは事実上沖縄を断念し本土決戦に備えようとする意思表明だった（「朝日新聞」一九四五年四月二七日、渡辺考『沖縄　戦火の放送局』一七七―一七八頁）。

徐々に押し込まれていく第三二軍内では、余力のあるうちに攻勢に出ようという意見が出て、五月四日に大規模な攻撃に出た。天皇は「今回の攻勢は是非成功せしめたきもの」と激励の言葉を伝えたが、失敗に終わった。この結果、第二四師団が大打撃を受け、砲兵も大損害を出し、第三二軍にはもはや攻勢に出る力は失われた。天皇はそれまでも「米軍をぴしゃりと叩く事はできないのか」「何とか叩けないかね」と米軍に打撃を与えることを繰り返し要望していたが、この攻勢の失敗に天皇も失望した。参謀本部の「機密戦争日誌」五月六日にはこの「総反撃」の「失敗」により「大体沖縄作戦の見透は明白となる」とし「本土決戦への覚悟」を述べており、天皇も大本営も沖縄への関心を失って本土決戦準備に向かっていくことになった（県史23・三二一頁）。

その後、天皇は側近を九十九里浜などに派遣して本土決戦の準備状況を調べさせたが、その不十分なことに失望し、米軍を叩くことは難しいと悟った六月二二日になってようやく天皇は和平工作をおこなうように指示した（山田朗『昭和天皇の軍事思想と戦略』三二一頁）。五月から六月の二か月、沖縄は天皇など軍中央から見捨てられた状況のなかで、そのことを知らないまま戦わされていたのである。

米軍はさらに第一海兵師団を投入、西側を第一と第六海兵師団、東側を陸軍第九六と第七七歩兵師団の計四個師団で首里に迫った。第三二軍は南部にいた独立混成第四四旅団や小禄の海

図3-4　沖縄本島南部における戦闘経過と主な集落図
（沖縄県立平和祈念資料館作成のものに一部加筆）

石原昌家『証言・沖縄戦』青木書店を基に作成

軍部隊の一部を進出させて対抗した。首里の北西、那覇の入り口にあたる重要拠点の五二高地（米軍の呼び名はシュガーローフ、現在の那覇新都心の一角、モノレールおもろまち駅西側）をめぐって五月一二日から激しい戦闘がおこなわれたが一八日に米軍に占領された。この付近にはいくつもの丘があって日本軍が相互に支援できるように陣地を構えており、この戦闘だけで米軍は二六六二人の死傷者と一二八九人の戦闘神経症患者を出した（米国陸軍省編『沖縄　日米最後の戦闘』光人社NF文庫・三五一頁）。米軍は一六日には那覇に入り、他方、首里の東方にあった拠点、運玉森（コニカル・ヒル）も二一日までに占領した。首里城の地下に総延長一キロにのぼる地下壕を掘ってつくられた軍司令部は、東西から迫ってくる米軍に包囲される危険に陥った。

沖縄における多大な犠牲を生み出した要因を考える時、天皇の果たした役割を見逃すことはできない。沖縄で米軍に一撃を与えることを期待していた天皇は、四月初めと五月初めに第三二軍に攻勢を促したがいずれも失敗に終わった。第三二軍が南部撤退をおこない、沖縄の人々が地獄の苦しみを味わっていた時には天皇はもはや沖縄への関心は失っていたのである。

戦後のことになるが、戦争と軍隊を放棄する第九条を含む日本国憲法が制定されたことに危惧した天皇は、一九四七年九月に天皇の側近である寺崎英成《ひでなり》を通じてGHQの外交局長シーボルトに、「天皇は、アメリカが沖縄を含む琉球の他の島々を軍事占領しつづけることを希望している」こと、「長期の貸与」という形で占領を継続することなどを提案した。天皇制を維持するために沖縄は再び捨て石にされたのである。

時間稼ぎの南部撤退

第三二軍司令部はかねてから首里にとどまって最後の戦闘をおこなうか、知念半島か喜屋武《きやん》半島に後退して持久作戦をおこなうか検討していたようであるが、五月二二日夕、牛島満軍司令官は喜屋武半島への撤退を決定した。第一線主力の撤退を五月二九日とし、各部隊は二五―二六日頃から少しずつ移動を開始した。牛島軍司令官は二七日首里から津嘉山《つかざん》へ移動、二九日深夜（三〇日未明）、沖縄本島南端の摩文仁《まぶに》に入った。この作戦計画の考えは、少しでも長く抗戦し「多くの敵兵力を牽制抑留すると共に、出血を強要」するという時間稼ぎのためだった（防衛庁防衛研修所戦史室『沖縄方面陸軍作戦』五三三頁）。米軍は二九日には首里を占領した。

日本軍は南部撤退にあたって動けない重傷者を捕虜にならないように殺していった。軍参謀長は「各々日本軍人として辱《はずか》しからざる如く善処すべし」（八原博通『沖縄決戦』三三三頁）と指示したとされている。南風原の沖縄陸軍病院をはじめ野戦病院では重傷者に青酸カリをミルクに入れて飲ませたり、手榴弾での自決を強要した。重傷者の殺害は戦闘最終盤まで続いた。第三二軍司令部に勤務していた者の証言では、六月一九日に南部である大尉から「負傷者及び病人に対し自決を命」ぜられ、さらに自決のできない者、拒否する者を射殺して来いと命じられたという（濱川昌也『私の沖縄戦記』一九〇―一九一頁）。

「生きて虜囚の辱《はずかしめ》を受けず」という文言で有名な戦陣訓（一九四一年一月）は天皇の裁可を得て東条英機陸軍大臣が出した訓示であるが、すでにその前の一九四〇年三月に制定された「作戦要務令　第三部」のなかで「死傷者は万難を排し敵手に委せざる如く勉むるを要す」と負傷者を捕虜にならないように処置することが天皇の裁可した軍令で定められていた。この作戦要務令には御名御璽《ぎょめいぎょじ》（天皇の署名と公印）があり、重傷者の殺害は天皇の命令であったと言える（林博史『沖縄戦　強制された「集団自決」』一三六―一三九頁）。

五月末には、数日にわたって豪雨が続き、米軍は空からの偵察ができず、攻撃が緩んだ隙を突いて、日本軍は南部へ撤退していった。

なお八原博通第三二軍高級参謀の回想によると、日本軍のいない知念半島に住民を移動させることを意図していたようで、学徒隊の一部を使ってそのための誘導をおこなおうとした（八原博通『沖縄決戦』三二八頁）。しかしその任務を受けた千早隊の三人が玉城村の十字路で避難する人々を知念半島へ誘導しようとしたが「私達の説得に立ち止まって耳を貸してくれるものは誰もいない」ありさまで、それどころか現地守備隊本部へ連行され「戦意高揚を阻害する不穏当な言動があった」として首里の軍司令部に送致されてしまった（中城・証言編下・八六一―八六二頁）。日本軍のいない地域に住民を移動させることは米軍に捕まることを意味し、住民からは信用されず軍からもスパイと疑われるありさまだった。

南部撤退に際して島田知事は、「沖縄県民へ」という呼びかけを「沖縄新報」を通じて発表し、その最初の項で、「米兵を殺せ」と題して「もし敵に捕まれば、最後には殺される。敵は、男も女もみな殺してきた。竹槍や鍬を使ってでも米兵を殺せ。それ以外に生き残る道はない」、サイパンや中頭《なかがみ》地区でも敵は「飴やタバコを分け与えて人々の歓心を買い、われわれを十分に利用したうえで、人々はみな殺された。沖縄県民は騙《だま》されるな。最後まで抵抗し、敵を殺せ」と民間人であっても米軍に捕まるとみな殺しにされると恐怖心を煽り、最後まで抵抗せよ、敵を殺せと指示した。

すでに中部などで多くの県民が米軍に収容され、捕まっても殺されないという情報が人々にも伝わっていたので、島田知事は、今は殺されないと思っていても結局は殺されるのだ、だまされるな、米兵を殺せと煽動したのである。これは島田知事が県民に対して出した最後の呼びかけであり、知事以下の県庁組織は住民保護策を講じることなく喜屋武半島に向かって撤退していった（川満彰・林博史『沖縄県知事　島田叡と沖縄戦』一五八―一六〇頁に知事の呼びかけ全文収録）。

なお久米島の具志川村警防団長だった内間仁広の日記の六月三日の項には、「本日の情報＝島田知事のアメリカ兵一人でも多く殺すのが勝利の道である」という呼びかけが伝えられたことが記されている（久米島・一〇〇頁）。無線によって知事の呼びかけは広く県民に伝えられていたことがうかがわれる。

もしも住民を日本軍のいない知念半島に誘導するのであれば、米軍に捕らえられても不名誉ではない、米軍は民間人にひどいことはしないということをあらかじめ十分に人々に浸透させる必要があったがそういう措置はまったくなされなかった。

住民スパイ視を煽った日本軍

ところで中部の激戦地では日本軍による住民虐殺はあまり知られていないが、その例外が西原村の地域だった。

先に述べたように西原には四月下旬に第二四師団が進出してきた。この師団は南部にいる間、連日戦況の報告を受けていたが、そのなかにたとえば、同師団歩兵第八九連隊の連隊長の注意として四月二日には「中頭地区一帯を敵手に至る（ママ）を以て住民を使役し偵諜せしむべきは明瞭なるべし　故《ゆえ》に爾今《じこん》陣地附近に至る地方人に対し兵をして不用意に対応せしめざると共に必ず捕へ訊問《じんもん》し我陣地配備兵力等暴露せしめざる等の注意簡要なり　特に初年兵に対する面会は之を厳禁す」と米軍に収容された住民がスパイを働いているという警戒を将兵に発していた。

四月八日には「現地部隊長」名の「佈告《ふこく》」が出され、ガマに避難している住民に読み上げるように指示されているが、その内容は次のようなものだった（林博史『沖縄戦と民衆』二〇八—二一四頁、八重瀬・五四四頁）。

「親愛なる諸君
鬼畜の米獣は今中頭で何をやつて居るか
洞窟内の同胞を毒を使つて追出し出て来る人等を片端から男女老幼の別なく虐殺してゐる事実を！
平和安住の宣伝ビラの裏に待つものは敵の弾と銃剣である
『サイパン』でも『テニヤン』でも又其他《そのた》の島々の同胞が怨《うらみ》を呑《の》んだ其の血!!
其の血を塗つた銃剣が再び我々の前に来たのである
諸君!!　退いて偽れる敵の銃剣の歓待を受けるより皇国民として出でゝ諸共に此の仇敵を一人余さず殲滅《せんめつ》しよう
来たれ決死の士は!!
壮年、青少年、男女を問はず共に悠久の大義に生きん
現地部隊長」

この連隊のものにとどまらず四月一〇日には「参謀長注意」として「捕へたりしている中にはＦの諜者の疑ひあるものあり　命がほしいので日本人であり乍《なが》ら非国民的なものが我々の

心辺《（ママ）》に居ると云ふ事感《（ママ）》へて」対処するように命令している（県史23・二七三頁）。

沖縄県知事島田叡も四月上旬に出した「県諭告」第二号のなかで「ごうに出入りする人に注意為《せ》よスパイも来るかも知れない」と民間人のなかにスパイが潜んでいるかもしれないので警戒するように県民に呼びかけていたことと重なる（「沖縄新報」四月六日）。

つまり米軍上陸以来、多くの住民が米軍に保護されていることを知っていた第三二軍や県は、彼らをスパイだと警戒するように南部にいた日本軍将兵や民間人に繰り返し宣伝していたのである。

こうしたウソの宣伝を叩き込まれていた第二四師団の将兵たちは、西原に「来る早々、沖縄県民は皆スパイだと怒鳴りつけ」（西原村兵事主任大城純勝さんの証言、西原3・四四九頁）、集落内の壕に隠れていた高齢者ら七人が日本兵によって引きずり出されて斬り殺されるなど残っていた住民が虐殺された（西原3・五八四頁）。

こうした住民虐殺は、一部の逸脱した将兵による行為ではなく、日本軍や県が米軍に保護された住民をスパイ視する宣伝をおこなったことによって起きた組織的な犯罪であったと言えるだろう。

4　沖縄本島北部の戦闘

広大な北部に配備されたわずかな国頭支隊

読谷海岸に上陸してから北に向かって進攻して行った第六海兵師団は四月七日に名護に入り、さらに海岸沿いを進んだ部隊は一三日には本島最北端の辺戸岬に到達した。

沖縄本島の北部、国頭郡（山原《やんばる》とも言う）は本島の半分以上の面積を占めるが山が多く、人口は本島全体の二割あまりにとどまる。この広大な地域を任された国頭支隊（独立混成第四四旅団第二歩兵隊主力、支隊長は第二歩兵隊長宇土武彦大佐）は伊江島配備部隊を除くと遊撃隊一〇〇〇人あまりを含めて約三〇〇〇人、三月の防衛召集を加えても三八〇〇人ほどにすぎなかった（くわしくは名護3・第Ⅱ部序章）。

本部半島の八重岳に陣地を構えた国頭支隊に対して米軍は四月一一日から攻撃を開始し一六日には八重岳を占領した。宇土支隊長は本島中央部の多野岳への転進命令を出して本部半島を脱出した。二〇日までには本部半島は米軍に占領され、国頭支隊の将兵らは山中を逃げ回ることになる。日本軍は統制が取れなくなり、これ以降、国頭支隊や中部から逃げてきた将兵らが国頭の山中を徘徊《はいかい》し、住民から食糧を強奪したり住民を虐殺したりするなどさまざまな残虐行為をはたらくことになる。

ところで八重岳には伊江島の部隊を支援するための重砲部隊（一五センチ・カノン砲四門）が配備されていたが宇土支隊長はそれを使わなかった。使ったとしてもそれほどの効果はなかっただろうし、逆に米軍から激しい反撃を受けて八重岳に避難していた民間人にも多くの犠牲を出したと見られる。宇土支隊長は戦いを避けた卑怯《ひきょう》な態度を取ったと非難する見方もあるが、部下（多くが現地召集の地元民）や民間人の「生命を無益な殺りくから救った」とも評価される（仲地哲夫「（本部半島南部）解説」、旧県史10・四六四―四六五頁）。

第三二軍司令部での作戦計画の検討の際にも国頭は「戦略的価値が少な」いと見なされていた地域だった（防衛庁防衛研修所戦史室『沖縄方面陸軍作戦』一三六頁）。また国頭支隊の主力であった独立混成第四四旅団は沖縄に輸送される際に乗っていた富山丸が撃沈され、かろうじて生き残った者を基に緊急に召集された者が多かった。もともと放棄された地域に、一度は全滅に近い打撃を受け、そこにまともに軍事訓練も受けていない地元出身者をかき集めて編成された部隊であり、捨て石であったと言えるだろう（名護3・第Ⅱ部序章）。

米軍は本部半島の攻略と並行して、さらに戦闘機の飛行場を必要として伊江島占領を急ぎ、四月一六日に第七七歩兵師団が伊江島に上陸、二一日までにはほぼ占領した。日本軍守備隊約三〇〇〇名のほとんどが戦死し、住民の多くも戦闘員として駆り出されるなど千数百名も死亡

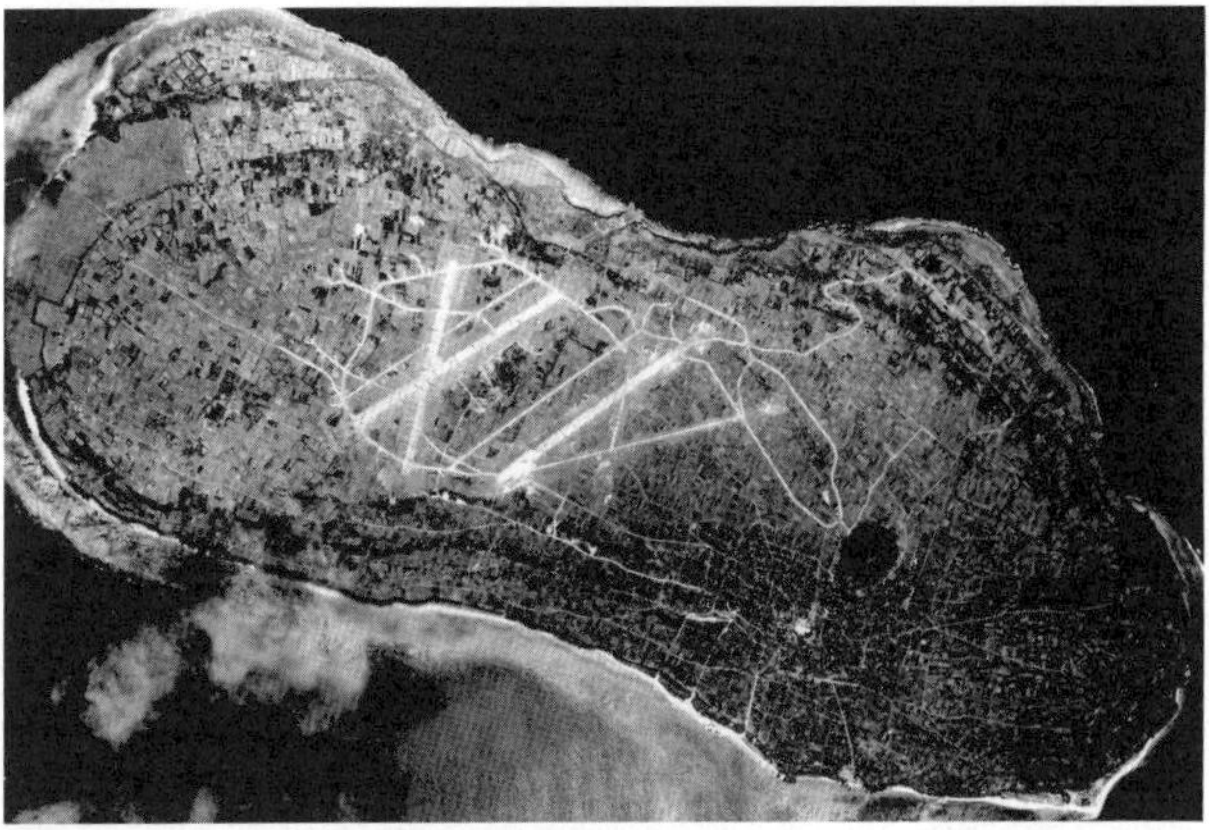

1945年3月20日、米軍占領前の伊江島飛行場　沖縄県公文書館蔵

した。米軍の戦史は「兵隊や民間人、それに婦人もまじった一群が、小銃や手榴弾をもち、爆薬箱をかかえて城山の洞窟陣地から」突撃してきたと述べている（米国陸軍省編『沖縄　日米最後の戦闘』光人社NF文庫・一七七―一七八頁）。島田知事が掲げた「県民総武装」が現実化した島と言える。

米軍はすぐに伊江島飛行場整備をおこない、三〇日までに日本軍がつくった滑走路一本を修復、五月一二日には駐機場も備えた全天候型滑走路一本を完成させ、一四日には陸軍航空軍の戦闘機部隊が配備されて任務を開始した。

ゲリラ戦部隊の遊撃隊

北部の山中には名護の多野岳・名護岳に第三遊撃隊（第一護郷隊）、恩納岳《おんなだけ》に第四遊撃隊（第二護郷隊）が配備されていた。この部隊は遊撃戦（ゲリラ戦）をおこなう部隊で、秘密戦要員の養成機関である陸軍中野学校出身の将校や下士官が隊長など幹部になり、分隊長や小隊長には在郷軍人を召集し、隊員は防衛召集によって一〇代の青年約七〇〇名が召集された。ここには名護にあった県立第三中学の鉄血勤皇隊一五〇名も動員された。遊撃隊は山中から海岸沿いの米軍に攻撃を仕掛けるが、第三遊撃隊の中学生だった少年隊員たちは自分の集落を焼き払うこともやらされた（名護の真喜屋《まきや》と稲嶺《いなみね》集落）。それより南に配置された第四遊撃隊は米軍の侵攻を妨害するために石川、仲泊近くの橋を爆破し北部に避難しようとした人々は食糧など多くの荷物を捨てて川を渡らなければならなくなった。

集合時間に遅れた少年隊員はスパイだとして隊長命令により友人たちの手で射殺された。米軍の掃討を逃れて山中を逃げる途中、負傷した兵は置き去りにされて自決を強要され、軍医に処刑された隊員もいた。「護郷隊」は郷土を護《まも》る部隊ではなかった。第三遊撃隊長村上治夫は四六年一月、第四遊撃隊長岩波寿は四五年一〇月にようやく山を下りて投降したが、彼らの遊撃戦によって北部の山中に避難した多くの人々が飢餓に苦しむなかでも山から下りることを許されず、米軍との戦闘に巻き込まれ犠牲を増やした。

なお陸軍中野学校の出身者は、ほかに離島残置諜者も送り込まれ、主に日本軍が配備されていないか、あるいは手薄な離島に配置された。特に波照間島のケースは悪名高い（遊撃隊ならびに離島残置諜者については、川満彰『陸軍中野学校と沖縄戦』）。

軍官民一体のスパイ組織・住民監視

この国頭支隊の秘密戦への官民の協力機関として三月に北部で国士隊がつくられた。助役・書記など町村吏員、国民学校や青年学校の校長・教頭・教諭、県議・町村議、医師など国頭郡内各町村の有力者三三人が集められた。その任務として、「一般民心の動向に注意し（イ）反軍、反官的分子の有無（ロ）外国帰朝者特に第二世、第三世にして反軍反官的言動を為す者なきや（ハ）反戦、厭戦《えんせん》気運醸成の有無、若《も》し有らば其の由因（ニ）敵侵攻に対する民衆の決意の程度（ホ）一般部民の不平不満言動の有無、若し有らば其の由因（ヘ）一般部民の衣食住需給の状態（ト）其の他特異事象（仮例、県内疎開の受入状況等）を穏密《(ママ)》裡《り》に調査し報告すること」などが命じられた。彼らは家族にもこのことを秘密にして、住民を戦争に駆り立てると同時に、住民の動向を探り、問題のある者がいれば軍に通報するというスパイの役割が与えられた（「秘密戦に関する書類」、県史23・七二四頁）。

この国士隊結成の背景を見ると、第三二軍司令部が四四年一一月に作成した「報道宣伝防諜等に関する県民指導要綱」において、「六十万県民の総決起を促し以て総力戦態勢への移行を急速に推進し軍官民共生共死の一体化を具現」することを目指し、そのなかで「常に民側の真相特に其の思想動向を判断し」敵の策動を封じることを意図していた。この「要綱」を北部で具体化したのが四五年三月一日の「国頭支隊秘密戦大綱」であり、そのなかで「住民の思想動向特に敵性分子の有無」を探知するように指示していた。これに協力する官民の組織としてつくられたのが国士隊だった。

これに関連するのが警察の役割である。県警察部が作成した文書では（県史23・八四四―八四六頁）、民間人も警察官も「すべての日本人」は命を国家に捧げることを要求し、「警察官はいかなることがあっても敵に捕らわれてはならない」と捕虜になることを厳禁している。そのうえで、「遊撃戦への協力」をうたい、警察官や民間人から選抜した「密偵」を敵占領地に潜入させてスパイすること、遊撃（ゲリラ）戦に参加すること、警察官は最後のひとりまで軍とともに戦闘に参加すること、米軍に収容された民間人を利用して破壊活動をさせ、収容されている民間人のなかで「もし敵への協力者を発見すれば、殺すか、あるいは然《しか》るべく処置すべし」と指示している。さらに「戦闘活動要綱」では警察官だけでなく住民にも竹槍や鎌などを使った戦闘訓練を施し、パラシュートで降下してくる米兵を攻撃する方法などを訓練すること、民間人の行動にも警戒すること、すなわち民間人へのスパイ活動が警察官の任務とされている。

つまり日本軍の主力と県幹部がいた中南部では、軍と県・警察が一体となって住民をも戦場に動員する態勢が取られる一方で、日本軍が散在するだけで県行政組織もほとんどなく、にもかかわらず足手まといになるので疎開させた避難民が多数いる本島北部では、官民一体となったスパイ組織国士隊をつくるとともに、警察が民間人に軍事訓練を施しつつ彼らを監視しスパイする役割を担うようになっていたのである。

米軍に押収された名護警察署の警部補の日記には、警察官は通信線の切断のような破壊行為にとどまらず、六月二四日の時点においても「住民たちに（米軍に）収容されないように指示」する活動をおこなっていたことが記されている。警察は、知事や警察部長の指示に従って、食糧が尽き飢餓に苦しめられていても山を下りて米軍に捕まるなと人々に指示し続けていたのである（川満彰・林博史『沖縄県知事　島田叡と沖縄戦』一七六頁）。

このように軍と警察が一体となった活動により、住民・避難民は食糧がなくなっても米軍に投降できず飢えやマラリアで苦しむ状況に追いやられ犠牲を増大させた。国頭での民間人の死者は二万人にのぼるのではないかと推定されている。北部への疎開を進めて命を救ったなどと言えるものではなかった。

日本軍による住民虐殺

北部においても日本軍による住民虐殺はあちこちで起こった。大宜味村では、米軍に捕まった元巡査が山に逃げてきて日本が負けていると話したところ、スパイとして殺された（大宜味・八三―八四頁）。読谷から避難してきていた避難民が下山していたが（下山とは米軍支配下に入ることを意味する）スパイとして四、五人が「手首」をしばられてめった斬りにされ、一面に血が飛び散り、目を疑う地獄の惨状であったという（国頭村『くんじゃん』三六六頁）。米軍に捕まって田井等《たいら》収容所（現在の名護市）に入っていたが自分の集落に戻ろうとした住民四人が日本軍によって斬殺された（同前・三六五頁）。米軍に保護されて自分の家に戻っていた家族の家に日本兵が手榴弾を投げ込み、女性が殺されたので、ほかの住民たちは米軍と相談して別の収容所に移動したこともあった（同前・三六六頁）。一度米軍に捕まった者はスパイと見なされ殺されたのであり、むしろ米軍が住民を日本兵から保護しようとした。

また看護婦ふたりに「アメリカが来たら手をあげなさいよ、そしたら助かるからね」と話した人が日本兵に殺された（名護市『語り継ぐ戦争』3・五八頁）。ハワイ帰りの兄弟が、一度米軍に収容され、山に隠れていた親戚に下りるように方言で説得したが、それを聞いていた防衛隊員（地元民）が将校に密告し、ふたりとも虐殺されたこともあった（同前・七〇頁）。軍と県が、住民同士を監視させ密告させていた結果だった。

北部における日本軍による大規模な住民虐殺事件として、大宜味村渡野喜屋《とのきや》の事件がある。五月一二日深夜、米軍に保護された女性や子どもたち数十人が日本兵によって浜辺に集められ手榴弾が投げ込まれて三五人が殺され一五人が負傷し、ほかに男たち四、五人は山に連れて行かれ刺殺されるなど惨殺される事件が起きている。この虐殺をおこなったのは国頭支隊通信隊

1945年5月、沖縄最大の民間人収容所のある石川で開かれた演芸会　沖縄県公文書館蔵

（隊長東郷少尉）だった（旧県史10・五六九―五七五頁、県史6・五〇七―五一〇頁、森杉多『空白の沖縄戦記』九四―一〇三頁、国頭での日本軍による住民スパイ視については、三上智恵『証言　沖縄スパイ戦史』に多くの体験者の証言が収録されている）。

民間人を虐殺しただけでなく、日本兵は住民を銃剣で脅してイモなど食糧を奪ったし、あるいはこれから斬り込みに行くと言って食糧を出させた（大宜味・二五六―二五七頁）。

米軍政府の報告書（一九四五年五月分）には、「米軍が彼らに危害を加えず食糧を与えるのだと分ると住民は従順で協力的になり、他の民間人に対して隠れ家から出てくるよう熱心に働きかけるようになった」「この協力関係は山中に留《とど》まる日本兵にとって極めて忌々しき事態であり、彼らは民間人に対して凄惨な虐殺を働いた」と記し、民間人を（日本軍から）避難させたが、日本兵からの復讐《ふくしゅう》を恐れて山中に戻ってしまう人々がいるとも報告されている（名護3―3・九一頁）。

石川の収容所内では「難民収容に入っている住民は日本が戦争に勝ったときスパイとして全員処刑される、日本はきっと勝利するなどの噂《うわさ》」が流れ、それを信じた人たちは山中に逃げて戻った（金武2・戦争本編・三一九頁、同・戦争証言編・一四九頁）。米軍の報告書のなかにも、日本軍が流した話として、米軍への恐怖心を煽るものだけでなく、日本軍は沖縄を奪い返す、その時に収容所の付近で見つかった民間人はみんな殺されるというものがあったことが記録されている（RG165/Entry79/Box609）。せっかく米軍に食糧などを提供されるようになったのに、日本軍にスパイとして殺されることを恐れて山中の飢餓生活に戻ってしまった人たちもいたのである。日本軍による住民のスパイ視と残虐行為が、人々を無意味な飢餓に追いやったのである。

もちろん国頭でも移民帰りで英語やスペイン語、ポルトガル語ができる人が、人々が持っている米軍への恐怖心をやわらげ、米兵と話をして家族や住民を助けた例は多い（名護3・六八二―六八四頁）。金武村では、ハワイ帰りの人が「ビラに書かれていることは真実だ」とみんなを説得、男たちが部落の様子を見に行くことになり、彼は「私が先頭になって歩く、もし途中で米兵に止められたら、ビラをもって手をあげ、愛想笑いをするんだ」と言って、みんなで家に帰った（金武2・戦争証言編・八頁）。

もともと食糧が乏しかった国頭の山中では戦闘が長期化し、米軍に収容されることが日本軍や警察によって許されないなかで飢餓に苦しめられた。国頭村の字浜の共同店沿革誌は、「深山生活を続ける中食糧は益々欠乏し、山中のヒゴ又はツワブキを食し、尚ほ弾雨の中を命を賭して部落此処《ここ》彼処《かしこ》の畑を廻《ま》はりて芋を探し、亦《また》は蘇鉄《そてつ》を取りて食し漸《ようや》く餓死を凌《しの》ぐ」とその状況を記録している（『くんじゃん』三六〇頁）。

1945年、屋我地島の愛楽園。米軍の砲爆撃で破壊された様子がうかがわれる　沖縄県公文書館蔵

ハンセン病者の犠牲

ハンセン病者たちは、第三二軍によって愛楽園と宮古南静園《なんせいえん》に強制収容されていた。ハンセン病（当時は「らい病」と呼称）者の療養施設愛楽園は本部半島のそばの屋我地島《やがじしま》にあった。沖縄にやってきた日本軍は、収容されていなかった患者を乱暴なやり方で連行し、強制収容をおこなった。野良仕事をしている時に有無を言わせずに連行するようなこともおこなわれ、手荷物の持参さえ許されなかった者も少なくなかったという。一九四四年

九月末には愛楽園の収容者は定員四五〇人の倍を超える九一三人に膨れ上がった（詳細は『沖縄県ハンセン病証言集』）。

愛楽園は米軍の砲爆撃によってほとんどの建物を失ったが、四月二一日に上陸した米軍は療養所であることがわかると食糧などを提供するようになった。しかし長い壕生活や栄養失調、マラリアやアメーバ赤痢などによって、四四年九月から四五年末までの死者は二八九人にも達した（愛楽園「翼賛会日誌」、吉川由紀「ハンセン病患者の沖縄戦」）。それ以前の死亡率は年間で数パーセント（四二年二・三パーセント、四三年三・三パーセント、四四年六・二パーセント）であったのに比べると大幅に増えた（犀川一夫『ハンセン病政策の変遷』九七―九八頁）。

米軍から食糧を提供されていた愛楽園に対して、山中に隠れていた日本海軍部隊は、六月三日に米三石（約四五〇キロ）、八日にも米三石などを出させ、七月までに二五石を提供するように要求していたことが第二七魚雷艇隊の中尉の日記でわかっている（RG407/Entry427/Box8327、保坂廣志『硫黄島・沖縄戦場日記』1・一一七―一二四頁参照）。

宮古島にあった宮古南静園では、米軍の上陸はなかったが空襲によって施設は壊滅的に破壊され、職員は職場を離れて避難したために患者たちは海岸付近の壕などに隠れたが、そうした状況が長く続いたために四〇〇人あまりの患者のうち一一〇人が飢えやマラリアなどによって死亡した。

ところで当時の日本軍はハンセン病者を危険視し、沖縄では強制隔離によって大きな犠牲を出したが、太平洋諸島のナウルでは、海軍部隊が島の三九人の患者をボートに乗せて海に連れ出し、大砲と銃で全員殺して海に沈めたこともあった（林博史「ナウルでのハンセン病患者の集団虐殺事件」）。

一九九五年に建立された「平和の礎《いしじ》」にはハンセン病者の戦没者が二〇〇一年に初めて刻銘され、二〇〇四年からは遺族の申請だけでなく療養所自治会の申請によっても刻銘が可能になり、二〇〇九年までに愛楽園関係者三一七名、南静園関係者一〇一名が刻銘された（『沖縄県ハンセン病証言集』）。

米軍による住民虐殺

北部では海兵隊による住民殺害が多数知られている。捕らえた住民のなかから男たちを別にして射殺したケースがいくつもの証言によってわかっている。たとえば、石川の山中では、妻や娘と一緒にいたひとりの男と二〇歳くらいの男のふたりが射殺された（北谷町『戦時体験記録』二五九頁）。羽地《はねじ》の山中の小屋に隠れていた瀬良垣克夫さんは父を米兵に射殺された（瀬良垣克夫『我が家の戦争記録』七頁）。

米水兵のセア・ビビンズは、四月一一日に名護のある家で女性が強かんされて殺されたあとを見た、などいくつかの強かんのケースを記している。彼は自著の序において、「私に言わせてもらえるなら、白色人種が世界中で一番問題を起す人種であると思う。ところが、我々は自分達を文明人だと思い込んでいる。ドイツ人はガス室を設置し、多くの人々を殺したし、我々アメリカ人は多くの非戦闘員の上に原子爆弾を落としている」と述べている（セア・ビビンズ『アメリカの一水兵の沖縄戦日記』）。

また本部の仲宗根《なかそね》で日本軍の慰安所を経営していた人が区長に相談し、海兵隊の許可を得て「S屋」という慰安所を開設した。女性は五、六人でアメリカ兵が行列をつくっていたという（宮里真厚『少国民のたたかい　乙羽岳燃ゆ』一〇五―一〇七頁）。ただ第六海兵師団が中部戦線に転用され、代わりに陸軍第二七歩兵師団が来ると、軍の方針に反するこういう施設はすぐに閉鎖された（ジョージ・ファイファー『天王山』上・三八七頁、米軍の性売買への政策は、林博史『日本軍「慰安婦」問題の核心』第Ⅳ部参照）。

北部では海岸付近は早くから米軍の支配下に入り、民間人の収容地区が設けられて、ある種の「戦後」が始まっていたが、他方では六、七月になっても山中で飢えに苦しみながらも逃げ惑う人たちも少なくなく、また遊撃隊や日本軍の敗残兵らが山中に潜んで、海岸地区の住民を殺害したり食糧を強奪するなどの「戦争」も長く続いていた。北部の沖縄戦は中南部とは違った性格の住民を巻き込んだ地上戦だった。

5　沖縄戦の終焉《しゅうえん》——本島南部　一九四五年六月

多くの民間人を道連れにした海軍部隊

首里の西方の小禄地区には海軍部隊である沖縄方面根拠地隊（司令官大田實《みのる》少将）の約一万名がいた。第三二軍との意思疎通に齟齬《そご》があり、重火器を破壊して一度撤退したが第三二軍から戻るよう命令されて小禄に戻った。

六月四日に米軍は小禄飛行場に上陸し、海軍部隊と本格的な戦闘に入った。六日一六時五三分に大田司令官から日本本土に発せられた電報によると、現在の人員は、将校三四七名、兵六七五八名、配属された民間人二九九五名、計一万一〇〇名、さらに任務に就いていない者が一〇〇〇名（負傷者などか？）とある（林博史「暗号史料にみる沖縄戦の諸相」）。ここには約三〇〇〇人もの民間人が動員されていたことがわかる。その後、大田司令官は一三日に自決、小禄の戦闘は一〇日ほどで終了した。

第三二軍高級参謀八原博通は海軍部隊約八〇〇〇人のうち「軍隊らしい格好のつくのは約三千、その他の五千は陸軍の防衛召集者に準ずる沖縄の県民に過ぎない」（八原博通『沖縄決戦』

二七一頁）と記しており、戦史研究家の大田嘉弘は、この時点では陸戦訓練を受けていた者は約二五〇〇名程度で、防衛召集者は約三、四〇〇〇名と推定している（大田嘉弘『沖縄陸・海・空戦史』四五五頁）。そうしたことなどから見ると、海軍部隊の将兵約七〇〇〇人のうち、沖縄で現地召集された防衛召集者が約半数を占めていたと推定できる。さらに「配属された民間人」約三〇〇〇人を加えると、小禄で「玉砕」した海軍部隊の約三分の二はろくに軍事訓練も受けておらず、兵士でさえなかった沖縄の人々だった。この時の海軍部隊の装備は「小銃は各隊の三分の一、その他は槍持参」「手榴弾各人二～三発、急造爆雷総数約二〇〇〇」でしかなかった（防衛庁防衛研修所戦史室『沖縄方面陸軍作戦』五七〇頁）。そうだとすると、本来の海軍将兵だけが小銃を持ち、沖縄の防衛隊員や民間人は小銃さえもなく竹槍と二、三発の手榴弾だけで、急造爆雷を抱えて斬り込みに駆り出されたのだろう。なお後に紹介するように戦闘員ではない多数の朝鮮人も海軍部隊の道連れにされており、生きることができた多くの人々を海軍司令官は自らの死に巻き込んでいた。主君が死ぬ時に多くの従者を殉死させたことを思い起こすのは筋違いだろうか。

六日夜、大田司令官は海軍次官宛に「沖縄県民斯《か》く戦へり　県民に対し後世特別の御高配を賜らんことを」との電報を送った。県民が軍のために献身的な犠牲を惜しまなかったので、それへの「御高配」を求めるものだった。しかしこの電報はあくまでも軍に献身を尽くした者への配慮を求めたのであって、軍への「献身的な犠牲」を拒否して自らや家族・同胞の命を守った人々は「御高配」の対象外だった（今日、基地のために土地を提供すれば金を出すが、拒否すれば出さないという日本政府の対応に通じるものがある）。沖縄の民間人三〇〇〇名を含む何千もの沖縄の人々を動員し死を強いた。海軍部隊は、第三二軍からの命令を誤解して大砲などを破壊して一度撤退したが、もう一度引き返した。少なくともその際に（この時点で大田司令官は「玉砕」を覚悟していたと見られる）、そうした沖縄と朝鮮の人々を自由にしていればこれほどの犠牲を強いることはなかっただろう（もちろん多くの海軍将兵も）。それをこのような電報一本で免罪し、あたかも彼が沖縄県民のことを配慮したかのように評価してよいのだろうか。

また五月四日付で大田司令官が出した作戦命令では、自らを司令官とする海軍突撃隊の編成を命じている。これは同日から第三二軍がおこなった総攻撃に参加させるために特別に編成した部隊と見られるが、その総員三二四九名中、軍属が五二八名、防衛隊が八二名となっている。軍属は兵士ではない雇われた者であり多くが現地住民だった。防衛隊員も合わせて六一〇名が軍事訓練もほとんど受けていないにもかかわらず最前線に投入されたのである（RG338/Entry 50418/Box61）。

また四月七日に大田司令官より指揮下の各部隊に発せられた電報では「日本人のような服装」をした「多数のスパイ」を捕らえたので、スパイに対し「厳重な警戒が必要である」と警告を促している（林博史「暗号史料にみる沖縄戦の諸相」）。

海軍沖縄方面根拠地隊司令部通信隊の特殊無線通信兵の証言によると、スパイだとして二四、五歳の女性に拷問を加えたうえに電気を通し殺したこと、三〇歳くらいの男を逆《さか》さ吊《づ》りにして拷問を加え竹槍で突いて殺したことなど日本軍が訓練中に三人の沖縄の住民を殺したと証言している（創価学会編『沖縄戦―痛恨の日々』五六―五七頁）。また海軍航空隊員の証言によると、五月に海軍部隊がスパイ狩りをおこない捕まえたひとりを拷問により殺し、また別の機会にひとりを射殺したことがあったという（那覇3―7・五八二頁）。海軍部隊もまた軍人ではない多くの沖縄の人々まで無理やり戦闘員として駆り出し、あるいは住民をスパイ視して虐殺し、多数を死に追いやったことを忘れて司令官を美化することはできない。

組織的戦闘の終焉

南部に撤退した第三二軍は与座岳と八重瀬岳を結ぶラインを防衛線とした。この段階での残存兵力は約五万人と見積もられていたが、南部の新陣地で軍が掌握したのは約三万人にすぎず、しかも小銃は三分の一から四分の一ほどが持っていたにすぎなかった。さらにそれまでの戦闘で主力の歩兵は五分の一程度しか残っておらず、残りは後方部隊や防衛召集などほとんど訓練されていない者が多かった。

日本軍が南部に撤退したことを把握した米軍は、六月六日頃から攻勢を開始し、一六日から一七日にかけて与座岳と八重瀬岳の防衛線を突破した。この時、前線視察に来た米第一〇軍司令官バックナー中将が戦死するが大勢には影響はなかった。

一八日に摩文仁の壕にいた牛島軍司令官は参謀本部に訣別電《けつべつでん》を送り、一九日には指揮下の部隊に対して「爾今各部隊は各局地における生存者中の上級者之を指揮し最後迄敢闘し悠久の大義に生くべし」と軍命令を出し、この時点で第三二軍としての組織的な戦闘は終わった。二〇日には第二四師団長も「最後の一兵に至るまで敵に出血を強要すべし　苟《いやしく》も敵の虜囚となり恥を受くる勿《なか》れ」と訓示した。第三二軍もその指揮下の部隊も、将兵たちに対して、けっして降伏することなく死ぬまで戦い続けよと命令したのである。そのことによって戦闘がずるずると長引き、兵士や住民の犠牲を増やすことになった。

六月二三日（二二日説も有力）未明、牛島軍司令官と長参謀長は自決したが、その後も戦闘は続き、米軍が沖縄作戦の終了を宣言したのは七月二日だった。しかし、地下の壕（ガマ）などに潜んでいる部隊も多く、八月二九日に歩兵第三二連隊の連隊長ら三〇〇名が、九月四日には同連隊第二大隊二〇〇名が投降している。宮古・八重山の部隊が第三二軍を代表して正式に降伏調印式をおこなったのは九月七日のことだった。しかし伊江島ではふたりの将兵がガマを隠れ家にして逃亡生活を続け、島民の働きかけによってガマを出たのは一九四七年八月のことだ

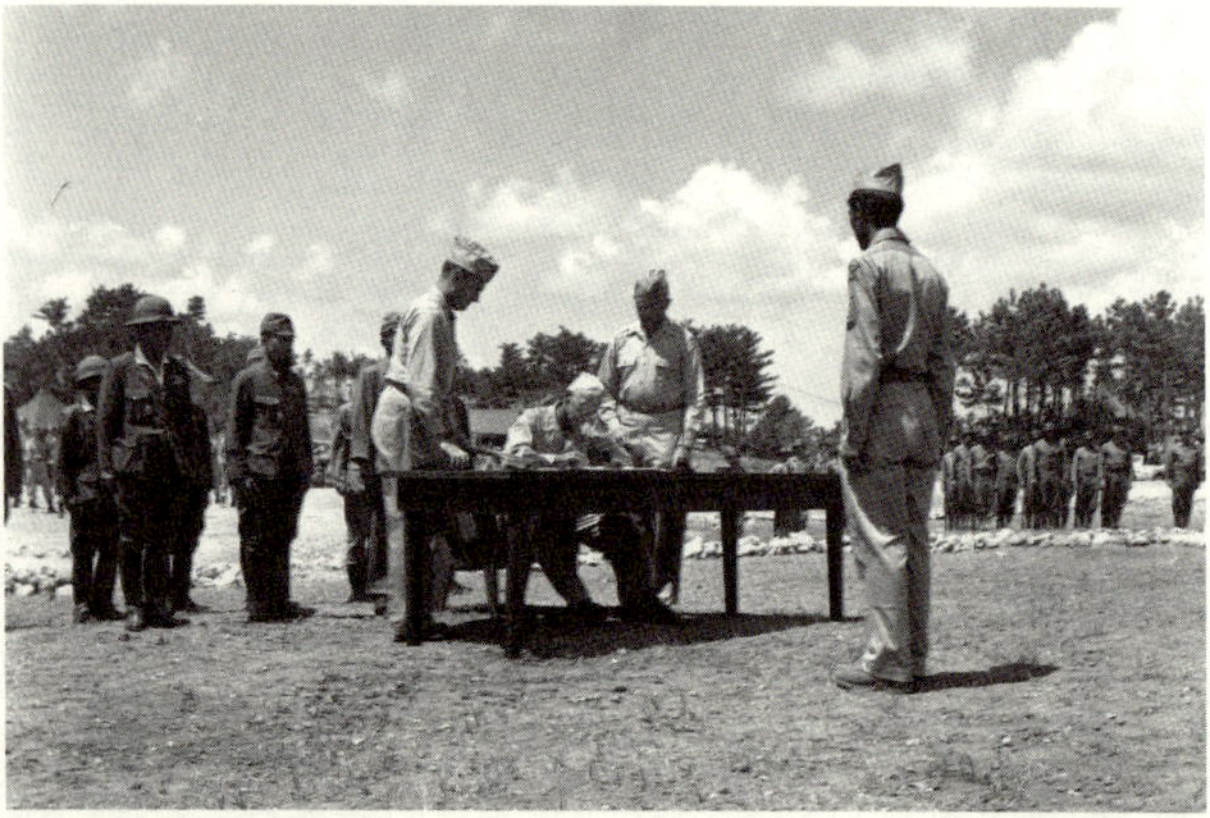

1945年9月7日、降伏調印式。署名者は米第10軍司令官スティルウェル陸軍大将
沖縄県公文書館蔵

った（『伊江島の戦中・戦後体験記録』一一七―一二六頁）。

この南部撤退によって、あちこちのガマに避難していた住民たちが日本軍から追い出されたり食糧を強奪されたりした。ガマにとどまることができたとしても、泣く子どもを殺されたり、投降しようとして殺されるなど日本軍による住民虐殺が頻発した。軍民が混在するなか、米軍の激しい砲爆撃に巻き込まれて犠牲になった。住民の犠牲の多数はこの南部撤退後に生じている。もし日本軍が首里にとどまっていたならば住民の多くは助かっていただろう。たとえば激戦地であった中部の浦添村でも住民（準軍属）の戦没者の五四パーセントが南部撤退後に生じている（浦添5・三二六―三一七頁）。南部の糸満市では、軍人軍属と一般住民を合わせた県内戦没者のうち六月以降に亡くなった方が約七〇パーセントにのぼる（糸満7下・二一九頁）。北部では長期化にともなう飢えやマラリアによる死者が多いので、戦闘が早く終わっていれば沖縄の人々の犠牲の多くは防ぐことができたはずであるし、何万もの将兵を救うこともできただろう。沖縄の人々の命は、そして日本軍将兵の命も、国体護持（天皇制護持）と軍事作戦のために、鴻毛《こうもう》（羽毛）よりも軽んじられたのである。

6　飢えとマラリアの宮古・八重山

宮古諸島

沖縄本島から南西約三〇〇キロから五〇〇キロに点在する宮古諸島と八重山諸島には米軍は上陸しなかったが、イギリス海軍の機動部隊も参戦し、英米機動部隊による空襲や艦砲射撃の攻撃にさらされ続けた（イギリス海軍の参戦については林博史『沖縄戦が問うもの』一七二―一七五頁、県史6・六三―六四頁）。

アイスバーグ作戦の第三段階の作戦として計画されていた宮古島進攻が中止になったことはすでに紹介したが、米軍が上陸しなかったからといって被害が少なかったわけではない。

人口六万人ほどの宮古諸島には一九四三年以降、住宅地や耕地までも強制接収されて三つの飛行場が建設され、第二八師団を主力とする約三万の日本軍が駐留した。現地から多くの男子が防衛召集を受け、あるいは飛行場建設などに動員された。また七〇〇〇人弱が九州に、約八〇〇〇人が台湾に疎開した。米軍は上陸しなかったが、終戦まで連日のように空襲を受け、輸送路が絶たれて食糧が入ってこなくなったうえに農地を潰され多くの日本軍将兵が駐屯したために飢えとマラリアに苦しめられた。

一九四五年四月一六日に海軍宮古島警備隊から沖縄方面根拠地隊司令官等に送られた電報では、四月一五日現在の在庫量として「米　一四五日分二六三六人向け、乾パン六〇日分、その他の食糧三〇日分」とある。海軍は自分たちの兵員には約五か月分の米を貯蔵していたことがわかる（林博史「暗号史料にみる沖縄戦の諸相」）。

割り当てられた野菜を供出できなかった住民を「城辺国民学校の角の電柱にしばりつけ、その上に「国賊」と貼紙をはっていた。……住民への見せしめであった。一日中しばられ、さらし者にされていても誰も文句をいうのがいなかった」ということもあった（福地曠昭『防衛隊』三三二頁）。軍の横暴を批判した宮古警察署の新城署長に対して、軍のなかで「新城署長切るべし」との声があがり、結局、署長は本島に転任を余儀なくされたこともあった（旧県史10・二四六頁）。朝鮮人軍夫や日本軍慰安婦も連れてこられて、一七か所の慰安所が確認されている（日韓共同「日本軍慰安所」宮古島調査団『戦場の宮古島と「慰安所」』参照)。将校が愛人にするために島の有力者に女学校の生徒などを出すよう要求し、そうなった事例はすでに紹介した通りである。

八重山諸島

八重山諸島では、西表島に一九四一年に船浮《ふなうき》臨時要塞を建設、四三年からは石垣島で飛行場建設のための土地強制接収が始まり四つの飛行場を建設した。土地接収の補償金は軍が一方的に決めた安い値段で、しかもその額の八割は証書が渡されただけで残りの二割も強制的に預金させられた(石垣市『市民の戦時・戦後体験記録集』4・一二六―一二七頁)。やり方も暴力的で、宮良栄昌さんが畑の収穫のために二、三日工事を待ってくれと頼んだら「軍は日本刀をガチャガチャならしながら威嚇し、あげくのはては蹴る殴るなどの暴行を加え半殺しにした。そのような暴行をうけたのは十数人ぐらいいた。みんなの集まっている面前でそのようなことを平気でした」という(旧県史10・五四頁)。

これらの飛行場建設には八重山の各島からも人々が徴用で動員されてきた。徴用された住民は早朝から夕方まで、ツルハシでの地ならしやモッコでの土砂運びなどの重労働をさせられたが、三食とも小さなにぎりめしが二個ずつ程度しか出されなかった。作業の開始時刻に遅れると監督にメッタ打ちに殴られた、仕事を少しでも休む者はどなられ、暴行を受けることもあった。朝鮮人労働者約六〇〇人も動員されてきていた（旧県史10・一〇、四六―五三頁）。

一九四四年八月からは独立混成第四五旅団が石垣島に配備され、人口三万人ほどの八重山諸島に約一万一〇〇〇名の日本軍が駐留した。牛や豚などの家畜を軍に取られ、米もほとんど軍に供出させられた。

波照間島には日本軍はいなかったが、陸軍中野学校出身の離島工作員酒井喜代輔《きよすけ》軍曹が山下虎雄と名のって青年学校の指導員として送り込まれてきた。山下は島の青年を集めて秘密戦の訓練をおこなっていたが、一九四五年三月下旬に突然、全島民は西表島に疎開せよという命令を出した。これに対して波照間島にはマラリアはないが西表島はマラリア地帯でありかえって危険であるなどと反対の声も出されたが、山下は日本刀を振りまわして、疎開の命令に反対するものは斬るなどと島民を脅迫したので四月に西表島に移らざるをえなかった。当時波照間島にいた牛七〇〇頭あまり、馬約一三〇頭、豚約三五〇頭、山羊六〇〇頭近くはすべて殺せと命令され、大部分は石垣島の日本軍が乾燥肉にして持ち去った。

波照間島民たちは、西表島の南側の南風見海岸に移るが、山下は一部の島民を手下にして暴君のように振る舞い、島民に対し何かあると竹棒で暴行を加えた。山下は衛生のために小学生らにハエを捕まえさせていた。ところが、その集めた数が少ないと、山下の手下である一教師が竹棒で体罰を加えた。小学校四年生の女の子が、その体罰がもとで死に、ほかにふたりの児童も同じように体罰がもとで死んだ。

こうしたなかで、食糧も欠乏し身体も弱ってきたうえ、南風見はハマダラ蚊の発生しやすいところだったためマラリアが急速に広まった。マラリアは四〇度近くの高熱と震えを繰り返し身体は衰弱し、ついには死にいたる病気である。耐えかねた島民たちは、七月末に山下には隠して代表を石垣島の旅団司令部に送り、帰島の許可を得ることができ、ようやく八月に波照間に引きあげた。しかしマラリアの猛威は帰島後も翌年に入るまで続き、多くの生命が失われた。

強制疎開させられた島民一二七五人のうち、マラリアにかかった人は一二五九人（九八・七パーセント）、マラリアで死んだ人は四六一人（三六パーセント）にものぼった（石原ゼミナール『もうひとつの沖縄戦』一三頁）。この犠牲者の比率の高さは、沖縄本島中南部の激戦地に匹敵する。日本軍は八重山の新城島と鳩間島でも同じように西表島に強制疎開をさせ、それぞれ五六パーセント、九三パーセントの島民がマラリアにかかり、九パーセント、一〇パーセントが亡くなっている（旧県史10・一六頁）。

こうした強制疎開をおこなった理由ははっきりしないが、ひとつは軍の食糧を確保することが考えられる。もうひとつは日本軍のいない島に米軍が上陸すると島民が米軍に保護されてしまうことを恐れたのではないかと見られる。これは日本軍が、住民の投降を許さず、自決を強要したり殺害したりしたことと共通するだろう（本項の詳細は、石原ゼミナール『もうひとつの沖縄戦』、宮良作『日本軍と戦争マラリア』、大矢英代『沖縄「戦争マラリア」』）。

強制疎開は宮古島や石垣島の島内でもおこなわれ、そのことが飢餓とマラリアを引き起こして犠牲を増加させたことも忘れてはならない。

宮古や八重山から多くの人たちが台湾に疎開した。さらに六月下旬になってから軍は山中に強制疎開させた住民のなかから台湾へ疎開させることとした。八重山地方が繰り返し航空機や潜水艦による攻撃を受けているなか、石垣島から西表島を経て台湾に向かっていた第一と第五千早丸は七月三日に機銃掃射を受けて第五千早丸が沈没、一部の人たちは第一千早丸に助けられて石垣に戻ろうとしたが、尖閣《せんかく》諸島に漂着、飢えに苦しめられ次々と亡くなるなか、小船をつくって決死隊を石垣島に送り出し、終戦直後の八月一八日にようやく救出された。二隻に一八〇名あまりが乗船していたなかで一〇〇人以上が亡くなったと見られ、「尖閣列島戦時遭難死没者慰霊之碑」には八五人が刻銘されている（尖閣列島戦時遭難死没者慰霊の碑建立事業期成会編『沈黙の叫び―尖閣列島戦時遭難事件』、大田静男『八重山の戦争』二一四―二一八頁、県史6・五四四頁）。

戦犯裁判

宮古・八重山ではふたつの事件が米軍による戦犯裁判で裁かれている。ひとつは一九四五年四月一五日に米軍機が撃墜され搭乗員三名が捕虜になり、海軍石垣島警備隊司令井上乙彦大佐の命令によりその夜、処刑された石垣島事件である。将校ふたりがひとりずつ日本刀で首を刎ね、残りひとりは約四〇名の兵士に銃剣で刺殺させた。終戦後、警備隊は事件のもみ消しを図るがGHQに送られた手紙によって事件が発覚、第八軍の横浜裁判で訴追され（四七年一一月から四八年三月に審理）、死刑四一名、重労働付禁固刑（二〇年と五年）二名、無罪二名というBC級戦犯裁判でも異例と言える多くの死刑判決が下された。ただ判決はその後、第八軍法務部、さらにマッカーサー司令部の審査により死刑は井上司令以下七名に減り、有罪にされた水兵たちは全員五年に減刑された。沖縄出身の水兵八人も起訴され、無罪のひとりを除いて重労働の刑になった。

もうひとつは宮古島で七月一一日に捕らえた米軍機搭乗員をピストルで射殺した事件で、第二八師団参謀の陸路《むつろ》富士雄中佐ほか三名が訴追され、四八年七月に米軍の横浜裁判で裁かれた。納見敏郎師団長がすでに自殺していたので、師団長の命令だとして師団長に責任を押し付ける弁護をおこない、被告はいずれも重労働付き禁固刑で終わった（県史6・六一八―六二一頁）。

ほかに沖縄本島などでも米兵捕虜を処刑したケースはいくつもあったと見られ、米軍は捜査をおこなったが、責任者を特定できないままに裁判にかけることなく終わっている。

7　離島の沖縄戦

沖縄本島周辺の島々

　ここではほかの島々の様子を見ておこう。沖縄本島の東側、勝連《かつれん》（与勝）半島の先にある島々には四月早々に米軍が来るが、浜比嘉島《はまひがしま》では、移民帰りの老人が米軍と話をして住民はまとまって投降した。平安座島《へんざじま》の警防団長も移民帰りで英語ができたので、米軍と話をして集団で投降した。その人は、隣の宮城島《みやぎじま》に米軍と一緒に行き、島民に投降を呼びかけた。宮城島では、日本軍が来て偽装大砲をつくっていったが、こんなものがあると攻撃されるだけだと考えた島民たちが破壊しており、隣島の警防団長の呼びかけに応じて投降した。一番先にある伊計《いけい》島《じま》でも住民たちはまとまって米軍に保護された。この島には、島出身の兵一五、六人だけが配備されていたが、本島に移動せよとの命令を受け、宮城島まで移動したところで米軍が上陸してきた。彼らは、自分たちが斬り込みをすると米軍を刺激して住民を巻き添えにするからと考え、武器を捨てて伊計島に逃げ帰り、住民に戻った。このようにこれらの島では基本的に日本軍はいなかったので、移民帰りが主導権を握って住民は集団で投降して保護されることができた（林博史『沖縄戦と民衆』一七九―一八〇頁）。

中城湾の入り口にある津堅島《つけんじま》は一九四一年から要塞が建設され重砲兵部隊が配備された。島民は動員した青年男女を残してほかは本島に疎開させた。四月一〇日に米軍が上陸して地上戦がおこなわれ、住民にも犠牲を出して約一か月後に占領された（古賀徳子ほか『続・沖縄戦を知る事典』八七頁）。

知念半島の東約五キロの久高島《くだかじま》では日本軍はいなかったが知念半島での陣地づくりに島民が動員された。また島民は強制的に本島北部へ疎開させられ、そこで犠牲を出し、また一部の女子青年が知念半島に配備されて戦闘に巻き込まれた（同前・四六頁）。

久米島・粟国島《あぐにじま》・渡名喜島《となきじま》

沖縄本島の西約一〇〇キロにある久米島では、島の山中に約三〇名の海軍通信隊（隊長鹿山正兵曹長）が駐留していた。鹿山隊は、敵の宣伝ビラを「拾得私有し居る者は敵側（スパイ）と見做《みな》し銃殺す」という命令を警防団長に出すなど恐怖政治をおこなっていた。久米島の具志川村農業会長だった吉浜智改さんは、鹿山隊の横暴な物資徴発に抵抗しただけでなく、米軍への「無抵抗を主張」したため鹿山隊にねらわれて、逃げ隠れしなければならなくなった。吉浜さんは日記のなかで鹿山兵曹長を「鬼畜の如き」と厳しく非難している。

米軍が上陸した六月二六日の直後から八月二〇日にかけて、合わせて二〇人の島民が日本軍によって虐殺された。米軍は島の情報を得るために偵察隊を送り込み少年を連行し、五〇人くらいの日本兵が山にいるだけであることを確認した。米軍はその少年を上陸時に家に帰したが、少年はすぐに日本軍に出頭しなかった。そのため六月二九日、区長と警防班長、少年とその両親ら計九名が日本軍に銃剣で刺殺されたうえ、家に火をつけて焼き払われた。

仲村渠《なかんだかり》明勇さんは本島で捕虜になり、米軍に対して上陸に先立つ艦砲射撃をやめるように頼んで一緒に島に戻ってきた。少年や仲村渠さんは上陸前の艦砲射撃をやめさせて島の人々の生命を救ったのだった。しかし仲村渠さんと島に残っていた妻、一歳の子どもと合わせて一家三人は八月一八日に日本軍によって虐殺された。さらに朝鮮人男性と沖縄女性の夫婦と五人の子どもたち（年長で一〇歳）全員も八月二〇日に虐殺された。夫婦は日用雑貨の行商をしており、米軍との関係を疑われたようである。鹿山隊は通信隊だったので八月一五日の終戦も知っていながらそうした虐殺をおこない、自らは九月七日に米軍に降伏して生き延びた（久米島町史、大田昌秀『久米島の「沖縄戦」』）。

那覇の北西約六〇キロにある粟国島では、島内の幹部たちの間で議論があり、六月に米軍が上陸してきた時に多くの島民は投降して助かった。しかし空襲や上陸前の砲爆撃などで数十人が亡くなったり、家を破壊されるなどの被害を受けた。

那覇の西に浮かぶ渡名喜島では、連絡船を空襲で失い米が入ってこなくなり、米軍機に襲われる危険があるので漁にも出られず飢餓によりソテツの毒による中毒死や栄養失調で亡くなる人が続き、ようやく九月になってやってきた米軍によって戦争が終わったことを知った（旧県史10・六七五―六八二頁）。多くの離島も同じような状況に置かれた。

伊平屋島《いへやじま》・伊是名島《いぜなじま》

沖縄本島の北に伊平屋島と伊是名島がある。伊平屋島には日本軍はいなかったが、六月三日に米軍が激しい艦砲射撃を加えたうえで上陸し、そのために少なくとも島民四七人が死傷した。伊是名島では、ある青年が伊平屋に泳いで渡り軍事施設はないと米軍に伝えたので上陸時の攻撃を免れた。ここでは陸軍中野学校の離島残置謀者や沖縄本島から流れ着いた敗残兵らによって米兵や住民四人を虐殺する事件が起きている。島民のひとりは家畜商で、伊平屋で米軍に捕まるが、両島の間を行き来し、終戦の事実を伊是名島の人たちに話したために九月になってから日本兵に殺された。また奄美大島から漁夫として身売りされてきていた少年三人は日頃からの差別的な扱いに反発して島に日本兵が隠れていることを米軍に密告してやると言ったために一〇月になってから日本兵と一部島民らによって斬り殺された。そうした日本兵らや残置謀者は生き延びて米軍に投降している（石原昌家『虐殺の島』、仲田精昌『島の風景』、川満彰『陸軍中野学校と沖縄戦』）。

大東諸島

沖縄本島の東約三四〇キロにある大東諸島には歩兵第三六連隊や飛行場建設部隊が配備され、「軍において必要とする者以外」の者、つまり足手まといとなる住民の多くは疎開させた。米軍が上陸してくれば「島民は軍に準じ行動せしむ」ことになっていたが、激しい空襲や艦砲射撃はあったが米軍は上陸しなかった。ここにも朝鮮人女性ら日本軍慰安婦が送り込まれて慰安所が設けられていた（県史6・二六八―二七三頁）。

奄美群島・トカラ列島

沖縄県ではないが、北緯三〇度一〇分以南（屋久島、種子島の大隅《おおすみ》諸島は含まれない）のトカラ列島や奄美群島（鹿児島県）も第三二軍の管轄下に置かれていた。すでに一九二三年には陸軍の奄美大島要塞司令部が設置され、第三二軍に編入されてからは徳之島と喜界島に飛行場が建設された。徳之島に独立混成第六四旅団が配備され、海軍も古仁屋《こにや》航空隊基地や加計呂麻《かけろま》島の震洋隊（小型特攻艇）などを配備し軍事力は強化された。喜界島などの飛行場は九州からの特攻機の中継基地であったこともあり徹底して米軍から爆撃され、沖縄から九州へ爆撃に出撃した米軍機が途中、島々を攻撃したので、連日のように空襲を受け、多くの家屋が破壊され死傷者も出した。また近海では多くの輸送船などが米潜水艦によって撃沈され将兵や民間人に多くの犠牲を出した（県史6・二七四―二八五頁、大倉忠夫『奄美・喜界島の沖縄戦』）。

加計呂麻島では、日本軍の指示で山中に防空壕が掘られ米軍が上陸した時には島民をここに「避難」させ「集団自決」させる計画があったことが多くの島民の証言でわかっている。ⓛが配備された慶良間列島と同じような状況があったことがわかる（津田憲一「加計呂麻島旅日記」）。この島には海軍の特攻艇「震洋」の部隊が配備されており、慶良間列島と似た状況にあった。

なお戦争による犠牲者というと、砲爆撃や銃弾による死傷者を思い浮かべるかもしれないが、戦闘による直接の死傷者だけでなく、時にはそれ以上に病気などによる犠牲が多い。特に離島の場合は連絡船が空襲で撃沈されて、食糧や医薬品その他の必要な物資の供給がなくなり、経済活動が止まり、衛生環境が悪化し、住民へのサービスや支援も停止する。飢えや栄養失調、病気やケガが頻発するが治療を受けられず、身体が弱り、赤痢やマラリアなど疫病が流行する。ここでは人が住んでいたすべての島を紹介することはできないが、米軍が上陸しなかったからと言って戦争の苦しみが軽かったわけではない。

8　米軍の戦闘方法、心理戦、軍政と収容所

十・十空襲と米軍の攻撃方法

沖縄戦の始まりとも受け止められているのが一九四四年一〇月一〇日の十・十空襲である。この十・十空襲では米軍機は那覇の民間地区を無差別に爆撃し市内の九割は壊滅した。これに対して日本政府は中立国スペインを通じてアメリカ政府に次のような覚書を送って抗議した。「米軍機は、学校や病院、寺院、住居などのような那覇市街の非軍事的目標にやみくもに攻撃を加え、灰燼《かいじん》に帰せしめた。同時に無差別爆撃と低空からの機銃掃射により多数の民間人を殺害した。日本政府は、非軍事的目標や罪のない民間人に対するこのような意図的な攻撃が、今日、諸国家間で承認されている人道の原則と国際法に対するきわめて重大な違反であると認め、抗議する」(一九四四年一二月九日付、外務省外交史料館所蔵資料)。

この抗議を受けて米統合参謀本部が調査したところ、主な攻撃目標だった軍事施設を第三次攻撃までにほぼ破壊したので、その後は市街地などを爆撃したことを確認したが、日本政府からの抗議には回答しないこととした。民間人・民間地区への無差別爆撃を容認したのである

（RG218/Entry2/Box160）。その後、四五年三月からは日本の都市に対する無差別爆撃が本格的におこなわれるようになる。

民間施設であっても無差別に攻撃するこのような米軍のやり方が沖縄戦のなかでも広くおこなわれていく。

米軍は、進攻しようとする地域にまず徹底した砲爆撃を加え、そのうえで戦車と歩兵が進攻する戦法を取った。日本軍がいれば（いると想定すれば）、民間人がいるかどうかは関係なかった。背景には、日本側が軍事施設・部隊配置場所と民間人を分離せず混在させていたことや、夜間斬り込みなどの際に軍服を脱いで民間人の服装をして攻撃をおこない、そこに女性を含めて民間人も参加させていたことなど軍人と民間人（非戦闘員）を区別せずに戦争に動員した日本軍のやり方の問題があった。しかし無差別の砲爆撃が多くの犠牲を生んだことも無視できない。戦闘機は上空から見て少しでも動く者や建物などに対して機銃掃射やロケット弾などで攻撃を加えた。米軍にとって何よりも大事なことは、米軍人の被害を最小に抑えるということだった。

こうした米軍の戦闘方法は太平洋戦争が終わってからも多くの戦争で見られることであり（朝鮮戦争については、林博史『朝鮮戦争―無差別爆撃の出撃基地・日本』）、またイスラエルによるガザ地区への攻撃で武装勢力が隠れているという名目の下に一般市民を無差別に攻撃していることにもつながっている。

心理戦

沖縄戦は米軍の心理戦が本格的におこなわれた戦闘でもあった。米軍は太平洋諸島での日本軍との戦いのなかで、日本軍の捕虜への尋問や押収した文書・日記などを分析し、日本兵の士気を弱めて降伏を促し死ぬまで戦うことのないように、ビラや拡声器などさまざまな方法で日本軍将兵への心理戦をおこなってきた。民間人に対しても投降を呼びかける対策をおこなった。

心理戦の目的としては、日本軍将兵が捕虜にならず死ぬまで抵抗することは米軍の損害を大きくし戦闘を長引かせてしまうので、それを防ぐことがある。また日本軍の作戦や将兵の意識など今後の作戦のための情報を得るためにも捕虜を取ろうとした。

戦闘のなかで第一線の米軍兵士たちは、仲間を殺されたことへの怒りだけでなく、真珠湾攻撃を含め投降するふりをして奇襲攻撃をするなどの日本軍兵士の卑怯な行動の情報を得て、捕虜を取らずに日本兵を殺してしまう傾向があった。それに対して軍指導部は、捕虜を取ることが仲間の犠牲を減らすなどと強調して心理戦の意義を将兵に徹底させようと努力した。

日本軍のなかには朝鮮人の兵士や労務者（軍夫）もいたし、サイパンや沖縄では多くの日本民間人もいた。米軍は彼らの意識や利害関係も分析して対象ごとに異なる内容で働きかけた。

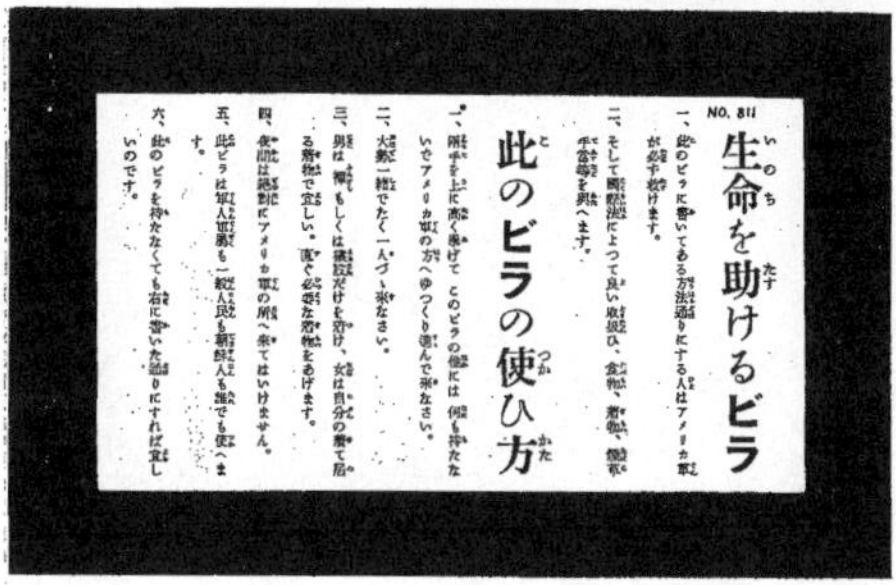
NO. 811

生命《いのち》を助《たす》けるビラ

一、此のビラに書いてある方法通りにする人はアメリカ軍が必ず救けます。
二、そして國際法によつて良い取扱ひ、食物、着物、煙草手當等を與へます。

此《こ》のビラの使《つか》ひ方《かた》

一、兩手を上に高く擧げて このビラの他には 何も持たないでアメリカ軍の方へゆつくり進んで來なさい。
二、大勢一緒でなく一人づゝ來なさい。
三、男は褌もしくは猿股だけを穿け、女は自分の着て居る着物で宜しい。直ぐ必要な着物をあげます。
四、夜間は絶對にアメリカ軍の所へ來てはいけません。
五、此ビラは軍人軍屬も一般人民も朝鮮人も誰でも使へます。
六、此のビラを持たなくても右に書いた通りにすれば宜しいのです。

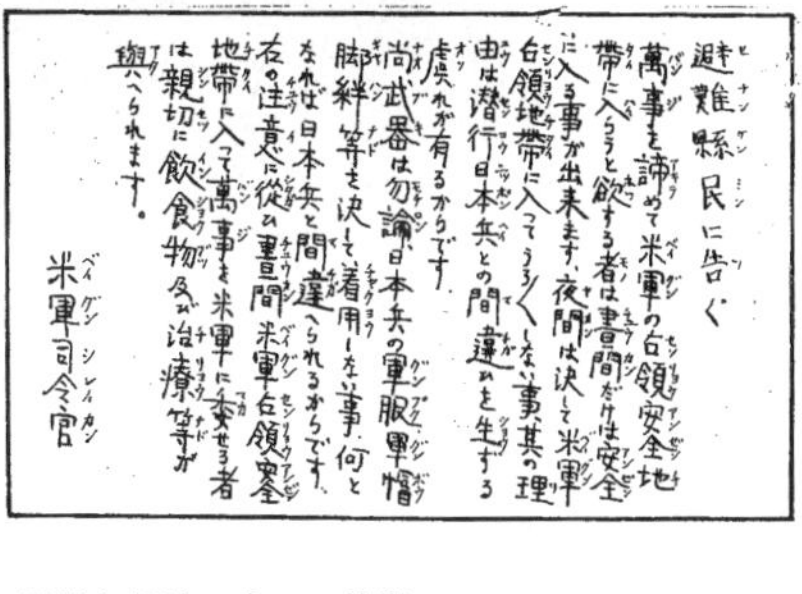
避《ヒ》難《ナン》縣《ケン》民《ミン》に告《ツ》ぐ

萬事《バンジ》を諦《アキラ》めて米軍《ベイグン》の占領《センリョウ》安全地《アンゼンチ》帯《タイ》に入《ハイ》らうと欲《ホッ》する者《モノ》は晝間《チュウカン》だけは安全《アンゼン》に入る事が出来ます。夜間《ヤカン》は決して米軍《ベイグン》占領地帯《センリョウチタイ》に入つてうろ〳〵しない事、其の理《リ》由《ユウ》は潜行《センコウ》日本兵《ニッポンヘイ》との間違《マチガ》ひを生ずる虞《オソ》れが有るからです

尚《ナオ》武器《ブキ》は勿論《モチロン》日本兵の軍服《グンプク》軍帽《グンボウ》脚絆《キャハン》等《ナド》を決して着用《チャクヨウ》しない事、何となれば日本兵と間違《マチガ》へられるからです。

右の注意《チュウイ》に従ひ晝間《チュウカン》米軍《ベイグン》占領安全《センリョウアンゼン》地帯《チタイ》に入って萬事《バンジ》を米軍に任《マカ》せる者は親切《シンセツ》に飲食物《インショクブツ》及び治療《チリョウ》等《ナド》が與《アタ》へられます。

米軍《ベイグン》司令官《シレイカン》

米軍のビラ

1945年6月20日、第6海兵師団はこの日だけで306人を捕虜にした
沖縄県公文書館蔵

米軍は早期に占領した中部で多くの住民を収容し、四月二二日までに一〇万人を超えたが、五月末の時点でも約一五万人にとどまっていた。しかし南部で日本軍の最後の防衛線が突破されて戦線が崩壊し、米軍が南端の摩文仁を目指して進撃していくと、収容される民間人が急増、六月一九日に二〇万人を超え、六月末には二八万五〇〇〇人にのぼった。

捕虜も五月末までは計三一七名（朝鮮人労務者六二七名も含めると九四四名）にとどまっていたが、六月二〇日に九七七名、二一日には一〇一五名、二二日九七三名と激増し、六月末には累計七四〇一名（朝鮮人三三三九名、計一万七四〇名）になった。捕虜の比率は、それまでの太平洋諸島での戦闘に比べても非常に高かった。民間人だけでなく将兵の集団での投降も見られた。先に米軍の捕虜になった兵士や民間人が米軍に協力してガマから出てくるように呼びかけたことも効果があった。米軍の心理作戦部隊には沖縄出身の二世たちが集められて沖縄に送られてきていたが、彼らが沖縄の言葉を使って呼びかけたことも効果があった（心理戦や日本兵捕虜については、林博史『沖縄戦と民衆』三三四―三五二頁）。

ただし日本軍部隊の組織が維持されている状況では投降することは許されず、投降を呼びかけた者（日本兵、沖縄の民間人、日系二世の米軍通訳など）や投降しようとした者が日本軍によって殺されることも頻発した。日本軍の組織が解体し、一人ひとりが生きたいという願望を自分の意思で示すことができるようになって初めて、投降できるようになった。住民に生きるように語りかけた日本兵のことが、生き延びた住民の証言にもしばしば出てくるが、それが可能になったのは軍の組織が解体し、そう語っても上官やほかの日本兵から殺されない状況になったからだった。日本軍は、無意味な死を拒否して生きようという意思を抑圧し、味方の将兵や民間人にも死を強いる組織であったことが示されている。

米軍による沖縄戦での心理作戦の総括によると、日本兵が投降することを妨げる要因として、米軍によって残酷に扱われるのではないかという恐れ、投降しようとすると日本軍によって撃たれるかもしれないこと、米軍に近づいて行った時に投降しようとすることがわからない米兵に撃たれるかもしれないこと、面目を失うことが指摘されている。特に最後の点については、宣伝ビラや投降の呼びかけで「投降」とか「捕虜」という言葉は慎重に避けられた。

米軍はすでにサイパンでの日本民間人の意識を分析し、捕まえられた時の感情として「恥ずかしかった」と答えたのが七九人だったのに対して、「怖かった」という回答が三四八人と大きく上回っていたことなどから、「民間人が投降することを妨げている理由は、愛国的な熱情よりは恐怖である」という分析をおこなっており（林博史「サイパンで米軍に保護された日本民間人の意識分析」）、日本軍将兵や民間人の頭に叩き込まれている残虐な米軍という宣伝を打ち破ることが大事だと考えていた。実際、国のために死ぬことは名誉であり捕虜になることを恥辱であるという考えがあるとしても、それ以上に米軍への恐怖心が投降を妨げていた。そのことを米軍も十分に理解して心理戦をおこなったと言える。

三月二六日に慶留間島に上陸した米軍部隊は、その日の日誌に「住民たちは、殺されないことがわかると、人間的な扱いに好意的な反応を示し、協力的になってきている」と記している。また慶良間列島に上陸した米軍の報告書には、住民のなかには「山に逃げて、自決したものもいたが、戦闘が終結し親切な扱いを施されると、喜んで戻ってきた。短期間に、かれらは物分り良く、協力的で満足するようになり、恐怖は感謝の念に変わった。幾人かは、捕えられないように家族を殺したことを率直に後悔し、多くの者が山にもどってほかの民間人に真実を話し、かれらもまた生きて家に帰れるようにしたいと頼んできた」と記されている（RG407/Entry427/Box11647, 11571）。

捕虜になることは死以上の恥辱だと信じていれば、米軍が親切にしたとしてもその意識は消えないだろう。

なお米軍は収容した沖縄の人々がきわめて協力的で従順だという評価をしている。死を強制した日本軍に対して人々を保護し治療し食糧も与えてくれた米軍に多くの人々が抱いたイメージは、それまで日本軍や行政から宣伝されていたものとは正反対のものだったこともあるだろう。しかし米軍は沖縄の人々は従順だと考えて、専制的な支配者として沖縄を軍事利用しようとしたが、沖縄の人々は米軍の従順な民ではなかった。沖縄戦の体験を経て、沖縄の人々は大きく変わったと言ってよいだろう。このことが後の一九五〇年代の島ぐるみ闘争につながると思われるが、その検討は本書の範囲を超えることになる。

心理戦との関わりで指摘しておくと、米軍のなかには陸軍対敵諜報隊（ＣＩＣ）の部隊が派遣され、尋問などを通じて民間人に紛れ込んだ兵士を選別し、あるいは機密情報の収集をおこなっていた。そこにはアメリカにいた日系二世たちが諜報員として動員されていた。彼らは米軍の作戦を円滑に進めるために沖縄の住民を軍から切り離す役割があった（そのことは住民を保護することになった）が、その後は米軍による占領統治、自由な基地使用のために障害となる沖縄人民党や基地従業員の労働組合活動、復帰運動などをスパイする役割を担った。琉球政府の警察組織はそのＣＩＣの下部組織としてスパイ役を担った。戦前戦中の侵略戦争とそれへの国民動員を担った警察は、その責任を問われることなく、支配者が代わると今度は米軍に協力して社会運動を抑圧する側に回ることになる（島袋貞治『奔流の彼方へ』）。

そうしたことも考えると、米軍の心理戦、特に住民を保護しようとしたことは、けっして人道的な動機からではなく、あくまでも軍事作戦を円滑に進めるためにおこなわれた作戦であったと言える。しかし救われた人々の目には米軍の方が日本軍よりもはるかに人道的だったと見えたし、多くの命が救われたことは間違いない。

軍政と収容所

米軍は慶良間列島に上陸するとただちに日本政府の行政権と司法権を停止する布告「米国海軍軍政府布告第一号」を公布し軍政を開始した（ニミッツ布告）。この軍政は第一〇軍が担当、軍政本部の下に分遣隊が編成された。分遣隊は、戦闘部隊に同行して住民の収容にあたるAチームとBチーム、住民を収容するキャンプを設置運営するCチーム、さらに地区レベルの軍政を担当するDチームで構成された。診療所・病院の設置のほか民間人用食糧七万食を準備してきた（県史・資料編14）。

米軍は沖縄本島に上陸した四月一日からガマなどに避難していた住民を多数収容し始め上陸地点の読谷村や北谷村のいくつかの場所に収容所を設定、しかし数日後には内陸部の中城村島袋などに移動させた。上陸地点は米軍の荷揚げ集積場として使うために住民を内陸ないしは東側に移した。島袋収容所では四月五日には約六〇〇〇人が収容され、彼らのための食糧は付近のガマなどに保管されているものを探して米俵や小麦粉、干し魚など貯《たくわ》えているのを見つけ、あるいは畑から野菜などを収穫して確保した（前出、軍政分遣隊C―2戦時日誌）。

米軍占領当初、米軍から提供された食糧ではまったく足りず、日本軍の備蓄食糧、衣類などを探して回収してまかなった。四月の一か月間に、米一八二トン、豆一六一トンなど収穫された穀物四八九トン、サツマイモ四一一トン、野菜一一一トンなど作物五三四トン、家畜（括弧内は捕獲したもの以外に屠殺《とさつ》したもの）が山羊一九九〇頭（三六〇頭）、豚八四五頭（一八二頭）、牛六〇頭（二七頭）、鶏一〇〇羽（五〇羽）、馬二七五頭など、ほかに衣類・履物九一トンや木材、農機具などが回収されたと報告されている（RG407/Entry427/Box1013）。また三か月間では、推定で穀物一四〇二トン、作物二〇七九トンを回収したとされている（名護3―3・二〇八頁。なお米軍報告書では米や豆を「加工食品」、イモや野菜を「収穫した作物」と分類しているが、前者はすでに収穫されて保管されていたもの、後者は畑にあって軍政下で収穫したものと考えられるので、邦訳を名護市史のものから修正している）。

米軍の作戦の進展にともなって収容所も移転し、主に中部東海岸（現在の沖縄市やうるま市など）や北部東海岸などに多くの収容所（地区）が設けられ、住民はそちらに移されていった。収容所と言っても、宿舎があって鉄条網で囲まれていたというわけではなく、残っている民家などを利用して集落を指定して住民を集めた収容地区と言えるようなところが多かった（読谷5下・二六五頁以下）。

沖縄作戦のためだけでなく、本土進攻作戦に向けての基地建設（とその計画の変更など）のために住民は移動を繰り返させられた。四月下旬には軍の必要性から中部の民間人を石川―仲泊より北に立ち退《の》かせることになった（名護3―3・七六頁）。しかし軍政府に割り当てられた地域には「可耕地はほとんどなく、人家も少なく、丘や険しい斜面が多いところで問題ある地域」だった。食糧確保のために「軍政府の計画ではサトウキビ畑を穀物栽培に転化するつもりであった。しかし基地建設計画の変更によって、そのプロジェクトは机上の空論になって」しまった（同前・八三頁）。

当初は沖縄本島に滑走路八本を建設する計画だったが、一八本に大幅に増やすなど日本本土進攻作戦のための広大な基地建設のためだった（県史6・六三二頁、林博史『沖縄からの本土爆撃』一八―三〇頁）。山岳地帯の多い北部では穀物を自給することができなかったし、残された備蓄食糧も乏しかった。また人々は「過密状態」に置かれ「満足のいく衛生水準を維持することがきわめて困難」になり、回収する食糧も尽きていった（名護3―3・七七頁）。四月の報告書では民間人の八六パーセントがもっぱら現地の資源で生活していた（同前・九九頁）。しかし五月

図3-5　沖縄本島12か所の民間人収容地区

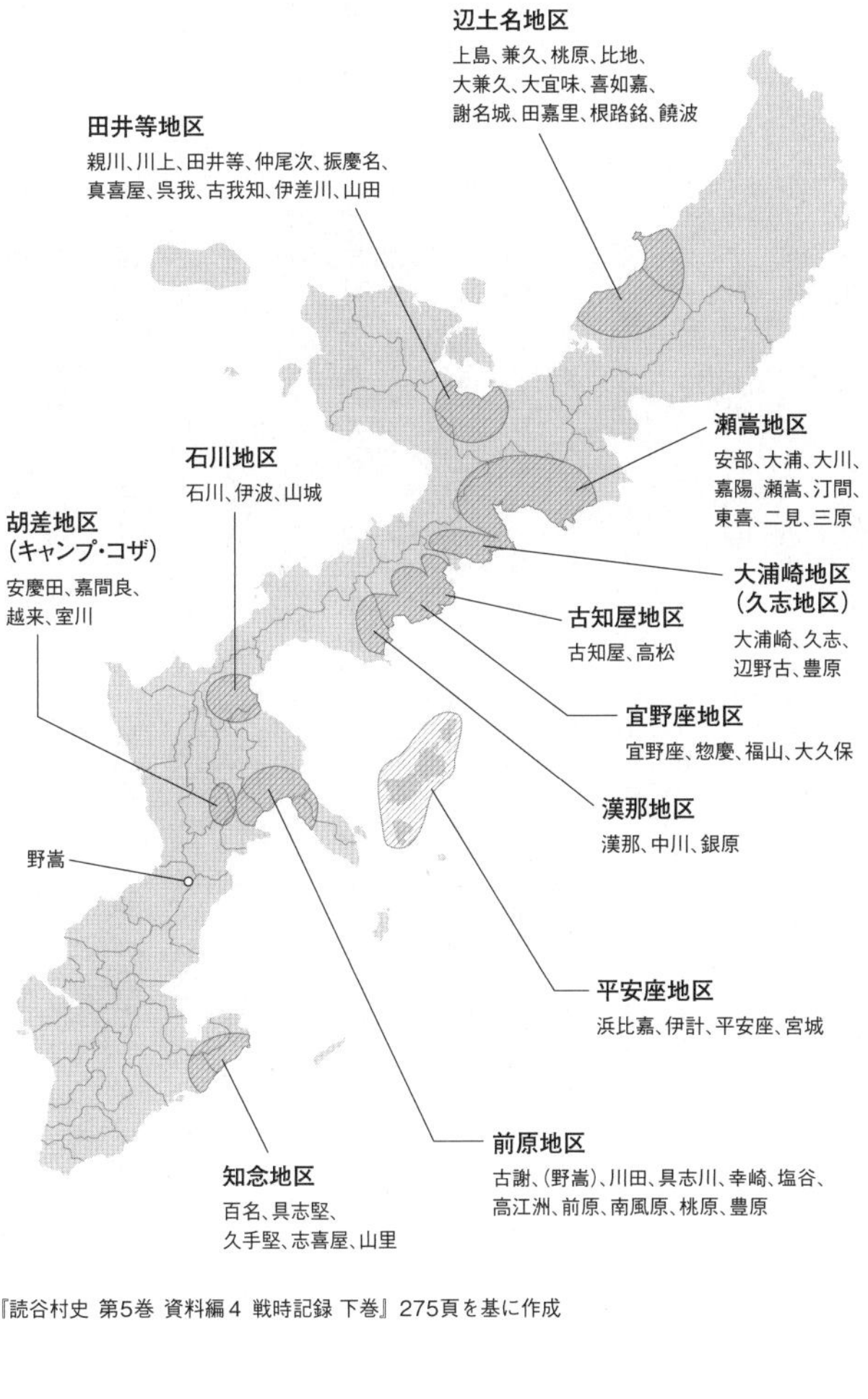

『読谷村史 第5巻 資料編4 戦時記録 下巻』275頁を基に作成

までには最低限の食糧は一〇〇パーセント輸入する必要がある状態になったが、軍政府に与えられた優先順位は低く、それは確保できなかった（同前・八三、一〇一、一〇六頁）。

たとえば伊江島では島全体が基地化され、島民は最初は慶良間列島に、ついで本部半島、さらに北部東海岸の久志村《くしそん》（現在の名護市）に移動させられた。沖縄戦がほぼ終わった六月下旬には本部半島に海兵隊施設を整備するためにそこの収容所の人々は東海岸に移された（米兵による女性への性暴力も深刻だったが、その問題は第四章—9参照）。

過密、不衛生、食糧難など飢餓の状況は続いた。特に六月以降に南部で収容された人々は、長期間の逃避生活のために衰弱して負傷者や病人も多く、せっかく生きて保護されながら栄養失調やマラリアなどの病気によって収容所のなかで次々に亡くなっていった。

たとえば、上陸地点の読谷村の戦没者を見ると、爆撃による死者が四—五月に集中し計一三五人だったのに対して、「栄養失調・病気」による死者は五月から増え年末までに計四七五人となっている。北部での戦没者は六五七人に及び、読谷村内の四七七人を大きく上回っている（読谷5下・二一〇—二三三頁、名護3・三八〇—三八一頁）。

北部東海岸の宜野座村《ぎのざそん》の米軍野戦病院では亡くなった人たちは近くの集団埋葬地に葬られた。宜野座村古知屋《こちや》の共同墓地の埋葬者の名簿によるとその出身地は沖縄本島中南部の各地にわたっている。四五年中の死亡者四二七人のうち（子どもは六月三一日、大人は八月三一日以降）、一〇歳以下の子どもが四八人、六一歳以上が二三二人と過半数を占めており、子どもと老人の犠牲が多いことがわかる（宜野座2・六三五、八一〇頁）。

終戦後の九月一日付の軍政府の報告書には、沖縄戦によって沖縄の「耕作用地の九五％が使用できなく」なり、「島の家畜の九割以上が失われ」たと推定している。「少なくとも五〇％の耕作用地の損失は、道路、滑走路、他の軍事施設用に使用されたことと、軍事作戦によって、用・排水路が破壊された結果である」と指摘し、米軍の軍事優先の占領政策が飢餓を招いたことを示唆している（名護3―3・一七五頁）。

日本軍と沖縄県による棄民政策としての北部疎開と、軍事優先の米軍の政策が合わさって、多くの犠牲を生み出したと言える。

「戦後」の出発

ところで、中南部で日米両軍の激しい戦闘がおこなわれていた時期に、中北部の収容所／収容地区では事実上の「戦後」が始まっていた。四月上旬に開校した高江洲小学校に続いて、美里村石川には石川学園（現在の城前小学校）が五月一〇日に開設された（古賀徳子ほか『続・沖縄戦を知る事典』八五頁、県史6・四二二頁、具志川5・戦時記録・一一〇七頁）。多くの学校では教室はなく、外でおこなわれる青空教室で、教科書やノート、鉛筆もないなかでの授業が始まった。

民間人収容所のなかには、孤児院が設置され一〇〇〇人ほどの孤児が収容されていたと言われているが、保護者のいないなかで栄養失調死が多かった（川満彰『沖縄戦の子どもたち』、浅井春夫『沖縄戦と孤児院』、県史6・四三八頁）。その後の米軍政の貧困な社会保障の下で、孤児をはじめ、ケガや病気などでさまざまなハンディを負った子どもたち（子どもに限定されないが）の貧困と苦悩は続くことになる。米軍の軍事支配の下での暴力的な社会風潮なども合わせて、今日まで影響を及ぼしていると言っても過言ではないだろう（『沖縄子どもの貧困白書』）。

終戦後の四五年九月、収容所（地区）が整理されて一二の市が設けられ、市議会議員と市長の選挙がおこなわれた。この時、二五歳以上の男女に選挙権が与えられ本土に先駆けて沖縄の女性たちが初めて選挙権を行使した（ただ女性議員の誕生は四八年二月まで待たなければならなかった）。

また終戦により米軍の大規模な基地建設計画はストップし、一〇月に米軍は中南部の町村への帰村を一部ではあるが認める決定をおこなった。米軍が軍用地として確保したために郷里に戻れない人々は多かったが、四六年末までには多くが元の町村に戻っていった。しかし普天間村のように村の中央部を普天間飛行場のために接収されたために、元の字ではなく飛行場周辺に字を再建するしかないなど、もともと住んでいた場所に戻れたわけではなかった。嘉手納基地や普天間基地に接収されたところをはじめ、今なお元の集落（字）が基地内にあるためにいまだに郷里に戻れないところも少なくない（県史6・六三七―六四五頁）。

なお日本本土や海外からの沖縄への引き揚げは四六年七月より公式に開始され、中城村の久《く》場崎《ばさき》や那覇港が受入港となった。

捕虜収容所

民間人は民間人収容所に入れられたが、軍人は捕虜収容所に収容された。少なくない将兵が軍服を脱いで民間人のふりをして捕まったが、米軍は一人ひとりを尋問して軍人の疑いのある者を選び出した。第三水陸両用軍団（海兵隊）が捕虜にした約三〇〇〇名のうち三四・四パーセントは民間人の服を着ていたと報告されている（一九四五年七月五日付、RG319/Entry85A/Box1208）。

米軍の文書によると六月末時点で、捕虜（軍人）七四〇一人、捕虜（労務者）三三三九人、計一万七四〇人を捕虜としていた。労務者はほぼ朝鮮人であると考えられる。労務者を含めるかどうかで違ってくるが、第三二軍の将兵・軍属のうち一割前後が捕虜になったと見られる。なおほかに防衛隊員のなかには民間人の中に紛れて捕虜とは扱われなかったものもいる（林博史『沖縄戦と民衆』三三八頁）。

金武村の屋嘉《やか》捕虜収容所が最も大きく、多い時には約一万人が収容された。捕虜のなかでも

1945年6月27日、捕虜収容所の光景　沖縄県公文書館蔵

日本人、沖縄人、朝鮮人は分けて収容された。終戦後、読谷村に楚辺《そべ》収容所が設置されてそこに捕虜を移動させ、さらに四六年一〇月に日本兵捕虜の復員が始まると、屋嘉と楚辺は閉鎖されて、嘉手納など五か所に設置、捕虜の日本帰還とともに閉鎖された（県史6・四〇八―四一一頁）。

なお沖縄出身の捕虜約三〇〇〇人と朝鮮人軍属（の一部）が六月から七月にかけてハワイに送られた（九月二日時点で三四九一人）。彼らは終戦後にいくらかの労働に従事したが、それほど労働させられたわけではなく、四六年一〇月から一二月にかけて沖縄に戻された（朝鮮人は四五年秋に朝鮮半島へ）。彼らはハワイの沖縄出身者らと面会、交流することができ情報が交換された。なぜ彼らをハワイに送ったのか、明確な理由はまだ未解明である。日本本土進攻のために負担になる沖縄の日本兵捕虜を減らそうとしたのかもしれないが、なぜ沖縄出身者だけだったのか、よくわからない（秋山かおり「第二次世界大戦期ハワイ準州における戦争捕虜収容」）。

9　沖縄からの九州奄美への爆撃

米軍は沖縄に上陸するとすぐに飛行場建設を始めた。当面は沖縄進攻作戦を支援するためだったが、出撃してくる日本軍機を叩くために戦闘機部隊が五月一三日からは奄美群島、一七日からは九州の飛行場などへの爆撃を始めた。特攻機などを迎撃するための戦闘空中哨戒にあたる戦闘機は、当初は沖縄本島の北の海上上空などで警戒にあたっていたが、徐々にもっと前方、つまり奄美群島上空で空中哨戒にあたるようになり、その間、地上で標的を見つけると攻撃をおこなったので、奄美群島は連日のように空から攻撃を受けた（林博史『沖縄からの本土爆撃』）。

一九四五年三月末より米軍は日本本土進攻作戦の立案を進め、五月末には米太平洋陸軍（最高司令官マッカーサー）は日本本土進攻作戦であるダウンフォール作戦計画を策定した。これはオリンピック作戦（一一月一日南九州進攻）とコロネット作戦（四六年三月一日関東平野進攻）を合わせた作戦名である。ちょうど首里が陥落するタイミングであり、これ以降、沖縄の米軍航空部隊は南九州進攻作戦のために九州への爆撃を本格化した。

これと並行して海軍の機動部隊である第五艦隊が沖縄作戦の支援とともに九州爆撃をおこなった。この第五艦隊は五月下旬には任務を終了し、交代した第三艦隊はもっぱら日本本土への爆撃任務についた。

その後、七月一日からは読谷と嘉手納、伊江島に配備された爆撃機部隊が九州爆撃を開始した。南九州の軍事施設や交通網を徹底的に爆撃しただけでなく都市への無差別爆撃もおこなった。戦闘機は九州から奄美上空を飛び回りながら臨機標的による攻撃をおこなった。臨機標的とは、飛行しながら上空から目視で適当に攻撃対象を選んでロケット弾や機銃掃射で攻撃することで、列車や鉄橋、駅、操車場、トラック・車両・荷車、大きな建物や集落、漁船やはしけなどの小船や港湾施設を攻撃した。その任務報告書ではあきらかに民間人やその居住地域を攻撃したことが記されており、無差別のテロ攻撃であった。

八月一〇日宮崎県西小林駅前で国民学校・高等女学校生徒五〇から六〇人が機銃掃射を受け一〇人が死亡した（うち沖縄からの疎開児童ふたり、奄美ひとり）。この攻撃をおこなったのは伊江島に配備された第一一〇戦術偵察戦隊の偵察用に改造された戦闘機だったと見られる。この日の任務報告書によると、三機が宮崎県の油津《あぶらつ》湾の漁船や五両編成の列車、道路上の馬車（馬と運転手を射殺）、トラック（民間人の服を着た三人のうちひとりを射殺）、銃などを持って行進中の一五―一八人（うち九または一〇人を射殺）、貨物船などに機銃掃射で攻撃したほかに、公道にいた一五〇から二〇〇人に機銃掃射をおこない一五—二〇人を射殺したと報告されている。これが西小林駅前のケースだったと見られる。この三機は宮崎の東海岸から都城、えびの、小林、鹿児島、指宿《いぶすき》と飛びながらあちこちで地上攻撃をおこなっていたが、服装も判別し民間人であることもわかっていながら機銃掃射を仕掛けており、子どもたちの集団だったことも認識できたはずである。

沖縄戦が事実上終わると、七月にB29を統括する第八航空軍が編成され、八月に入るとB29が沖縄に到着し始めた。計画では沖縄にB29を一〇〇〇機配備し、マリアナ諸島の一〇〇〇機と合わせて、計二〇〇〇機のB29によって日本本土を徹底的に破壊し尽くす計画だった。ただ終戦により沖縄からB29が出撃することはなかった。

このように沖縄で建設された米軍基地は、まず日本本土の人々に対する無差別爆撃の出撃基地として利用された。もし日本本土進攻作戦がおこなわれていたならば、沖縄は爆撃のみならず米軍の陸海空軍の大拠点として利用され、沖縄戦での沖縄の人々の体験は本土でも繰り返されていただろう。無差別爆撃をはじめ非人道的な爆撃によって数多くの民間人を殺戮するための出撃基地としての沖縄の米軍基地の歩みは沖縄戦のさなかからすでに始まっていたのである。

第四章
戦場のなかの人々

1945年6月、米兵から水をもらう少女
米国立公文書館 提供／那覇市歴史博物館 蔵

1945年4月、海兵隊員に収容される民間人
沖縄県公文書館 蔵

1　日本兵たち

変化する日本軍

日本は一九三一年九月に始まった満州事変からほぼ一四年間（足掛け一五年なので十五年戦争とも呼ぶ）、全面戦争となった一九三七年七月からの日中戦争より数えても八年間、戦争を続けた。

日本陸軍の地上部隊の兵力の総数は、一九三七年度の九三万人から、四一年度二〇二万五〇〇〇人、戦争末期の四四年度三七六万人、四五年度五九五万人と急激に増えた（大江志乃夫編『支那事変大東亜戦争間動員概史』二六六頁）。徴兵検査を受けたなかで現役入営する者は日中戦争前では二割程度だったが三八年度には陸海軍合わせて四六・九パーセントに急上昇し、四四年には七七・四パーセントに達した。身体が小さい、あるいは弱い者も軒並み召集されるようになった（吉田裕『日本の軍隊』一九七―一九八頁）。

一方、陸軍のなかの現役兵（徴兵検査を受けてすぐに入隊し軍に在籍している者）の比率は、太平洋戦争開戦前の一九三九年は約六〇パーセントだったが、四四年末には約四〇パーセント、四五年の本土決戦準備が形として完成するときには約一五パーセント以下に低下していた。そのなかでも将校では三九年の三六パーセントから四四年末約二五パーセント、四五年中頃約一五パーセントに低下した。このため「久しく軍事より離れたる応召者」や「始めて入隊せる未教育のもの」なども多く、また将校も「指揮能力著しく低きもの多く」という状況で、そのため上官に対する犯罪、酒や女性がらみの犯罪、略奪強かんなどの住民に対する犯罪が「相当に頻発」し、軍からの逃亡も増えた（『支那事変大東亜戦争間動員概史』二八七―二八九、二九五―三〇一頁）。

すでに紹介したように沖縄では将兵による横暴・非行が頻発していたが、本土決戦準備のために大幅に増強配備された本土でも同じだった。政府が民間有識者を通しておこなった行政査察調査報告でも、軍が農民から農機具や牛馬を借り上げて食糧増産に支障をきたし、無断で山林を伐採したりするなど「横柄的」となり「軍、官、民の軋轢《あつれき》」が生じていると指摘している。また「あれだから支那人にも嫌はれるのだ　戦争も敗《ま》けるのは無理はない等蔭口《かげぐち》」が立っているとも報告されている（「行政査察随員の感想に就て」一九四五年七月二四日、粟屋憲太郎ほか編『敗戦時全国治安情報』第一巻）。憲兵隊の報告では「作物を荒し人の家に入り込んで飯を盗んで喰《く》ったり又村の娘達を妊娠させたり村の人も困っている」（東京憲兵隊資料「流言蜚語《ひご》流布状況に関する件」、川島高峰『銃後』二四九頁）という報告もなされている。

日本軍は徹底した軍事訓練、軍事思想が叩き込まれた現役兵の比率が大幅に減り、すでに社会生活を営み家族も持っていた三〇代から四〇代、これまでなら身体が弱くて召集されなかった男たちも兵士として召集されるようになった。自分の息子のような上官からビンタや侮辱を受ける者もいた。徹底した軍国主義教育を受けて育ち、天皇のために命を捨てることを当然と信じ込む者たちばかりではなくなっていた。

そうした状況のなかで、軍は上官の命令を絶対視し命を捨てることを当然と思うような軍紀を維持するために一層暴力と脅しを使った。防衛召集者を含めて沖縄出身兵がよく言われたことが、脱走すれば家族をみな殺しにするという脅しだった。本土の兵士たちも脱走したり捕虜になったりすれば、郷里に残された家族が「非国民」の一族として迫害され「村八分」にされることを十二分にわかっていたし、自分は二度と郷里に、それどころか日本に戻れないと考えるしかなかった。

捕虜になることを許さない日本軍

日本軍は捕虜になることを許さなかった。そのため沖縄戦でも多くの戦死者が出た。

沖縄戦での日本軍人軍属の死者は、本土と沖縄の出身者を合わせて約九万四〇〇〇人である。米軍の捕虜になった人数を考えると、沖縄出身者のなかには住民に紛れ込んだケースもあるが、日本軍のうち約九割は戦死していると見てよい。これでも沖縄戦は、それまでの太平洋戦争の各地での戦闘に比べれば捕虜の比率が高かった。それに対して米軍の場合、戦傷者が戦死者（行方不明を含む）の三倍ほど出ている。多くの戦闘では戦死よりも戦傷者のほうが多いのが普通である。しかし日本軍は戦傷者にも最後まで戦うか、自決を強要し、死なせたという点では際立っている。すでに勝敗が決した後でも捕虜になることを許されなかった。補給を軽視したために弾薬や食糧がなくなっても、投降せずに殺されるか（「玉砕」という美辞麗句で美化された）、自決するか、飢え死にすることを強いられた。十五年戦争での日本軍将兵の戦死者二三〇万人のうち半数以上が餓死（あるいは飢餓による傷病死）だったと指摘されているが、こうしたことは将兵の命を軽んじた日本軍の体質がもたらしたものである（藤原彰『餓死《うえじに》した英霊たち』）。つまり多くの将兵は戦闘での戦死者というよりは、日本軍によって死を強いられたと言える。そうした論理が、軍人だけでなく、民間人すべてにも適用されたのが天皇制国家日本だった。

なお中国をはじめアジア太平洋の各地の前線に送られた将兵たちは、初めにある程度の食糧を与えられただけで、あとは現地自活を求められた。つまり食糧は自分たちで確保せよということである。中国などでは行く先々の農家などから略奪し、抵抗する者を虐殺、若い女性がいれば強かんをおこない、農家の戸など木材をはがして焚《た》き火《び》にして暖を取った。仮に日本軍が金で買おうとしたとしても、日本軍や傀儡《かいらい》政府が発行した紙幣は多くの中国人にとっては役に立たない紙切れにすぎなかったし、食糧の乏しい農民にとってみれば、それは飢餓を意味した。

太平洋諸島のジャングルに送り込まれた日本軍は、米軍を打ち負かして食糧を奪うことを期待されたが、それができず、また略奪する農村もないなかで、ガダルカナル島やニューギニア島、山中を逃げ回ったフィリピンなどで多数の餓死者を出した。

日本兵自体がその命を軽んじられていた。自らが軽んじられた日本軍将兵は、アジア太平洋の民衆の生命をさらに軽んじたのである。沖縄戦における日本軍によるさまざまな残虐行為の背景には、そのことがあった（日本軍兵士の実情については、吉田裕『日本の軍隊』『日本軍兵士』参照）。そういう意味でも沖縄戦は日本がおこなってきた侵略戦争の行きついた先だったと言える。

人々の良心良識を抑圧する軍組織

日本軍による残虐行為という場合、軍による組織的な行為である場合と、将兵個人の場合がある。この問題を考えてみたい。

中国や東南アジアなどでの大規模な住民虐殺や捕虜虐待・虐殺などは軍紀が維持されているなかで軍によって組織的におこなわれたものが多い。中国などでの略奪は、食糧補給をせずに現地調達をさせた、言い換えると略奪しなければ生きていけないようにした軍が生み出した構造的な問題だった。沖縄戦で軍が陣地として利用するために壕（ガマ）から住民を追い出したのも軍の組織的な行為だった。したがって現役兵が多く軍紀が維持されているなかでそうした数々の残虐行為はおこなわれたのである。

同時に、将兵個人に焦点を当ててみると、天皇の軍隊＝皇軍の一員として自らを絶対視する環境に浸ってしまう、言い換えれば、上官の命令は天皇陛下の命令だと思えということは、部下や民間人に命令を下す自分自身は天皇の代理人ということになり、目下と見なした者（特に民間人）に対して極度に傲慢となり自己の私的利益をも肥大化させてしまう。皇軍の敵と見なした人たちに対してはどのような残虐行為も正当化される（敵国民や、日本国民であってもスパイと見なした者に対して）。そういう点で、天皇の軍隊は、将兵のなかのエゴイズムを極端なまでに肥大化させたと言えるだろう。軍による組織的な残虐行為をおこなうなかで、個人的に女性を強かんしたり財物を奪ったりという私的欲求を満たそうとする者も少なくなかった。たとえば南京《ナンキン》大虐殺などは軍による組織的な残虐行為と私的な犯罪とが混在していたと言える。どうせ軍として彼らを殺すのであれば、強かんや略奪くらいはやってもいいだろうと、組織的な残虐行為が私的な残虐行為を刺激し、増幅してしまうのである。

軍が組織的に住民を壕から追い出し、食糧を奪うのが当然であると考えていると、軍人である自分個人が（事実上の敗残兵となっていても自己意識では依然として帝国軍人であると自己を正当化し）、住民を壕から追い出し食糧を強奪することも正当化してしまう。まして敵に捕まって食糧をもらっている民間人を殺し食糧を奪うことは、非国民に対する当然の行為だと正当化してしまう。

すべての将兵がひどいことをするわけではないが、非人間性を重要な性格とする軍という組織はその構成員を非人間化してしまう、あるいはその傾向を刺激増長させてしまう。別のたとえかもしれないが、普通の人間であっても汚職がはびこる組織に入って染まると、賄賂を求め受け取るようになってしまうだろう。もちろんそういう組織のなかでもそんなことをしない者もいるだろうが、増長させるような組織のあり方は問題にされなければならない。

そうした軍隊であったが、沖縄戦の過程で、特に末期に、軍組織が解体し機能を失っていくなかでふたつの傾向が現れてきたように考えられる。

ひとつは天皇の軍隊のなかで利己主義を肥大化させた、心ない将兵によるさまざまな犯罪・横暴がはびこることになった。こうした例はここまでいくつも紹介した。

同時に他方で、軍隊組織による抑圧・統制から解放されて、個人の良心良識に従って行動することができるようになった将兵たちがいた。軍隊組織が維持され、上官や他の兵士たちがいるところでは、住民に対して、手榴弾などは捨てて逃げ白旗を掲げて米軍に投降せよ、米軍はけっして民間人は殺さないから、と言うことはできなかった。そういう日本兵が日本兵によって殺されたことはいくつもの証言が残っている。しかし軍組織が解体していくなかで、ようやく上官への反抗や命令拒否、脱走、投降、民間人に米軍に投降して生き延びよと勧めるなど軍に対する抵抗・反抗ができるようになった。だから、住民に対して、死ぬんじゃない、米軍に捕まってでも生きよという将兵が出てくるのは、特に南部で日本軍が解体していくなかでのことが多かった。

1945年6月1日。投降を呼びかける日本兵捕虜
沖縄県公文書館蔵

しかしそういう良心的な日本兵がいたことは日本軍を弁護する理由にはなりえない。逆に、日本軍組織というものがそういう良心良識を抑圧し潰してきたことこそが問題であり、そうしたなかでも良心良識を失わず、最後の最後になって、そういう行動ができた人を、ひとりの人間として評価するべきだろう。

日本軍にとって沖縄戦は太平洋戦争のなかで、さらに広く見ると近代日本が戦った戦争の歴史の中で最も多くの（高い比率で）捕虜が出た戦いでもあった。こうした状況が沖縄戦のなかで広範に生じることになる。それに対して軍はますます暴力的になり、投降しようとする、あるいは投降を勧めるような兵士や民間人を虐殺するなど狂信的なまでに凶暴になっていった。

2　日本軍による住民に対する残虐行為

自国の軍隊は自国の国民を守るものだと考えるのが普通かもしれない。しかしそのことはけっして自明ではない。国（国家）を守ることと、そこに住む一般の人々を守ることとは必ずしも同じではないし、国のためという名目でその国民が犠牲になることはしばしば起きる。沖縄戦のなかでは、守らないどころか、民衆は自国の軍隊から殺され奪われ追い出されるなど迫害の対象となった。その経験は、はたして沖縄戦だけのことなのだろうか。

沖縄戦そのものが日本という国家が沖縄の人々を犠牲にした戦いであって、大規模な残虐行為だったと言えなくもないかもしれないが、ここでは具体的なことを取り上げよう。日本軍による住民に対する残虐行為としては、住民虐殺、食糧強奪、壕追い出し、強制疎開、「集団自決」の強制などがある。それらを日本軍によって直接殺されたケースと、日本軍によって死に追い込まれた（間接的に殺された）ケースに分けて見ていきたい。

日本軍による住民虐殺

まず日本軍に直接殺されたケースを見たい。日本軍が民間人を殺した理由としては、スパイ容疑、赤ん坊・子どもが泣く（敵に居場所がわかる）、食糧・壕提供など日本軍の命令・要求の拒否、などが挙げられる。スパイ容疑というのは、捕虜にはなるな、捕まるよりは死を選べという日本軍の命令・思想に従わず米軍に投降しようとした者、人々に投降を呼びかけた者、米軍の呼びかけに対して暗いガマのなかで死ぬよりも外で殺されたほうがましだと思ってガマから出ようとした者、理由を問わず米軍に捕まった者（米軍から食糧をもらった者や米軍収容所で人々の世話などの仕事をしていた者も含む）、米軍の（投降を促す）ビラを持っていた者、日本兵からの尋問に答えられなかったろうあ者や精神錯乱者、耳が聞こえず米軍機が飛んでいても外を歩いていた者、そのほかなんらかの疑いでスパイと見なされた者などであり、実際のスパイではなかった。

これらを見ると、天皇のために自ら命を捧げようとしない者、天皇の軍隊の命令に従わない者は天皇と国家への裏切者、すなわちスパイと見なされて殺されても当然と考えられ、そして実際に殺された。さらに戦闘の邪魔になる者、たとえば赤ん坊が泣くと敵に所在を知られてしまうという危惧から赤ん坊を殺してしまうこともあった。こうした住民虐殺だけでなく、米軍に投降しようとする日本兵や朝鮮人軍夫なども日本軍によって殺された。

実際の例をいくつか紹介すると、松村和子さんは恩納村《おんなそん》の山中で「長男兄が父と母に手を挙げて降参しようと言い、手を挙げて歩き出したところを後ろから日本兵に撃たれた。私たちの目の前で三人とも亡くなった」ことを目撃した。彼女は次男兄とふたりで逃げて米軍に保護されて助かった（八重瀬・五〇六頁）。

ただ歩いているだけで殺された人もいた。南部で集落のハズレの畑を通る住民二、三人を日本兵が射殺した。平安名常記さんがなぜ射殺するのか聞くと、「空から見られ爆弾を落とされたら」我々は「死んでしまう」と言われた（中城・証言編下・五八七頁）。

精神に異常をきたした人も虐殺の対象になった。南部の佐敷で、そうした女性を日本軍が捕まえて「縄で縛り、きゅうすで鼻に水を差込んだり、四、五人がかりで銃口で胸や腹などを突いたりして残酷な取り調べ」をおこなった。それを目撃した大田朝信さんは、後にその女性が日本軍に処刑されたと聞いている（玉城6・七〇四頁）。

第三二軍司令部においても五月初め、三〇歳くらいの女性をスパイとして捕まえ、電柱にしばり付けて憲兵の命令で、司令部壕にいた女性たちにも銃剣で突き刺させ、最後には将校が日本刀で首を斬り落としたことを鉄血勤皇隊の川崎正剛さんが「自責の念」を込めて証言している（同前・七六〇―七六一頁）。第三二軍高級参謀の八原博通大佐も司令部壕の外でスパイの女を「司令部将兵から女に至るまで、竹槍で一突きずつ」突いているという報告を聞いていた。八原は「これまで真犯人はついぞ捕えられたことはなかった」と疑問を述べているがやめさせようとした様子はない（八原博通『沖縄決戦』一八六―一八七頁）。

日本の敗戦後もこうした虐殺は続いていた。宮平盛彦さんが喜屋武から逃げてきて南風原《はえばる》の壕に日本兵五人らと隠れていた時、一〇月になってからふたりの日本兵がやってきて、日本はすでに降伏したので壕を出て内地に帰ろうと壕内の兵士たちに呼びかけた。ところが日本兵はそのふたりをスパイだとして射殺してしまった。その後、宮平さんらは一一月になってから壕を出て生き延びている（琉球新報社会部編『未来に伝える沖縄戦』3・七九頁）。戦争を生き延びながら、終戦後になって、ひとりでも多くの命を助けようとして、助けようとした日本兵に殺されたふたりの思いは、いったいどのようなものだったのだろうか。

住民をスパイ視する発想にはすでに説明したように防諜という概念が関わっている。それに関連して軍機保護法（一八九九年制定）が日中戦争開始後の一九三七年八月に緊急に改正され、さらに一九三九年一二月に施行規則が改正されて適用範囲が拡大、一九三九年三月に成立した軍用資源秘密保護法とともに防諜に使われ、防諜活動を通して国民の生活や思想を統制した。「常に外諜に依《よ》り後方攪乱《かくらん》の一謀略戦術として利用せらる、虞《おそれ》」のある流言飛語の取り締まりがなされた。国民に防諜意識を徹底させることが試みられ、これによって国民の戦時危機意識を高め、精神的に戦争に動員すると同時に、民衆相互に監視させて違反者を官憲（警察や憲兵）に通報させた。防諜とは戦争への国民精神総動員の施策でもあった（荻野富士夫『特高警察体制史』三四三頁)。

少し説明すると、現人神である天皇が治める絶対正義の大日本帝国の皇軍が負けることはありえない。負けるとすれば内部に裏切者がいるからだ。しかし本来の大日本帝国臣民のなかに自らの考えで天皇と皇軍に逆らう者はいるはずはなく、そうした者がいるとすれば外国の邪悪な思想の影響を受けたスパイだという思考があったと思われる。そのために天皇の軍隊＝皇軍である日本軍の命令に従わない者、皇軍を危険に陥らせるような者はすべてスパイと見なされたのではないだろうか(林博史『沖縄戦が問うもの』一三一―一三二頁)。多様な価値観、思想を認めるような社会であればそうはならなかっただろうが、そうした多様性を徹底的に潰して画一的な社会にしてきたのが当時の日本だった。

ところで、日本軍の住民虐殺の理由として、住民たちが陣地構築などに動員されて軍事機密を知っていたから、住民の口からそれが米軍に漏れることを危惧したからだという議論がある。はたしてそうだろうか。背景のひとつとしてそういうことを指摘できるかもしれないが、個々の住民虐殺を見るとそれを主な理由とすることは難しい。スパイとして拷問を受け、あるいは殺されたケースを見ると、日本兵が知らない他所者《よそもの》であることが多く、捕まえられても知り合いの日本兵がいると釈放されている。日本兵がいる陣地の内部を知っているとすればほかから来た者ではなく身近な住民であろうが、殺されるのはそれを知らない他所者であることが多い。

したがってこの説には明確な根拠は乏しいように思われる。

沖縄の人々に多大な犠牲を生み出した責任は、日本政府・日本軍、沖縄県を頂点とする行政・警察、教育機関など権力を握り動かしていた組織と人々にあったと言えるが、沖縄の人々は単なる被害者だっただけとも言い切れないだろう。

軍や戦争を批判する人が弾圧を受けるとしばしばその家族が周りの人々から村八分扱いを受けた。本土出身兵は、自分が捕虜になると残された家族が周りから白眼視されることを恐れていた。捕虜になった兵士がしばしば偽名を使うのは、自分が捕虜になったことを政府・軍だけでなく郷里に知られることを恐れたからだった。出征の歓送会なども含めて、兵士たちを死に追いやったのは軍・国家だけでなく地域社会であり民衆でもあった側面がある。

住民虐殺のケースを挙げると、南部の糸数壕(アブチラガマ)では壕から「出る者は射殺する」という日本兵たちに兵事主任や在郷軍人会分会長などの住民が協力して見張りをおこなうなど、「軍民一体となって住民をスパイ視して虐殺」することがおこなわれた(石原昌家『虐殺の島』一七一五一頁、同『沖縄の旅・アブチラガマと轟《とどろき》の壕』第一部)。

沖縄戦末期の摩文仁《まぶに》で沖縄の青年三人がフンドシ姿で壕の入り口に現れ、壕のなかの人たちに出てくるように呼びかけた。ところが住民たちは「あれはスパイだ」と非難し、その騒ぎを聞いて出てきた軍人が一人の青年に斬りつけた。それを見ていた人々は「『よくやった』と囃《はや》したてるだけで、中には『ユーシタイ（いい気味だ）』と言う女の人もいた」という（北谷5上・六三二頁）。この人たちはそのように洗脳されていたのかもしれないが、せっかく生き延びて、ほかの人々を救おうとしていた青年を殺すことに加担したのである。

日本軍兵士のなかには多くの沖縄出身者が入っていたし、行政機関の中間管理職や末端を担ったのも彼らだった。戦時体制をつくるなかで住民の相互監視と密告が利用されたが、それに加担し、批判的な者を排除した者たちもいた。「とくに沖縄の支配層、上は県庁の上級官吏から、警察官、教員、市町村長、兵事主任等にいたるまで、『天皇の赤子』として『恥づかしくない死に方』を一般庶民に指導した階層の言動は不問に付してはならないだろう」という安仁屋政昭氏の指摘を忘れることはできない（旧県史10・一一〇七頁）。

日本軍によって死に追いやられた人々

次に日本軍によって死に追いやられた（間接的に殺された）ケースである。

日本軍によって避難していた壕から追い出されたために、米軍の砲爆撃から身を隠すことができずに死傷した人は数多いと見られる。また壕追い出しと一緒のこともあるが、持っている食糧を日本軍に奪われることも多かった。これらは部隊から離れた敗残兵による行為の場合もあるが、特に中南部では部隊が陣地を構えるために住民を追い出したり、食糧を奪ったケース

1945年4月3日。約2時間にわたる説得の後、子どもふたりを殺し、自らも命を絶とうとしていた民間人が壕から出てきた　沖縄県公文書館蔵

も少なくない。

　四月下旬に南部にいた部隊が中部戦線に投入されるが、その時、西原で南部から来た日本軍に壕から追い出された。その時、「君たちはみんな死んでもいい、兵隊は一人でも死んだらどうするか、君たちの戦争ではないか、きかなければ殺すぞ」と日本刀を抜いて脅されたので、あきらめて壕を出たというケースは部隊による組織的な行為である（旧県史9・四九八頁）。

　部隊によるものかどうかわからないが、南部の壕での殿内スミさんの証言によると、日本兵が「ぐずぐずしている者は、棒で、だれかれかまわずなぐりつけました。年老いた老人をなぐったときには、なんてひどいことをするんだと情なく思い」ながらも壕を追い出された。彼女はその後移動した喜屋武半島の山城でまた壕追い出しにあった。「その時には『血も涙もない鬼みたいな奴だ。いままで日本兵のために尽くしたのに。住民を何だと思っているのか』と口惜しくてなりませんでした」と証言している（創価学会編『打ち砕かれしうるま島』二二一―二二二頁）。南部の真壁村の壕で、壕提供を拒否すると手榴弾を投げ込まれ、叔母の片足が吹き飛ばされ、大城秀雄さんたちは仕方なく壕を出たという（糸満7下・六四八頁）。

北部の山中で食糧を出すことを求められて拒否すると「きさまらは国賊か。天皇の使者である軍人に協力できないというのか」と脅されて奪われたケースもあった（那覇2中6・一二九頁）。米軍に保護されることが許されないなかで食糧を奪われることは飢えに直結するものだった。

「集団自決」も日本軍と行政・教育、つまり日本の国家全体によって死に追い込まれたものであるが、後でまとめて述べよう。

すでに紹介したように、宮古・八重山などでは軍の命令による島民の強制疎開（退去）により、マラリア有病地帯に送り込まれて多くのマラリア死を生じさせ、生き延びた人たちもマラリアにかかるなど深刻な被害をもたらした。マラリア有病地帯とわかっていながら（あるいはその訴えを無視して）強制疎開させたのは、軍による直接の殺人と言ってよいかもしれない。

スパイ視された障がい者たち

障がい者は避難すること自体が困難だった。聴覚障がいがある場合、日本兵からの呼びかけに答えられず、米軍機が飛んでいても気が付かないなど日本軍によってスパイと見なされた。本部《もとぶ》国民学校の校長だった照屋忠英さんはそのためスパイとして日本軍に殺された（旧県史10・四九二頁）。ろうあ者がスパイと見なされて殺されたこともあった（同前・五二〇頁）。あるろうあの男は日本軍に捕まって「顔面は無残に赤黒く腫れ上が」るほど暴行を受けて天井に吊り下げられたが母親が訴えてきたので助かったこともあった（野村正起『船工26の沖縄戦』九九―一〇〇頁）。精神に異常をきたした人もスパイとして殺害された（濱川昌也『私の沖縄戦記』一〇一―一〇三頁）。

日本軍はそうした人々を保護するどころか、スパイ視して殺害、拷問をおこなった。弁明することもできずに殺された人も少なくなかったと見られる。戦場や山中で飢え死にするなど非業の死を遂げた人も多かっただろう。

さらに忘れてならないのは、戦争によって多くの身体障がい者、精神障がい者が生まれたことである。「心の傷」やトラウマ、さらにそれが深刻化しさまざまなストレス障害を引き起こすＰＴＳＤ（心的外傷後ストレス障害）に苦しめられる人は数知れない。戦争孤児も多く生まれた。そうした人たちは、米軍の軍政下、十分なケアがなされないままに生きていかなければならなかった(沖縄戦・精神保健研究会編『沖縄からの提言―戦争とこころ』、吉川麻衣子『沖縄戦を生きぬいた人びと』、蟻塚亮二『沖縄戦と心の傷』、浅井春夫『沖縄戦と孤児院』、謝花直美『戦場の童―沖縄戦の孤児たち』、川満彰『沖縄戦の子どもたち』などを参照)。

3 戦場に駆り出された人々

戦場動員された義勇隊員

米軍上陸前から義勇隊の編成など多くの住民を戦場に動員することがおこなわれていたが、米軍上陸後も軍と行政による戦場動員が組織的に続けられていた。

軍司令部のあった首里より南の地域では県や町村の行政機関が活動しており、軍と一体となって住民を防衛隊員や義勇隊員に駆り出した。防衛召集を含め召集令状は、通常は連隊区司令部が発行して警察・市町村役場を通して本人に渡されるが、戦争が激しくなると押印された記名なしの赤紙を市町村にあらかじめ送っておき、各部隊は市町村役場に直接行って必要な人数を召集するという方法が取られた。そのため現地部隊と役場職員が一緒に住民を召集していった(『沖縄県警察史』2・七五九、七六四、八七七頁)。

沖縄新報

醜敵邀撃の態勢を確立

全縣下に義勇軍

皇土防衛の國民軍編成

軍と共に戰ふ

郷土死守に一丸挺身

社説

敵粉砕の秋到る

義勇隊結成を報じる1945年2月15日付「沖縄新報」

中城村のある字では、女子青年団員たちは駐屯していた部隊から疎開を禁じられ「命に背く者は鉄砲」で撃つとまで言われた。三月二七日に入隊せよと主計中尉から命じられ一二人の女子が集められ、ほかの字を含めて約五〇人が入隊させられた。彼女たちに対して主計中尉は「戦死をしたら靖国神社に我れらと共に祀《まつ》られるのだから頑張ってほしい」と話したという。彼女たちは部隊に付いて移動し炊事や食糧の運搬をさせられ、六月中旬に南部で解散状態になったが一二人中五人が死亡した（中城・資料編・二〇三、三二四—三二五頁）。

南部の具志頭村では四月の間、毎晩軍から「集められるだけ集めて来なさい」と「義勇隊」の動員を命令され、男女を問わず壕にいた一六歳から四五歳を弾薬や食糧輸送に動員した。五月中旬には約四〇〇人を召集し軍に引き渡した。また、五月上旬に部隊下士官が軍医とともに村長、各区長を同伴して村内の壕を回り防衛隊員として召集できるかどうか調査し、氏名を記録、そのうえで五月一六日に約二〇名、一八日に約一〇〇名を防衛召集したとされている（琉球弧を記録する会編『島クトゥバで語る戦世』九五―九六頁、「昭和20年4月以降における防衛召集事実資料」沖縄県公文書館）。

東風平《こちんだ》村では区長が壕を回って一五歳から一七歳の男子を集めて義勇隊を編成し、竹槍訓練などをさせ、さらに病院勤務や夜間パトロール、負傷兵運びや地雷運搬をさせた。五月末頃にも村の兵事主任が日本兵と一緒に壕を回り、「男女を問わず五〇歳以下の人は全員招集《(ママ)》せよとの軍命である」と言って引っ張っていった（東風平・二九一、四六八―四七〇頁）。

知念村のある字では、三月下旬、字の出口の道路に兵隊と一緒に区長が立ち、北部へ避難しようとする区民のなかから満一五歳以上の男を義勇隊員として選び出していった。また五月に入ってからも区長が壕を回って義勇隊への動員をおこない、前線への弾薬運びなどに駆り出した（知念3・九二、一五七―一五八頁）。

町村と字が動員を担当していたが、人の動員だけでなく、壕を回って食糧を集めて軍に供出させることもおこない続けていた。行政は軍が首里から南部に撤退する五月末まで機能し続けていた。

中部戦線で激しい戦闘が続く最中の四月二七日に県知事をはじめ南部の市町村長・警察署長

を集めた会議が開催された。この会議の目的のひとつは作戦協力についての協議だった。首里の北の中部戦線で戦っていた第六二師団の損害が大きかったために、第三二軍司令部は四月二二日南部にいた第二四師団と独立混成第四四旅団を中部前線に投入することを決定した。「そのために南部から前線へ弾薬、糧秣を運搬することになった。元気な男女は、洞窟からかり出され、『義勇隊』と称して鉄火の荒れ狂う山野を、弾薬や糧秣の運搬に従事した。そのために砲爆撃により多数の住民が死んでいった」と那覇警察署警部だった山川泰邦は語っている（山川泰邦『秘録沖縄戦記』二七二頁）。

この会議後の五月一日、県庁組織を改編し、知事を総帥として、警察部を除く全職員によって沖縄県後方指導挺身隊が編成された。警察部はすでに二月に警察警備隊が編成されて戦時体制に入っていた。この後方指導挺身隊は、戦意昂揚、夜間増産、壕生活指導の三つを主な任務とした（浦崎純『消えた沖縄県』一三五―一三六頁）。

県庁幹部だった浦崎純は各壕を回って町村の指導にあたったが、「（町村の）壕内には戸籍簿をはじめ、土地台帳、図面その他の重要書類がギッシリ持ちこまれていた。そこで部隊命令による防衛隊や義勇隊（可働力のある男女で編成された糧秣弾薬の輸送隊で大体六〇才まで編入されていた）を召集する動員業務も行なっていた」と語っており、五月になっても動員業務が継続していたことがわかる（同前・一四〇頁）。

知事や警察部長らが南部に撤退する途中の五月二九日、与座岳の第二四師団司令部の壕で、師団参謀らと知事との間で「住民の戦闘協力についての協議会」が開かれ、山川警部の証言によると、避難民を知念半島に誘導することと同時に「警察官は避難民をかり集め、弾薬、糧秣を運搬させること」が決められた。こうした「警察の最後の活動が、砲弾のあらしの下で、多数の犠牲者を出しながらつづけられた。かり出された人々は、泣き叫ぶ妻子と別れ、炸裂《さくれつ》する砲弾の中を泥まみれになって、米俵や弾薬を背負って、黙々と運搬作業に従事した。おおうべくもない敗戦、それを知りながら家族と別れて、最後の土壇場まで歯を食いしばって重い弾薬箱を運んでいた住民の姿は、まことに悲惨であった」という（山川泰邦『秘録沖縄戦記』二七二—二七三頁）。

軍と県によって義勇隊員として動員された人々は、砲爆撃が荒れ狂う「鉄の暴風」のなかでの弾薬・食糧の運搬だけでなく斬り込みなど事実上の特攻任務にも使われた。島田知事は着任以来、「県民総武装」を唱えていたが、最後まで一貫してそれを実行し続けたと言えるだろう。

県知事が義勇隊を編成し県民を戦場に動員したことは本土決戦準備を進めていた内務省から高く評価された。後に内務省は島田叡の「功績調書」のなかで「敵の同島来寇必至の情勢を察知して国民義勇隊を独創結成」したことを功績として挙げている。また本土決戦準備が叫ばれていた一九四五年七月九日付で内務大臣安倍源基は沖縄県知事島田叡に賞詞を与え、「軍作戦に協力して挙県一体撃滅一途に邁進《まいしん》」する責務をおこなったことを「官吏の亀鑑《きかん》」だと称えた（「朝日新聞」一九四五年七月一〇日）。

本土決戦の先取りとしての沖縄戦

義勇隊など軍と県が進めた住民の戦闘員としての動員は本土決戦の先取りとも言える。沖縄戦の段階では義勇隊は法的根拠がないままに沖縄県主導でおこなわれるが、政府・軍は本土決戦にあたっては法的根拠をつくって徹底した戦場動員を図った。それが国民義勇隊、さらに軍事組織としての国民義勇戦闘隊である。

沖縄戦が始まったばかりの一九四五年四月八日、陸軍大臣は「決戦訓」を示達し、「皇軍将兵は皇土を死守すべし」「皇土は、天皇在《ま》しまし、神霊鎮まり給《たま》ふの地なり」と天皇の地を守るために命を投げ出すことを将兵に求めた。四月二〇日には大本営陸軍部が『国土決戦教令』を出し、その「第十四」では、「敵は住民、婦女、老幼を先頭に立てて前進し我が戦意の消磨を計ることあるべし　斯《か》かる場合我が同胞は己《おの》が生命の長きを希《ねが》はんよりは皇国の戦捷《せんしょう》を祈念しあるを信じ敵兵撃滅に躊躇すべからず」と住民の生命よりも戦闘で勝つことを優先せよと命じていた。

さらに大本営陸軍部は四月二五日付で『国民抗戦必携』を出した。これは一般国民向けのものであり、その冒頭「敵若し本土に上陸し来つたならば、一億総特攻に依り之を撃滅し、郷土を守り皇国を絶対に護持せねばならぬ」とし、「国民義勇隊は戦闘の訓練を実施し、……挺進斬込に依つて敵を殺傷し軍の作戦に協力せねばならぬ」とうたっている。

この国民義勇隊は、三月二三日に閣議決定されて編成されることになった組織であるが、当初は戦闘部隊ではなく防空や被害復旧、食糧増産、陣地構築など軍への後方支援や労務動員という性格を持っており、六五歳以下の男と四五歳以下の女がこれに動員されることになっていた。しかしいざという場合には戦闘部隊に「転移」することが予定され、それが六月に法制化された国民義勇戦闘隊である。これは義勇兵役法に基づいて兵士として幅広い男女国民（一五歳から六〇歳の男子と一七歳から四〇歳の女子）を召集しようとする軍隊組織だった。

『国民抗戦必携』はそのための図解入りマニュアルである。爆雷を持って戦車に突撃するような事実上の特攻攻撃や、刀槍《とうそう》、鎌、ナタ、出刃包丁、鳶口《とびぐち》で米兵を襲うなどの戦法が紹介されている。しかしここで紹介された戦法は、すでに沖縄戦において兵士だけでなく義勇隊など一般の男女住民にもさせていたものであった。

なお本土で学徒隊を学徒義勇隊として編成し、軍隊組織である国民義勇戦闘隊に転化させる方針が取られたが、この方法は――防衛召集に代わって義勇兵役が導入されたことを除くと――沖縄で軍と県が一致しておこなった方法とよく似ている（斉藤利彦『国民義勇戦闘隊と学徒

図4-1　国民抗戦必携

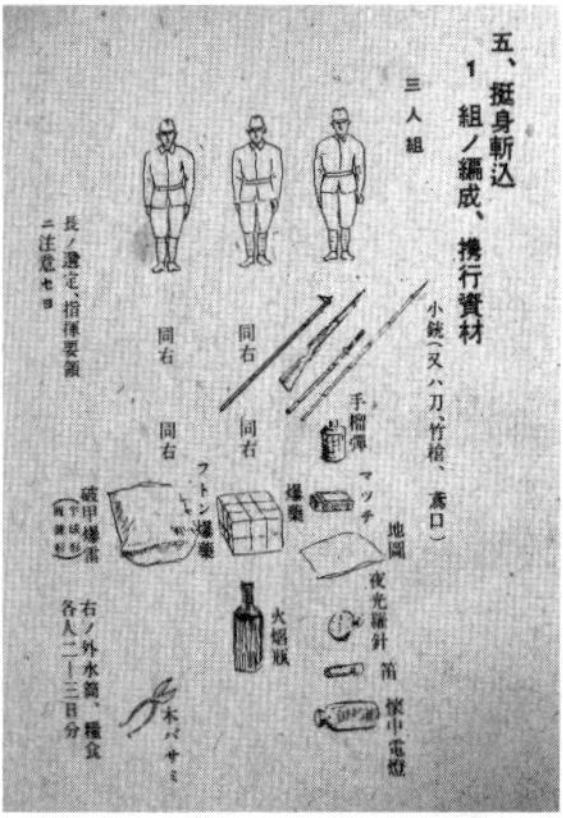
五、挺身斬込
1 組ノ編成、携行資材
三人組
小銃（又ハ刀、竹槍、鳶口）
手榴弾
マッチ
地図
夜光羅針
笛
懐中電燈
爆薬
フトン爆雷
火焔瓶
破甲爆雷
木バサミ
同右
同右
同右
同右
右ノ外水筒、糧食各人二―三日分
長ノ選定、指揮要領ニ注意セヨ

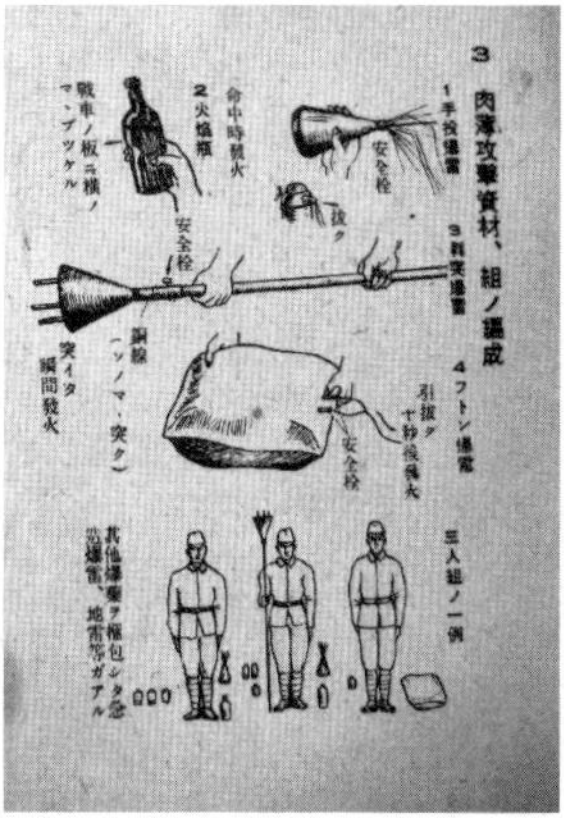
3 肉薄攻撃資材、組ノ編成
1 手投爆雷
安全栓
抜ク
2 火焔瓶
命中時発火
戦車ノ板ニ横ノママ、ブツケル
安全栓
3 刺突爆雷
突イタ瞬間発火
4 フトン爆雷
引抜ク
十秒後発火
安全栓
三人組ノ一例
其他爆薬ヲ梱包シタ急造爆雷、地雷等ガアル

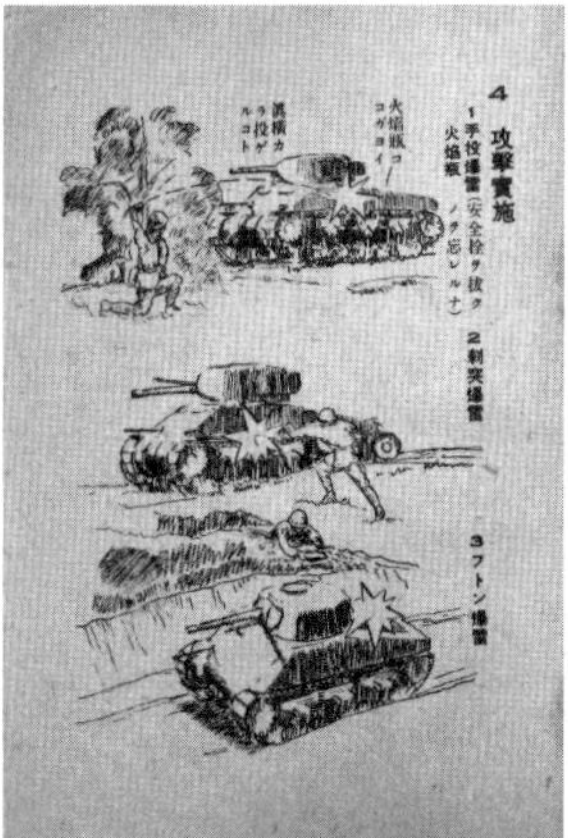
4 攻撃實施
1 手投爆雷（安全栓ヲ抜クノヲ忘レルナ）
火焔瓶
2 刺突爆雷
3 フトン爆雷

四、白兵戦闘、格闘
1 刀 槍
背ノ高イヤンキー共ノ腹ヲ突ケ、斬ルナ、ハラフナ
2 鎌、ナタ、玄能、出刃包丁、鳶口
後カラ奇襲セヨ
3尺
3 格闘
其ノ他柔道、唐手ノ手ヲ用フル
睾丸ヲ蹴ル
水落チヲ突ク

隊』一七六頁）。島田知事が本土決戦準備を進める内務省から高く評価されたことがよく理解できる。

この国民義勇戦闘隊は、本土決戦がおこなわれなかったために実際に戦闘に駆り出されることはなかったかのように思われるむきもあるが、樺太《からふと》では実戦に投入された。四五年三月に国民義勇隊として編成され、ソ連軍が侵攻した八月、国民義勇戦闘隊となった。しかし一部に小銃や猟銃があったが多くは竹槍や日本刀、鎌、鍬などしかなかった。にもかかわらず敵戦車を阻止する任務など最前線に投入され多くが犠牲になった（同前・二二〇―二二九頁）。まともな武器もなく軍事訓練もしていない多くの人々を戦闘員として駆り出し、持久戦をはかった正規軍（第八八師団）の前方に送り込まれて多くの犠牲を出した。つまり「捨て石」とされたのである（井澗裕「樺太国民義勇戦闘隊」三七二頁）。

しかし同時に樺太では日本軍憲兵や国民義勇戦闘隊、あるいは義勇戦闘隊の中心であった在郷軍人らによって数多くの朝鮮人虐殺事件が起きている。憲兵を除くと、その直前までは近くに住んでいた普通の住民たちが、朝鮮人は敵のスパイである、あるいは朝鮮人が日本人を殺すかもしれないとして、猟銃や日本刀、斧《おの》、鉈《なた》、スコップなどで朝鮮人を女性や子どもも含めて惨殺していった。瑞穂村《みずほむら》では近くの真岡にソ連軍が上陸した八月二〇日から二三日にかけて乳幼児を含めて二七人の朝鮮人が虐殺された（林えいだい『増補版　証言・樺太朝鮮人虐殺事件』、崔吉城「サハリン瑞穂村の朝鮮人虐殺事件」)。

関東大震災直後の朝鮮人虐殺を思い起こさせるようなことが終戦前後の樺太でも起きていた。樺太に関する戦史の多くはこうしたことは見て見ぬふりをしているが、もっぱら日本軍が勇敢に戦ったという戦闘だけにしか関心を持たない自衛隊らの沖縄戦の戦史と共通するものがある。

海の墓場に駆り出された漁船と漁民たち

沖縄の各地の港に所属していた小型の船舶(漁船を含む)も船員・漁民たちとともに軍に動員された。一般に戦時遭難船舶という場合、一〇〇トン以上の商船を指すことが多いが、それ以下の小型船舶(通常、沿岸近海用)も軍によって徴用された。日本全体で民間船舶の戦死者数は約六万六〇〇〇人とされているが、このうち約三万人あまりは小型船舶の犠牲者だった(大内建二『戦う日本漁船』三一—五、一四九—一五五頁)。

米軍の沖縄軍政府経済部が一九四五年九月一日時点でまとめた報告書によると、戦前、合計約三〇〇〇艘あった漁船の約半数の一五〇〇艘が損壊したとされている(名護3—3・一七五頁)。

いくつかの事例を見ると、座間味島では一九四四年五月に第七船舶輸送司令部沖縄支部が、座間味村の全漁船を徴用した。新盛丸、新興丸、英泉丸　蛭子丸　盛興丸の五隻で、それぞれ一二から一三トン、乗組員二〇人が乗っており、漁撈《ぎょろう》班として漁獲した魚を全部、軍に納めることになった。各船には兵士一名が乗っていたが、十・十空襲によって英泉丸は撃沈され（乗組員全員助かる）、盛興丸も撃沈されて五名が死亡した。残り三隻はその後、那覇と座間味の軍需物資の輸送にあたったが、翌年三月二三日、残っていた三隻も撃沈された（「第十七号第二種軍属に関する書類綴」、以下本項で注記のないものはこの史料より）。

東海岸の与那原《よなばる》では、一九四四年八月以降、与那原港在籍の山原船《やんばるせん》（北部の山原と那覇との間の物資運搬船）約三〇隻が徴用され、国頭から坑木の丸太、薪、糧秣、野菜などの運搬にあたった。そのなかで長嶺丸（一八トン）は重砲兵第七連隊に徴用されて金武方面から松丸太、薪、糧秣などの運搬にあたったが、一九四五年三月二三日、国頭から帰る途中に機銃掃射を受けて沈没、ふたりが死亡した。ほかにも十・十空襲や米軍上陸前の空襲などによって沈められた船も少なくなかった。

本部町水産組合の漁船四隻も一九四四年八月に徴用されて漁撈班となった（大栄丸三〇トン二三名、海龍丸三〇トン二二名、進栄丸八トン一一名、長栄丸八トン一二名）。しかし十・十空襲で大栄丸は潜水艦と飛行機から攻撃を受けて一四人が戦死し沈没した。ほかの船も攻撃を受けて死者を出したが、この時は帰還することができた。ただ船は損害を受けて使用不能となり漁撈班の任務を解かれた。これらの漁船では計二〇人が戦死している。

四四年一一月に第三二軍野戦貨物廠と糸満町の追い込み漁業責任者との間で契約がなされて、

漁夫約四〇人が軍属として採用されて野戦貨物廠漁撈班が編成された。発動機船一、刳舟《くりぶね》（丸太をくりぬいてつくった舟）六、計七隻が徴用され、漁獲物を軍に納入することとなった。しかし翌年三月初旬には漁撈班は南風原村津嘉山《つかざん》に移動し防衛隊に再編されて若年者はそのまま軍属として軍と一緒に行動し、六月初めに摩文仁で解散した。

石垣島の船は台湾に疎開したが、台湾の軍の要請により与那国島近海で漁業をやるように指示された。第三日向丸は四五年一月三日、乗組員二七人とともに与那国島の南東に出漁したが戻ってこなかった。この日は米軍の大規模な空襲がなされ撃沈されたと見られている。

このように漁船やその他の船舶は乗組員ごと軍に徴用され米軍の攻撃によって沈められ、多くの命も失われた。船上では生き延びたとしても、船を失ってからは多くが防衛隊員などとして地上戦に動員された。

戦後の援護業務の関連で作成された遭難船舶に関する史料によると、十・十空襲や大きな空襲のあった四五年三月一日に撃沈された船が多いが、それ以外の日にも撃沈されており、危険な業務だったことがわかる。漁民や船員たちは米軍上陸前にすでに海の戦場に駆り出されていたのである。

なお海軍は鹿児島からマニラに向けて機帆船四隻を派遣し途中、久米島に寄港した。四五年一月二二日に久米島を出航したが沖合で米軍機の攻撃を受けて全滅した（大内建二『戦う日本漁船』一四四―一四五頁）。

こうした小型船舶を日本軍は、特設監視艇（敵航空機や艦隊、潜水艦などの監視）や特設駆潜艇（敵潜水艦の発見攻撃）、特設掃海艇（機雷の除去など）、将兵や物資輸送などの雑役船などとして利用した。フィリピンやインドネシアなどでも漁業のために移民・出稼ぎで行っていた沖縄の漁民たちが同じように利用されて犠牲を出した。沖縄ではここで紹介した漁撈や物資輸送以外にどのように利用されたかはよくわからない。

4　「集団自決」

日本軍の強制と誘導によって引き起こされたのが「集団自決」である。ここでは主なケースを見ていきたい（詳細や典拠は林博史『沖縄戦　強制された「集団自決」』参照）。

慶良間列島

慶良間列島には㋹（マルレ）と呼ばれた長さ五メートルほどのひとり乗りのベニヤ板製で、爆雷をつけて敵艦に体当たりをする特攻艇の海上挺進戦隊が配備されていた。三月二六日に座間味島に米軍が上陸したが前日夜から艦砲射撃が激しくなった。それぞれの壕に避難していた島の人々に「玉砕命令が下った」と忠魂碑の前に集まるように伝えられた。砲撃のなかで多くが忠魂碑に集まることができなかったが、それぞれの壕で集団で自決がおこなわれた。村長や助役など役場職員とその家族が入った壕では六七人が亡くなり、その話が伝わった校長のいた壕では校長の音頭で「天皇陛下万歳」を三唱し手榴弾を爆発させるなどいくつかの壕で合わせて一七七人が「集団自決」で亡くなったとされている。村の助役（兵事主任兼務）の家族は「軍から自決しなさいと言われている」と語っている。忠魂碑は戦死の象徴であり、多くの島民は将兵から「万が一のことがあったら、自決しなさい」と手榴弾を渡されていた（宮城晴美『新版　母の遺したもの』、謝花直美『証言　沖縄「集団自決」』）。

同じ日に米軍が上陸した慶留間島では五三人が「集団自決」で亡くなったとされている。この島の島民たちは隣の阿嘉島にいた海上挺進戦隊長から「敵上陸のあかつきには全員玉砕あるのみ」という訓示を聞かされていた。また日本兵から中国でおこなった残虐行為や米軍は女性は強かんして殺すなどの話を聞かされていた。この島ではひもを使って首を絞めたり、首を吊って自決がおこなわれているケースが多い。

二七日に米軍が上陸した渡嘉敷島では、二六日から日本軍は特攻艇を自沈して山中の陣地に集結、島民もその近くの谷間などに集められた。この島では多くの島民にあらかじめ手榴弾が配布されていた。上陸前夜、軍から自決命令が出たという情報が島民たちに伝えられ、さらに手榴弾が配布され、各所で手榴弾により自決が始まった。手榴弾では死に切れない家族がいると男たちが鎌やカミソリ、石、木などで殺した。三三〇人が「集団自決」の犠牲になったとされている。

これらの慶良間列島の島々に共通しているのは、特攻艇部隊が駐屯し外部から遮断された孤島でとりわけ厳しい情報統制下に置かれていたこと、いざという時は自決するようにあらかじめ戦隊長や多くの将兵から言われ、その手段である手榴弾が何度も配られていたことである。そしてもはやこれまでという状況下で「集団自決」が起きた。しかし軍の将兵やほかの島民たちが生き残っているという情報が伝わり、あるいは米軍が残虐なことをするどころか負傷した人々を助け治療しているという情報が伝わると、もはや自決はおこなわれなくなった。慶良間列島に上陸した米軍の報告書によると、民間人たちは「日本兵たちから、米軍が上陸してきたときには、家族を殺せと諭されていた」と証言、そのことに「非常に憤慨」し、「ある民間人は恨みを晴らそうとある日本兵捕虜を殺そうとしたほどである」と記されている。

沖縄本島中部

四月一日に米軍は沖縄本島に上陸したが、その上陸地点である読谷村波平のチビチリガマで避難していた一四〇人中八三人が「集団自決」で亡くなった。八三人のうち一五歳以下が四七人、国民学校生以下の一二歳以下でも四一人を占めている。

一日に米軍がやってきたところ男たちが竹槍でやっつけようとして機関銃でやられてしまった。翌日、米軍がガマにやってくると、一八歳の少女が米兵に強かんされるよりはと母親の手で包丁で死に、さらに元従軍看護婦が「軍人はほんとうに残虐な殺し方をするよ。うちは中国でさんざん見ているから、よく知っている」と言って、毒薬を親戚に注射し始めた。さらに中国従軍の経験のある元兵士がガマの途中のくびれたところに布団を重ねて火をつけて死を主導した。上陸直前までいた日本軍はこの時点では移動していなかったが、中国戦線を経験した元従軍看護婦と元兵士が日本軍の代弁者の役割を果たした。

このチビチリガマは小さなひょうたん形のガマで窒息死が多かったと見られる。ただ日本軍がいなかったために外に出て助かった人も少なくなかった。読谷は日本軍の飛行場があって多くの軍人が駐留しており、日本軍の中国での経験と米兵の残虐さの話が日本兵によって人々に繰り返されていた地でもある。読谷村ではほかにも何か所かで「集団自決」が起き、その犠牲者は合わせて一三〇人とされておりほとんどは六日までに起きている（読谷5上・四六一―四六八頁、下嶋哲朗『チビチリガマの集団自決』一〇〇―一二八頁）。

ただ読谷村波平の区民多数が避難していたシムクガマでは、ハワイ帰りのふたりが主導して米軍に投降し一〇〇〇人の住民の命を救ったことはすでに紹介した。

中部の美里村《みさとそん》（現在の沖縄市）では四月二日に米軍が進攻、部隊が壊滅状態になった時、部隊長は防衛隊員に対して「自分の家族を始末せよ。米軍に捕まってスパイになるならたたき切る」と言って家に戻した。その結果、いくつかの家族合わせて四〇人以上が犠牲になったと見られる。

四日には具志川城址の壕で竹槍と手榴弾で武装していた警防団の男女が米軍に攻撃を受けて壕内で手榴弾を爆発させて二三人中一三人が死亡した。ここにいた日本軍は三月末に移動したが、若い女性たちは「一個はできるだけ多くの敵を殺し、一個は自決用に」とひとり二個ずつ手榴弾を渡され、爆発させる方法も教えられていた。

伊江島

米軍が上陸して日本軍が追い詰められるなか、伊江島のアハシャガマでは四月二二日、約一二〇名が避難していたところに米軍に追われた防衛隊員たちが逃げ込んできた。壕が米軍の攻撃を受け、投降勧告がなされたが、防衛隊員たちが持ち込んだ手榴弾や爆雷を爆発させた。サンダタ壕では日本軍から「捕虜になるくらいなら、子どもを先に殺し、その後に親は自決しなさい」と手榴弾が各家族に渡されており、それを使って自決が図られた。この島ではいくつかの壕で、軍民が混在するなかで「集団自決」がおこなわれた。

山城悦さんの証言によると、兵隊たちが「負けたらどんなに惨めなことになるか、と自分たちの中国大陸での体験を引きあいに出して話していました。その内容は、今でも口にしたくないのですが、とにかく、この兵隊たちは中国の人たちにたいして、ずい分とひどいことをしてきたのですね。それをとくとくと話しながら、負けたらこうなるのだ、だから、もし、万が一負けるようなことにでもなれば、婦女子を殺して、自分たちも死ぬのだ、などといっているのです。そのとき、私は、兵隊たちの中国での体験談にたいして、もう止《よ》してくれ、それが人間のすることとか、そんな話は聞きたくない、といってやりました」（旧県史10・六四九頁）と語っている。伊江島で女子救護班に動員されていた大城シゲさんたちは、「米兵に捕まったら若い女性は強姦される、というような話を壕掘りなどの作業に出ている時にも兵隊たちからよく聞かされていました。だから米兵に捕まる前に死ねればいいのだけれど、生き残ってしまった場合は大変なことになると思って、救護班の役目だけでなく、兵隊と同じように弾運びや斬込みにも行きました。特に中国帰りの兵隊たちが、生き残ったら強姦されるから斬込みにも協力しなさいと言っていました。日本兵が中国の人たちを強姦した話は支那事変の帰還兵だった伊江島出身のゲンエイさんが『若い人は皆強姦されよった』と話していましたから、これを聞いて、生き残ったら大変と思い、早く死なないといけないと思っていました」と語っている（『伊江島の戦中・戦後体験記録』七五〇頁）。

このように恐怖心を煽ることによって若い女性たちを戦場動員し、いざという場合には自決させる宣伝が徹底しておこなわれていたことがわかる。

以上のように地域社会ぐるみでの比較的大人数の「集団自決」は米軍上陸当初、特に離島に多い。その後は、南部撤退後、南部のあちこちで避難していた住民が「集団自決」をおこなったケースがたくさんある。人数が多いケースとしては六月二〇日、米須《こめす》のカミントウガマで米軍の投降の呼びかけにもかかわらず防衛隊員たちが持ち込んだ手榴弾で二二家族五八人が犠牲になった。このガマの入り口に日本兵ふたりがいたことも重要な点である。南部では兵士である防衛隊員が住民のなかに逃げてきて、彼らが持ち込んだ手榴弾が使われたケースが多いようである。

沖縄以外

沖縄の「集団自決」と同じようなケースは、戦場に在留邦人が多数いた場所、具体的にはサイパンやテニアン、グアム、フィリピンのパナイ島などでも起きていた。いずれも日本軍の中国などでの残虐行為が語られ、米軍の残虐さの宣伝がおこなわれており、また軍民混在のなかで米軍への投降を許されなかったなど沖縄と同じ状況があった。フィリピンの場合は、兵士からの体験談にとどまらず日本軍による現地住民に対する残虐行為などを実際に見聞きしていた。満州ではソ連軍の侵攻を受けて逃げ惑う開拓団のなかで「集団自決」が起きている。そこでは「沖縄の人たちも最期を飾って自決した」と沖縄の例がしばしば持ち出されて、「沖縄に続くんだ」と語られていた。ソ連軍のひどさは米軍とは違っていたので同じ状況とは言えないが、開拓団は幹部が武装した準軍事組織であった。

ただいずれのケースでも、民間人であっても敵に捕まることを許さない日本軍による強制と誘導が大きな要因となっていた。

また宮崎県で学校の生徒たちを集めて真ん中で手榴弾を爆発させる訓練がおこなわれていた（NHK宮崎放送局「知られざる本土決戦」二〇一五年五月一五日放送）。もし本土決戦がおこなわれていたならば、日本本土でも「集団自決」が広範に起きていたと思われる。

起きなかった地域・島々

慶良間列島のなかでも「集団自決」が起きなかった島々がある。渡嘉敷島の東にある前島には日本軍はいなかった。米軍が上陸してくると国民学校分校長が島民をまとめて集団で投降して島民に犠牲はなかった。分校長は元上等兵で「上海事変に従軍した経験からいっても、兵隊がいなければ相手方の兵隊は危害を加えないものだという信念」を持っており、彼は島民に

「どんなことがあっても生きのびよ」と教えていたという（榊原昭二『沖縄・八十四日の戦い』一四二―一五〇頁）。

屋嘉比島ではすでに紹介したように（本書九六頁）、一部で「自決」をした人もいたが、五〇〇人以上の人々は所長の判断で米軍に投降して助かった（座間味下・一七〇―一八三頁）。日本軍がいなかったので集団投降が可能になったと言えるだろう。

慶良間列島で海上挺進戦隊が駐留していたが「集団自決」が起きなかったのが阿嘉島である。この島でも島民たちは玉砕を当然のことと受け止める状況は同じだったが、三月二六日に米軍が上陸したが二九日には引き上げて座間味島に戻り、島民が避難していた山中にまで追ってこなかった。また朝鮮人軍夫を引き連れて集団で投降した少尉がおり、彼は日頃から島民に対して「国のために死んではいけない」、自分は敵が上陸したら逃げると公言していた。また米軍が上陸した時に斬り込みを指揮した大尉が住民たちに「俺たちが帰るまで、死んではいけない」と諭したこともあった（中村仁勇『沖縄・阿嘉島の戦闘』一〇八―一一二頁）。そうした要因が重なって「集団自決」が起こらなかったと見られる。

慶良間列島の北方にある粟国島でも「集団自決」は起きなかった（本書一五二頁）。日本軍がいなかったので投降しようと公然と主張できたことが大きかった。

勝連《かつれん》半島の先にあるいくつかの島々のケースは第三章―7で紹介した。

全体として日本軍がいないところでは、米軍にすみやかに占領され、住民は集団で投降して助かったケースが多い。日本軍が駐留していた慶良間列島のような外部から隔離され、閉ざされた狭い空間で逃げ場がない場所で、日本軍も島民もみな死ぬしかないと思わされた状況下で「集団自決」が起きている。米軍に追い詰められたとしても集団投降できる条件があれば生きようとしたのであり、要因は米軍以外にあった。

なぜ「集団自決」が起きたのか

慶良間列島は特攻艇の秘密基地として特に機密保持のために厳しい規制が敷かれていた。離島で軍が絶対的な力を持ち、軍の下で島の共同体の規制力も強かった。軍と島民が密接な関係にあるなかで、米兵の残虐行為の話を通じて捕まった場合の恐怖心を繰り返し煽られた。伊江島も早くから飛行場建設のために多くの軍人が駐留し、かつ住民の戦闘員化が徹底して図られた島だった。読谷のチビチリガマのように元兵士、元従軍看護婦が重要な役割を果たしたケースや警防団など武装した事実上の軍隊組織が主導したケース、ほかの場合でも軍から渡された手榴弾が使われたことが多い。

一九四四年六―七月のサイパン戦の際に参謀本部と陸軍省の会議で在留邦人の扱いが問題となった時、「女小供玉砕してもらひ度しとの考へが良いとの意見」「女小供自発的意志に於て皇軍と共に戦ひ生死苦楽を共にするになれば、誠に大和民族の気魂は世界及び歴史に示さる事が願はしい」という意見が出されていた（詳細は、林博史『沖縄戦　強制された「集団自決」』一四七―一六二頁）。

この直後から、サイパンなどで「非戦闘員たる婦女子」までもが「潔く死を選んだ」ことが「民族を挙げた日本国民の敢闘精神、愛国心の強烈さ」（「朝日新聞」一九四四年八月一九日）だとして称えるキャンペーンが始まった。同時に「いたいけな子供は親の手から引き離されて彼等のためになぶり殺され去勢されて遂《つい》に我等の意志を継ぎ得ず、愛するわれらの妻や娘や恋人たちは老若を問はず、すべて米鬼に暴行を加へられたあげく、最後に悪質の病毒を感染せしめられ廃人と化し去らねばならぬのである」というように子どもや女性も残虐なことをされるというキャンペーンがなされるようになった（「読売報知」一九四四年八月八日）。こうした報道は、「敵に対する敵愾心《てきがいしん》の激成」を図るために「米英人の残忍性を実例を挙げて示」せという政府の政策に従っておこなわれたものだった（閣議決定「決戦輿論指導方策要綱」一九四四年一〇月六日）。

「集団自決」を含めて民間人に死を強いた大きな要因は個々の将兵の体験談にとどまらず、日本軍と政府による組織的な誘導だったのである。

民間人であっても捕虜になることを認めない軍・政府の方針の下で、地域社会のなかでは村長や学校長などの指導者たち、在郷軍人を含む翼賛壮年団や警防団員らの大人の男たち（彼らの多くは防衛隊員として召集されて兵士となり手榴弾を地域に持ち込んできた）が発言権を持ち「集団自決」を主導する役割を果たした。慶良間列島での「集団自決」が大規模だったのは軍の統率下に置かれた地域社会の統制圧力の強さの反映であろう。

ただし彼らも一枚岩ではなく、移民帰りのなかには英語やスペイン語ができて軍や政府の宣伝を鵜呑《うの》みにしなかった者が多かったし、日本軍がいなければ、生きようとする意思を言える人々も少なくなかった。

「集団自決」は、軍の絶対的な支配下において、軍は地域社会の支配構造を利用して地域住民に死を強制し、地域社会においては指導者たちが主導しながら、自分では死に切れない者たち、特に女性や子どもたちを確実に死なせる役割が各家の男たち（家長とそれを継ぐべき青年男子）に与えられた。男系の家制度の下では女性の純潔が重視され、若い女性たちが米軍に捕まって凌辱されることを恐れていた。女性差別の構造が利用されていたのであり、軍と天皇制国家の地域支配・家制度を利用して人々を死に追い込んでいったと言ってよいだろう。

自決を思いとどまった人たちの証言を見ると、米軍が民間人に親切にしているという情報が伝えられた時、ガマのなかにいて外のみんな（軍人も地域の人々も）は死んでしまったと信じ込んでいたのに実はたくさん生き残っていたことを知った時、そして周りに投降を阻止するような日本軍がいなかった時に米軍に投降して生きることを選択している。

皇民化教育が「集団自決」を引き起こした背景のひとつにはあるだろうが、それが直接の理由とは言えないだろう。徹底した皇民化教育を受けた青年であり、渡嘉敷島で家族に手をかけた金城重明さんは、その後、全滅したとばかり思っていた日本軍と出会い「大きな衝撃」を受け、日本軍への「不信感と憤り」がこみ上げてきて、「この時、軍との連帯感は音を立てて崩れ落ちた」という。そしてさらに「他の住民が生き残っていることを知らされた時、第二の衝撃を受けました」と振り返っている（金城重明『「集団自決」を心に刻んで』五六頁）。

皇民化教育以上に米軍に捕まると残虐なことをされたうえで殺される（特に若い女性の場合は強かんされる）という恐怖心を煽る宣伝・教育が軍や行政、学校、メディアなどさまざまなルートを通じて徹底的になされていたことが大きいだろう。また「軍官民共生共死の一体化」が叫ばれ、軍とともに住民も玉砕するのだという意識が叩き込まれていた。米軍に投降しようとするものは「非国民」、裏切者であるという意識も吹き込まれていた。そして多くの「集団自決」で使われた手榴弾があらかじめ軍から民間人に配られていたことも大きい。手榴弾を渡すこと自体に、いざという場合にはこれで自決せよという意味が込められていた。「集団自決」は日本国家、特に日本軍の強制と誘導によって引き起こされたと言うべきである。

ところで「集団自決」は、日本軍に殺された住民虐殺のようなケースとは違って、自らが死ぬことを納得させられたり、あるいは死ぬしか選択肢がないと思い込まされ、あるいは死ぬことを受け入れさせられている。子どもたちは自ら死を選ぶことはできないので、直接的には肉親によって殺されるという形をとった。人々を（特にその内面にまで）そうさせるまでに追い込んだものこそが問題であり、だからこそ、この問題を深く分析しようとする研究はみな――下嶋哲朗、宮城晴美、屋嘉比《やかび》収《おさむ》の各氏、筆者も含めて――「集団自決」という用語を括弧付きで使って分析してきた（屋嘉比氏は「強制的集団自殺」という用語を使うが、自決／自殺という特徴をとらえようとする点では共通する）。この問題は天皇制国家、天皇の軍隊＝皇軍の分析と不可分であろう。しかし「強制集団死」という把握の仕方では、ただ日本軍が強制したと主張するだけで、人々の内面をそこまで追い込んだものをあきらかにしようとする問題意識が欠落し、「集団自決」の最も重要な特徴から目を背けてしまっている。「強制集団死」の観点からはこの問題を深く分析した研究はまったくないし、そうした分析はできないだろう。

5　学徒隊

当時の学校制度は、国民学校（一九四一年に小学校から改称）の上に中等学校（男子は中学校、実業学校、女子は高等女学校）があり、中学校や国民学校高等科の上に師範学校とその女子部があった。つまり中等学校生（五年制、なお実業学校は三―四年制）は現在の中学生から高校生、師範学校生は最上級が現在の大学二年生にあたる。一四歳以上で動員された学徒が多いので、現在の制度では中学三年から高校生が中心であり、一部大学の低学年も含まれると言える。

沖縄のこれらの中等学校は表4－1のように男子一二校（本島九）、女子一〇校（本島七）あった。進学率は実業学校を含めてもおよそ一割か一割台と推定される。

一九三〇年代前半までに多様な考え方を持つ教員は徹底して弾圧排除され、三〇年代後半、特に日中戦争が始まった三七年以降は軍国主義・皇民化教育が徹底されていく。学徒隊に動員された学徒は小学校からそうした教育を受けてきた世代にあたる。男子学徒の軍事訓練は一九二〇年代から学校教練によって始まっており、一九三八年以降は女子も軍事訓練と同様の訓練がおこなわれるようになった。「手榴弾突撃」のような競技も体育に取り入れられていた。四四年春からは政府の「決戦非常措置要綱」を受けて、ちょうど第三二軍が沖縄に創設されたこともあり、飛行場や陣地づくりに動員された。

疎開しようとする学徒たちを学校当局が「非国民」呼ばわりすることもあった。特に師範学校（女子部も含めて）ではそれが厳しかった。西岡一義女子部長は朝礼の訓示で、毎度のように「戦争に負ければ山河はない。何処《どこ》へ行っても同じだ。自分たちの島は自分たちで守れ」と疎開する者を「非国民」呼ばわりしていた（ひめゆり同窓会相思樹会『戦争と平和のはざまで』二四九

表4-1　男女　学徒隊

●―男子学徒隊一覧表

	学校所在地	学徒隊	配属場所	動員数（教師含め）	戦死者数
沖縄師範学校男子部	那覇市首里	鉄血勤皇隊	首里→摩文仁	410名	235名
県立第一中学校	那覇市首里	鉄血勤皇隊・通信隊	鉄・首里→南部 通・首里→摩文仁	285名	約200名
県立第二中学校	那覇	鉄血勤皇隊・通信隊	鉄・北部（金武→本部） 通・浦添→南部	141名	115名
県立第三中学校	名護	鉄血勤皇隊・通信隊	鉄・北部（本部，名護） 通・北部（本部，名護）	363名	42名
県立工業学校	首里	鉄血勤皇隊・通信隊	鉄・八重瀬 通・首里，浦添→摩文仁	104名	95名
県立水産学校	那覇	鉄血勤皇隊・通信隊	鉄・北部（恩納→久志） 通・首里→摩文仁	50名	32名
県立農林学校	嘉手納	鉄血勤皇隊	嘉手納→本部，東村	140名	24名
那覇市立商工学校	那覇	鉄血勤皇隊・通信隊	鉄・首里→糸満 通・首里，浦添→南部	不明	114名
私立開南中学校	那覇	鉄血勤皇隊・通信隊	鉄・浦添，宜野湾 通・首里→南部	不明	不明
県立宮古中学校	宮古島	鉄血勤皇隊	宮古島島内	不明	0
県立八重山中学校	石垣島	鉄血勤皇隊	学校付近・於茂登岳	不明	0
県立八重山農学校	石垣島	鉄血勤皇隊	学校付近・於茂登岳	不明	0

●―女子学徒隊一覧

	学校所在地	学徒隊（通称）	配属場所	動員数（教師含む）	戦死者数
沖縄師範学校女子部 県立第一高等女学校	那覇市安里	ひめゆり学徒隊	南風原，他→糸満	240名	136名
県立第二高等女学校	那覇市松山	白梅学徒隊	東風平，八重瀬	46名	17名
県立第三高等女学校	名護市	なごらん学徒隊	本部町	10名	1名
県立首里高等女学校	那覇市首里	瑞泉学徒隊	南風原，他→糸満	61名	33名
私立沖縄積徳高等女学校	那覇市久茂地	積徳学徒隊	豊見城→糸満	25名	3名
私立昭和高等女学校	那覇市泊	梯梧学徒隊	南風原，識名→糸満	17名	9名
県立宮古高等女学校	宮古島市平良	宮古高女学徒隊	鏡原	48名	1名
県立八重山高等女学校	石垣市登野城	八重山高女学徒隊	開南，バンナ岳	約60名	1名
県立八重山農学校（女子）	石垣市大川	八重山農（女子）学徒隊		16名	0名

吉浜忍・林博史・吉川由紀編『沖縄戦を知る事典―非体験世代が語り継ぐ』吉川弘文館、120、125頁より

頁)。師範学校は学費もなく奨学金が出されていたので貧しい家庭の子どもでも進学できたが、女子部の生徒で疎開を申し出ると生徒主事から「これまで支給した官費を全額返してから疎開するように」言われた生徒もいた(那覇2中6・三四九―三六三頁、林博史『沖縄戦と民衆』一二四―一三一頁)。ただ他方でこっそりと必要な手続きはやるからと疎開を勧める教師もいた。四四年一二月、軍と県との間で、男子の下級生に通信訓練、女子上級生に看護訓練をおこなうことが決定された。

男子学徒隊

島田知事が着任して間もない四五年二月に男子の鉄血勤皇隊が編成され、軍と県との覚書によって男子学徒を兵士として召集する方策を秘かに準備し、米軍上陸間際にきちんとした法的手続きが取られないままに彼らを兵士として召集していった。同時に女子学徒たちは看護要員として動員されていった。

なお名護の県立第三中学校の学徒たちは四四年一〇月頃から遊撃隊によって法令をまったく無視して兵士として召集されていた。

鉄血勤皇隊に動員された男子学徒たちは兵士として戦闘にも駆り出され、あるいは一部は戦後沖縄県知事になった大田昌秀のように千早隊として住民が避難しているガマを回って戦意昂揚の宣伝活動をおこなった。通信隊に動員された下級生は、有線が使えなくなるとその点検修復や伝令として砲爆撃のなかを駆け回る任務を与えられて多くの犠牲を出した。

しかし学徒たちを兵士として戦場に駆り立てることにひそやかな抵抗をおこなった教師たちも少なくなかった。

師範学校男子部と県立第一中学（現在の首里高校）では後者の校長が「徹底した軍国主義者」だったこともあって徹底して動員されているが、県立二中では、那覇の校舎が十・十空襲で焼けてしまい、学校の配属将校だった高山中尉は、学徒隊の配属を決める際に北部の仮校舎で授業を再開するとして本部半島の国頭支隊への配属を主張した。二中生は那覇周辺の生徒が多く、そのため動員された学徒は少なかった。

県立農林学校では、配属将校が約二〇人の学徒を率いて別行動に出たが、多くの学徒を引率した教頭以下の教師たちは中部から北部の金武まで逃げ、そこで配属将校と連絡を取り、食糧も武器弾薬もないのであれば解散せよと指示を受け、教師たちが協議して四月三日（または四日）には隊を解散して学徒たちを家族の下に帰した（県立農林第42期回想録編集委員会編『比謝の流れはとこしえに』）。この教頭だった安里源秀《あさとげんしゅう》さんは、東京高等師範学校生として東京の社会科学研究会に関わり沖縄の社会科学研究会の組織にも関わっていた人物であり、その後、鹿児島や青森、台湾などで勤務していたために直接の弾圧は免れ、四四年に沖縄に戻ってきていた。

彼は戦後、宜野座市長、琉球大学学長を務めた（安仁屋政昭『近代沖縄の民衆運動』二一七―二一九頁）。

教育や勤労動員では軍や県に従わざるをえなくても、戦場に生徒たちまで動員することには納得できなかった教師が少なからずいたことは生徒たちの証言からも確認できる。

女子学徒隊

師範学校女子部と県立第一高等女学校の学徒たちは引率する教師らとともに沖縄陸軍病院に（後にひめゆり学徒隊として知られるようになる）、県立第二高等女学校の学徒たち（白梅学徒隊）は第二四師団第一野戦病院に、その他の学徒たちも表4－1のように各野戦病院に配属された。女子学徒たちは次々に運ばれてくる負傷兵の治療の手伝いや食事・飲み水、排泄《はいせつ》の世話などにあたった。飯上げ（壕の外の炊事場から食事を運搬）や水汲《く》み、死体処理など砲爆撃のなかの危険な仕事も女子学徒が担った。

五月末に南部に撤退してからは実質的に病院としての機能は停止していたが、表4－2のようにひめゆり学徒隊の戦死者の圧倒的多数は解散後に生じている。もし壕の入り口に白旗と赤十字の旗を掲げ、米軍の呼びかけに応じて出ていれば戦死者のうち約八割は助かっていた。女

表4-2　ひめゆり学徒の死亡日

	死亡者数	同（%）	備考
4月	1		
5月	10		5月25日南部撤退
6月17日まで	7		6月18日解散命令
6月18日—24日	67	80.6%	6月19日　第3外科壕などで47名死亡
6月25日以降	8		
以上　計	93		死亡日不明　43
死亡者　総数	136		

『ひめゆり平和祈念資料館ガイドブック』66頁を基に作成
（注）死亡日不明のケースの多くは解散命令以降と見られるので、これを含めると解散命令以降の死亡者は86.8%になる。

子学徒であっても捕虜にさせない軍の考えが大きな犠牲を生み出した元凶であるし、そもそも戦場に動員したこと自体が無謀だった。

積徳《せきとく》高等女学校生徒の配属された第二四師団第二野戦病院長の小池勇助軍医など軍医によっては解散にあたって死なずに生き残るように語った者もいた（林博史『沖縄戦と民衆』二七七―二七八頁）。そうした軍医がいたこと自体は見ておかなければならないが、あまりにも遅かった。

なお女子学徒たちは自決をした者が多かったかのような誤解があるが、ひとりの教師が第一高等女学校の生徒ら九人を道連れに荒崎海岸で手榴弾を使って自決をしたのが稀《まれ》なケースだった。逆に自決しないように励ましていた教師も少なくなかった。彼女たちから手榴弾を取り上げ、米軍の捕虜になってでも生きるように言った兵士もいた。彼女たちは皇民化教育を徹底されていた世代であり、米軍への恐怖心を煽られていたので自ら捕虜になろうとすることはなくても、生き抜こうとして努力した。にもかかわらず戦場に放り出されて多くの生徒たちが亡くなった。

教師たちのなかには、軍国主義教育に凝り固まった者も少なくなかっただろうが、女子学徒たちまでも戦場に動員し死なせることには耐えられなかった者も少なくなかったように思える。かつては社会の矛盾、不合理に憤りを持ち、弾圧で抑えつけられたにしても、そうした思いが戦場のなかでの言動になんらかの影響を与えなかったのだろうか。

学徒たちや教師たちの沖縄戦体験を、自らお国のために命を捧げたという殉国美談にしてしまうのは、彼女たちを死に追いやった者を免罪し、生きようとした人たちの努力を否定する、ごまかしでしかないのではないだろうか。

ところで女性、特に若い少女たちを戦場に動員するうえで当時の女性差別・性別役割分業が巧妙に利用された。「私たちは立派な兵隊になり、天皇陛下のために死ぬのが日本男児だと思っていた」（琉球新報社会部編『未来に伝える沖縄戦』7・一六九頁）、「兵隊でなければ人でない」（名護3・六四八頁）などと軍国主義を煽る教育をおこないながら、兵士になれない少女たちに劣等感を抱かせ、それを逆手に取ってお前たちもお国のために働けると、徴用や女子学徒隊、義勇隊などに進んで参加させるようにした。

姉が軍人と結婚した女性は、「当時、軍人は長い刀を差して憧れの的だった」と語っている（名護3・六四八頁）。県立第二高等女学校の生徒だった崎山麗子さんは、中学校の男子生徒たちが少年航空隊や幼年学校などに入るのを「うらやましい気持ちで見て」おり、白梅学徒隊に動員された時、「いよいよお国のために役立つことができるのだ」と「ウキウキ」していたという（行田稔彦『生と死・いのちの証言　沖縄戦』二二二―二二三頁）。ひめゆり学徒隊が動員される時、師範学校女子部の西岡部長は生徒たちに向かって「君たちは女でありながらも国のために尽くすことができるのだ」という趣旨のことを話したという（同前・二七〇頁）。

米軍に捕まると強かんされると煽ることによって、生き残ることへの恐怖心を植え付け、それを弾運びや斬り込みに動員する手段に利用していたこともあった。中国での日本軍による強かんの話はその恐怖心を煽ったが、それだけでなく日本軍慰安所の存在は彼女たちの恐怖心を裏付け、米軍に捕まるともっとひどいことをされると恐れた。

六月初め頃、南部にいた時に鉄血勤皇隊の千早隊によって何枚かの「沖縄民報」（「沖縄新報」のことか？）が配られ、そこでは「『哀れ！　無智《むち》なる女性の末路』というような題で、命惜しさに敵陣に走った女性がさんざんもてあそばれた末に軍艦に乗せられ、どこへ連れて行かれるかも知らないで毎夜のように悲しい挽歌《ばんか》を海上にただよわせている、哀れ彼女らはいずれ日本の特攻機によって艦もろとも太平洋の藻屑《もくず》となっていくのだというような書きぶりであった」

という（西平英夫『ひめゆりの塔』一〇八頁）。米軍に捕まると性的にもてあそばれるという恐怖の宣伝が組織的になされていたことがうかがわれる。

女性差別の構造がさまざまな形で女性たちを戦争に駆り立て、しばしば死を強いることにつながったのである。

6　死を拒否した人々

沖縄の人々は天皇とお国のために命を捧げることを当然、あるいは名誉と考え、日本軍に協力して戦って死んでいったという殉国美談の物語ははたしてその通りなのだろうか。沖縄戦のなかを生き抜いた人たち、生きようとしながらも生きられなかった人たちのことを考えてみたい。

生きることを選んだ民間人

米軍が上陸し早期に米軍の支配下に入った地域から見ていこう。上陸地点の読谷では、チビチリガマの「集団自決」が起きたが、読谷村喜名《きな》の住民たちが避難していたナガサクの壕では、米兵がガマの外に来た時、自決したほうがいいという声があがったが、新垣正市さんは「死なないでください」と説得して投降した。彼は、八幡《やはた》製鉄所で働いていた時に米兵捕虜と一緒に寮生活をして親しくなり「アメリカ人も同じ人間だということのほうが実感だった」という（読谷5下・五一五頁）。投降したところ、日系二世の通訳兵が母の知り合いだったことがわかったという。別の人の証言では、すでに米軍に捕まっていた同じ字のおじいさんが「皆出てきなさい、降参しましょう、詫《わ》びしましょう」「一等国民にはかないませんよー、さあー、降参しましょう」と呼びかけたという（読谷5下・四九六頁）。

読谷村古堅では、避難していた比謝川沿いのガマでハワイ帰りのふたり（六三歳と五五歳）が英語ができたので、米軍に助けを求めて保護された。その後、そのふたりは米軍のパス（通行証）を持って住民に投降を呼びかけた（読谷5上・二二六頁）。読谷村渡具知のウガン山東のガマでは、米兵が来て「デテコイ」と言うので、ハワイ帰りの比嘉蒲さんが「ヘルプミー」と言って外に出た。その比嘉さんは、その後通訳として避難民の保護にあたった（同前・二〇九頁）。

読谷のシムクガマのことはすでに紹介したが、移民帰りなどの働きかけで助かった人々がたくさんいた。

米軍がすぐに進攻した東海岸の具志川では、具志川城址の壕で警防団員らの「集団自決」があったが、住民の多くが避難していたアラフチガマで、近くの海で三名の米兵が泳いでくるのが見えたので青年たちは米兵を殺そうと相談した。しかしハワイ帰りのおじいさんが説得してやめさせ「私がアメリカーたちと話をするからあんたたちは待っておきなさい」とひとりで外へ出て米兵と話をした。そのおじいさんが英語で米兵と話をし、「アメリカーは殺すことはしない、食べ物も着物もあるから」とみんなを説得してガマを出た（具志川5―I・一九六、二二九頁）。具志川のほかのガマでも、ハワイ帰りのおじいさんが手をあげて出て行って米兵と話をし、ガマのなかから住民を出して助かった。そのおじいさんは通訳をして、ほかのガマに隠れている住民も助け出した（同前・一七六頁）。

読谷とともに米軍上陸地点だった北谷村は、四月三日までには米軍に占領された。上勢頭のある壕ではハワイ帰りの与那覇三郎さんが「女、子供は絶対に殺さないから、女子供は全員そろって出ろ、男は出るな」と指示し、男たちは別の避難口から逃げたが残った者は子供を先頭に出て、彼が通訳をして保護された（上勢頭・四八七頁）。彼は前から「今度の戦争は必ず負けるよ。アメリカの物量に太刀打ちは出来ないよ」と友人にはっきりと言っていた（同前・三七二頁）。

上勢頭の別の壕では、手榴弾と竹槍で戦おうという青年もいたが、米兵が来た時に、ハワイ帰りのおじが壕のなかから英語で声をかけると「デテコイ」と言われたので出て行って、なかには住民しかいないと伝えた。すると全員を出すように言われて壕に戻ってきて、壕内の住民は出て保護された（同前・四六六頁、旧県史9・一一六―一一七頁）。

末吉利蒲とカメさんの夫婦は、ハワイで床屋をしていて開戦前に北谷に戻ってきていた。隠れていた墓に米兵が来た時、利蒲さんが「グッドモーニング」と言って出て行き「喜んだ米兵と話をし」た。そして彼は付近の壕を回って投降を呼びかけ、彼の呼びかけに応じて出ていって保護された人は少なくない（北谷町『戦時体験記録』一〇、二〇、六〇―六二頁）。

米軍にはスペイン語ができる兵士も少なくなかった。ペルーから引き揚げてきていた伊礼秀さん一家は、父が出て行ってペルーで使っていた言葉（スペイン語だろう）で「助けてくれ、助けてくれ」と米兵に大声で叫んだ。まもなく父が戻ってきて「殺さないというから、みんな出なさい」と言ったので出た。父はその後、隣近所の墓などに隠れていた人たちに「殺さないから出てきなさい」と呼びかけて回っていた（同前・六頁）。

東海岸の中城村では、村南部に日本軍が陣地を構えていたので激しい戦闘がおこなわれたが、北部（現在の北中城村）では日本軍は二日には後退したので住民だけが取り残されていた。

村会議員だった喜納昌盛さんは、北部疎開の話が出た時、北部に行っても食糧がない、それに戦争は兵隊と兵隊の戦いであって人民は殺さないと疎開に反対した。彼は「もしアメリカが鉄砲を向けたら、わしが真っ先になって見せる」と反対を貫き、その結果、字島袋と比嘉の人たち約一五〇〇人は疎開せず村にとどまった。四月三日米兵が壕にやってきた時、喜納さんは「お前たちを殺すことはない。アメリカは紳士の国だ。もし万一のことがあったら、わたしが真先に立って犠牲になろう」と人々をなだめ、区長と一緒に壕の外に出て行った。彼は英語を話せなかったが、おじぎをして「ユー、アメリカ、ゼントルマン、ミーオキナワ、クリスチャン」と言って助けを求めた。こうして人々はみな投降し助かった。彼は実際にクリスチャンだった（旧県史9・一三七—一四〇頁、沖縄市『戦争体験記』八〇頁、北中城（旧村史）・一一六—一一七頁）。

なおこの島袋では、まだ南部では戦闘の続いていた六月一八日に島袋教会を発足させ、従軍牧師を呼んで日曜礼拝をおこなった。これは沖縄の戦後第一号の教会と言われている（石川政秀『沖縄キリスト教史』三五〇頁）。

ただ瑞慶覧《ずけらん》付近の名幸壕では、米兵の投降勧告に応じなかったために火をつけられ、壕内の七十数名が死亡している（旧県史9・二〇二、二〇八頁）。

投降を促した人たち

投降を促した人はどういう人たちだったのだろうか。そこにはさまざまな人生の体験、思いがある。

第一にこれまで見てきた通り、移民帰り、特にアメリカ、ハワイ、南米からの移民帰りである。普通のアメリカ人と個人的に接触し、ある程度の英語またはスペイン語ができる人たちである。普通のアメリカ人は鬼畜ではないことはわかるし、アメリカ社会で生活して、あれほど豊かな国と戦争しても勝てないと感じ、日本軍や政府の宣伝を鵜呑みにせず批判的に見ることができた。

「アメリカは物が豊富な国で強国である。アメリカと日本の戦争は大人と子供の戦い。武器が違う」と話していたハワイ帰りの女性（南風原町『山川が語る沖縄戦』四頁）、「アメリカ人は大変良心的だから、人を殺すようなことはしない」と言い、近くの壕を回って「僕らは出るから、あんたたちも出よう」と投降したハワイ帰りの男性（糸満7下・六三一―六三二頁）、など住民の証言のなかに人々を救った移民帰りの話はたくさんでてくる。

沖縄は人口比で言えば最も移民が多い県であり、移民帰りは比較的に成功して帰ってきた人が多い。村役場に勤めている人など地域のなかでは一定の地位を得ていた人が多かったように思われる。もちろん日本軍や警察からはスパイ視され警察の監視対象にされていた。

第二に少ないがクリスチャンがいる。沖縄のクリスチャンはプロテスタントもカトリックもともに特高警察から警戒されていた。特に奄美群島はカトリック信者が多かったが、一九三〇年代に軍と行政、住民による排撃運動によって教会も閉鎖されていた。クリスチャンがすべて軍に批判的だったとは言えないが、そのなかには軍や政府の言うことを相対化できた人もいたとは言えるだろう。

第三に中国などに従軍経験のある元兵士の一部が挙げられる。彼らは日本軍による残虐行為を語って人々に恐怖心を植え付けるうえで重要な役割を果たしたり、在郷軍人として戦時・戦場態勢をつくる中心になっていった。ただ他方で一部には戦争を冷静に見ることができた人たちもいた。武器も持たず抵抗もしない民間人には危害を加えないはずだと考えた元兵士もいた。

北谷のカーラバターの壕で、元兵士は、米兵が来た時に竹槍で戦おうとした者に対して「大変だよ、竹ヤリなんか持っていたら、全員撃ち殺される。絶対に持つな」と止め、壕から出て保護されている（北谷町『戦時体験記録』八六頁）。読谷のシムクガマでハワイ帰りのふたりの主導によって集団で投降した際、中国帰りだった元兵士がガマの奥から入り口に向かって「刃物などは置いて行ったほうがよい。すでに上陸しているのだから、無駄な抵抗はやめておとなしく出ていこう」と口伝えで伝えていった（読谷5下・七六二頁）。シムクガマで一〇〇〇人が投降するのは、先述した比嘉平治さんと比嘉平三さんのふたりのハワイ帰りだけでなくこうした人たちの存在があったからだろう。

中国に五年間従軍して戻ってきて具志川で警防団長をしていた人は、米軍が上陸するとわかってから、日本軍から渡されていた鉄砲と手榴弾二個、弾一八〇発、竹槍一〇〇本など全部を川に投げ込んだ。家族で避難した壕には八〇人ほどの住民がいたが、米兵の呼びかけに彼が「最初に手をあげて出ていった」。「避難民を殺すことはしないと思っていた」からである。その後は米兵と一緒に隠れている人に投降を呼びかけてまわった（具志川5—I・二五八頁）。

前述の慶良間列島の前島の国民学校分校長も中国で従軍経験があったが、中国で何をしたのか、何を見たのか、その経験と考え方の違いがどうして生まれたのか、くわしく検討してみる必要があるが、従軍経験から上記のような判断ができた人もいたのである。

第四に老人たちである。日本兵が手榴弾を二個持ってきて、家族に自決するように使い方を教えたが、七七歳の祖父は「ご先祖様にすがって命を守って頂くようにするんであって、こんな物はすぐに遠くへ捨てて来なさい」と怒り、その後、米兵の呼びかけに対して年寄りから出て助かったことがあった（浦添5・一六二—一六三頁）。家族がガマのなかで自決しようとするのを押しとどめ、年寄りは死んでもかまわないと先頭になってガマを出て行き、そのおかげで人々が助かったケースがある。こうした年配者たちは学校教育をほとんど受けていなかった人も多く、世代的にも皇民化教育を受けていなかったので、軍や学校の宣伝が浸透していなかったと見られる。

第五に小さな子どもの発した言葉が大人たちを冷静にさせたこともあった。ある家族が、子どもを殺してから死のうと鍬を振りあげたら小さな子どもが「いや、死なない方がいいよ、おとう」と言ったので「我にかえって鍬を投げ捨てたんです」ということもあった（『米須字誌』四七一頁）。ある家族が自決の覚悟をした時、女の子が「お父さん、生きた方がいいよ」としきりに言うので考え直して外に出て助かったこともあった（石原ゼミナール『大学生の沖縄戦記録』二〇二―二〇四頁、『米須字誌』四六七―四七〇頁、糸満7下・八七三頁）。阿嘉島で家族や親戚一五人で山中を逃げている際中に手榴弾で自決しようかと話していた時、国民学校三年生の子どもが「僕は絶対に死なない」と「恐怖におののいた形相で自決に猛反対」したこともあって自決を思いとどまった（中村仁勇『沖縄・阿嘉島の戦闘』一一六頁）。皇民化教育や宣伝によって洗脳されていない小さな子どもたちが救世主になることもあった。

どのようにしてそういう考えになったのか、よくわからないが、翁長維行さんの父親は、漢口陥落（一九三八年一〇月）で字の大人や青年たちがお祝いをしている時にその場に行かずに畑仕事をしていた。それを問われた父親は「人の命と代えてお祝いはできないだろう。あんた、本当に自分の子どもを向こうにやって死んだ場合、向こうが陥落したからといってお祝いできるか」と言いかえしたという。また「人の命ほど尊いものはない、大臣の命も大将の命も、天皇の命もみな同じだ、命に変りはないといつもいっていました。人の命より尊いものはないから戦争は絶対やってはいけない」「アメリカと日本とでは物量が違うから、この戦争は絶対にかなわない」とも言っていたという。その父親も沖縄戦を生き抜いたという（具志川5―I・三九七―三九八頁）。その父親の経歴はわからないが、そういう人物がいたのである。

助かった人たち

日本軍や行政、教育による宣伝を信じており、自覚的に投降したわけではなかったにしても、助かった人たちは非常に多かった。米軍に保護された経緯は多様で複雑である。

軍や県などの宣伝だけでなく、中国帰りの日本兵からも「『米兵が上陸したらお前たち若い女はね、強姦されて殺されるんだよ』って言うもんだから。だってね、石部隊に中国での従軍経験がある日本兵の兵隊がいたわけよ、この人たちがどんな事をしたと思う。若い女はね、兵隊が並んでから強姦してから、線路に寝かして。……米兵ならもっとひどい事するよ」と言われていたことは人々に、特に女性に深刻な影響を与えていただろう（沖縄5・CD版証言・一三八頁）。

そうしたなかでも、同じ死ぬのであればガマの外に出て太陽を見て殺されたほうがよいと考えて、外に出た人も少なくなかった。「アメリカーにいたずらされるより、死んだほうがいい」と言う女性に対して義姉が「出て行けば、どうにかなる。ティーダウガリカラ（太陽を見てから）死んでもいいんじゃないか。早く子供をおんぶして」と言って外に出て助かったケースがある（読谷5上・四八六頁）。同じ殺されるなら……と考えたとしても、ガマのなかで手榴弾を爆発させれば確実にみんな死んでしまうが、外に出れば、もしかして助かるのではないかという一縷《いちる》の望みを持っていたことは否定できないだろう。

親戚や知人が米軍に保護され、彼らが壕に来て、「収容所では配給をもらって元気に暮らしている」と話して出てくるように呼びかけ、米軍は我々を殺さないとわかると出て行って米軍に収容される人たちもたくさんいた（八重瀬・一一〇頁）。それも日本軍がいないからできた。殺されるかもしれないという不安があったとしても、金城トミさんの経験のように、日系兵の呼びかけに祖母が「まずは私が出ていく。私が殺されたら出てくるな」と言って一番先に壕を出て、次いで家族も出て助かった（同前・三五一頁）。たとえ自分が殺されても家族を守りたいという年配者の行動がみんなの命を救ったのである。

家族で南部へ逃げたが食糧がなくなってしまった人は、「このような状態がもっと続けば死を見るのは明らかであった。どうせ死ぬなら捕虜になろう。いくらなんでも女、子どもは殺しはしないだろうと思った。私は男だし若かったので、殺されることは覚悟していた。だが、最悪の場合でも女、子どもだけは何としても助けたいと思った」と語っている（宜野湾3・一七四頁）。ある家族は南部で米兵からのデテコイの呼びかけに「銃殺されてもいいから、死ぬ時は皆一緒に死にましょうといったんです。もしかしたら命だけは助けてくれるかもしれないし、皆で出ようといって出たわけです」と証言している（石原ゼミナール『大学生の沖縄戦記録』四七頁）。

勘違いが幸運をもたらしたこともあった。与那覇シズさんは、近くの山に避難しているところに米兵がやってきて「カマーン、カマーン」と呼ぶので、「カマーという名前は誰ね、早く出なさい、カマーって呼んでいるよ」と言って、カマさんを先頭にして、出て行ったら「ＯＫ、ＯＫ」というので「ウケーメー（お粥《かゆ》）」と言っているのかと思い、「これらはちょっとは沖縄口を分かるんだね」と言いながら出て行って保護された（上勢頭・四二八頁）。米兵の「デテコイ（カモン Come on）」という呼びかけを「カマ」さんを呼んでいると勘違いしたのだった。

南部で日本軍のひどいおこないを見て、それまで信じていたものが崩れていった人たちも少なくなかった。南風原から南部に逃げた一一歳の少年大城勇一さんは次のように語っている。「当時の教育では、捕虜になることは最大の恥であったし、米軍への恐怖感もあった。しかし、呼びかけに応じて捕虜になった人もいるといううわさが流れた。私も上空からまかれる宣伝ビラを読んで、ひょっとして捕虜になっても殺されないのではないかと思っていた。家族みんなで相談した結果、時期をみて捕虜になろうと決めた。ところが、それを聞きつけたらしい日本兵がすごい形相でやってきて、『沖縄人はみんなスパイだ、お前らが捕虜に出ていくときは、後ろから手榴弾で撃ち殺してやる』と脅した。このとき私は、こいつらは一体何人の住民を殺しているのかと激しい怒りを感じた。こんな敗残兵に撃ち殺されてたまるかと、私達は投降する意思を固めた」。そして米兵らしい者が通りすぎたので「おい」と声をかけ、両手をあげた。そして「米兵は私達を殺さないと確信したので、壕の中の家族に『みんなでてきなさい』と声をかけ、捕虜になった」（南風原町『照屋が語る沖縄戦』七四頁）。
壕追い出しを何度も経験しながら南部に逃げてきた知花静さんは「敗け戦ということは誰の目にも明らかであった。そんな時、怖いと思ったのは友軍のほうであった。やけくそになった兵隊は誰彼かまわず発砲したり、住民を壕から追い出して食糧を盗《と》ったりした。妹のトシも友軍の機銃で腰をやられた。（中略）私たちは、このアダンの葉の下に隠れていても死ぬ程おそろしいめにあうし、あの船の中で射殺されるか、海に投げこまれるか知らないが、同じ死ぬのなら出て行って殺されよう、これも自分の運命だと考え、降参旗を持って、金城のおばあさん（七十余歳）と一緒にアダンのしげみから出て行った」という（宜野湾3・四一頁）。

投降する日本兵や住民を殺し住民をも迫害する日本兵、逆に沖縄の人々を保護する米軍、そうしたことを実際に見聞きするなかで、日本軍と日本国家によって植え付けられてきた価値観やイデオロギーが動揺し崩壊しつつあった。そのことが、死でしかない日本国家への忠誠を拒否し、米軍に捕まってでも生きようという意思をより強めたのではないだろうか。

7　防衛隊員

主力温存のための捨て石部隊

多くの大人の男たちは現役兵あるいは臨時召集などで兵士として召集されたが、ほかに約二万人以上と見られる男たちが陸軍と海軍それぞれの防衛召集規則に従って召集されて兵士にされた。彼らは「防衛隊（員）」と呼ばれることが多いが、そういう部隊があったわけではない。ただ多くがまとまって配属され（たとえば特設警備中隊や特設警備工兵隊のようにほとんどが防衛召集者から構成された部隊もあった）、兵士としての軍事訓練をまともに受けていない者も多く、当初は陣地構築や物資運搬などの作業をおこなわされていたことが多かったので軍人としての意識が乏しかったこともあって「防衛隊（員）」と呼ばれていたと考えられる（この項の詳細は、県史6・三二六―三三五頁、林博史『沖縄戦と民衆』二三〇―二六九頁）。

防衛召集規則はもともとは日本軍の配備されていない離島の防衛などのために現地で召集することが想定された仕組みであり、沖縄でも第三二軍が編成される前の一九四三年から防衛召集者による特設警備中隊が編成された。しかし第三二軍の下では兵力を補うためにこの防衛召集が利用された。四四年一〇月以降、段階を分けて防衛召集されたが、米軍の上陸が迫ってきた四五年三月にはおよそ二万人と見られる者が根こそぎ動員された。防衛召集規則では一七歳から四五歳までの男が対象だったが、人数をそろえるためにその枠を超えて一三歳ぐらいから六〇歳ぐらいまで駆り集められた。すでに一九歳以上は現役兵として召集されていたので、一

七、一八歳の青年と三〇代・四〇代が多かった。軍事訓練を受けたことがない者も多かった（在郷軍人で防衛召集された者は当然、軍事訓練や従軍の経験があった）。米軍が上陸してからの四月から五月にかけても南部で防衛召集はおこなわれ続けた。なお男子学徒の鉄血勤皇隊もこの防衛召集によって兵士として召集された。

防衛隊員に与えられた任務は、当初は飛行場建設や陣地構築などの土木作業だった。しかし米軍上陸後は前線への弾薬や物資の運搬、食糧の徴発、炊事と食糧の前線への運搬、水汲み、負傷兵の後送や死体の処理、地雷埋めや砲弾詰め、伝令などさまざまな仕事が与えられた。地元出身の防衛隊員は地の利に明るいということで日本軍の夜間斬り込みの案内役にもさせられた。これらの仕事は「鉄の暴風」が荒れ狂うなかでおこなわなければならず、壕内に隠れている日本兵のために自らの身を危険にさらす作業だった。さらに戦況が逼迫《ひっぱく》してくると、爆雷を抱えての戦車への特攻攻撃や夜襲などにも駆り出された。

米第一〇軍の報告書（一九四五年八月四日付）でも「防衛隊の死傷者が非常に多かったことは、正規軍が比較的安全な準備された陣地に隠れている間に、補給物資の運搬、食糧の徴発、水汲みなど敵の砲火に身をさらさなければならない任務に広く利用されたことによるということは注目に値する」と正規軍の犠牲にされたことを指摘している（RG407/Entry427/Box2954）。

また米軍上陸地点に配備された特設第一連隊は飛行場の建設の要員を中心に三月下旬に急き

ょ編成された部隊で、防衛召集された者が過半数を占めていたと見られる（『沖縄戦と民衆』二四〇―二四三頁）。ほとんど軍事的には意味のない部隊をアリバイ的に配備しただけであり、第三二軍の主力温存のための捨て石にされたと言える。

大本営陸軍部が作成した「沖縄作戦の教訓（戦訓特報第四八号）」（一九四五年六月二九日付）のなかで、「第一線戦力補充要領」において「兵器なき者は簡単なる任務の挺進斬込に使用す」と記している（県史23・六八九頁）。防衛隊員はまさにそうした者たちであり、それを大本営が「戦訓」としたことはもし本土決戦になれば同じようなことがおこなわれていたと考えられる。

生きようとした防衛隊員

生き延びた防衛隊員の証言を読むと、部隊からの脱走（時には集団脱走）あるいは離脱が多く、上官の命令拒否や本土出身の将兵への反抗なども見られる。もちろん、だから生き延びられたとも言えるので、そうした人たちが防衛隊員の多数だったかどうかはわからないが、ほかの兵士や学徒隊などとは異なる特徴である。

北部の大宜味村の防衛隊を紹介すると、三月三日に村民約三〇〇人が防衛召集され、国民学校教頭の宮城正行さんが防衛隊長になった（大宜味村の防衛隊については、宮城正行『行きて帰るまで』、福地曠昭『防衛隊』）。大宜味防衛隊は、中北部の海軍の船舶隊などに配属された。隊員のひとりだった山川元喜さんは「防衛隊は武器を持っていないので、米軍と戦うことはできない。鍬、スコップだけでは敵の機関銃の前にはどうすることもできない。だからいざとなれば逃げるしかないとだれしも思っていた」という。米軍が名護に上陸したという話を聞くと、四、五人で「日暮れと共に逃げ出した」。ほかの隊員たちもぞろぞろと逃げ出していったが、防衛隊の幹部たちは黙認していた。

米軍が迫ってくると軍から戦闘に加わるように命令されたので、武器をくれと要求したが、武器はないと断られた。「それではいくさはできない」とやりあった。そこで防衛隊の幹部たちが集まって相談した。山城忠次郎小隊長代理が「さあ、村へ帰ろう」と提案、宮城防衛隊長はそうした場合の責任を考えて躊躇したが、山城さんは部下に「毛布をかつげ」と指示して隊員たちとともに部隊を離れて村へ帰り始めてしまった。宮城防衛隊長は、部隊長に大宜味村の警備にあたるという方針を伝え、その許可を得た。これにより堂々と村に帰ることができるようになった。大宜味防衛隊は組織ぐるみで戦線を離脱して郷里に戻った。

大宜味村では一九三一年から翌年にかけて大宜味村政革新同盟や消費組合を結成して村政改革と生活改善に向けて村ぐるみの大衆運動を展開した（山城善光『山原の火』）。弾圧によって運動は終息したが、そうした経験が大宜味防衛隊の行動に反映しているのだろうか。

嘉手納に配備されていた第五〇四特設警備工兵隊のなかの米須部隊は、県立一中の英語の教師で、中国戦線で中隊長まで務めた米須清興さんが中隊長で総員二一六人の部隊だった。この部隊は「土方同然に何の誇りもなく酷使されていた」という。武器は騎兵銃（歩兵用の小銃より短くて軽い）が三人に一丁と弾薬一五発、全員にそれぞれ手榴弾一個だけしか与えられておらず、米須さんは「これで戦え、これで郷土を守れということは将《まさ》に残酷物語そのものである。私はどうしてもこれらの部下に犬死にを強いる気持ちにはなれなかった。しかもこれらの部下たちは、家に帰れば一家の主《あるじ》であり、大黒柱であって、妻子のあるものばかりである。これらの者が戦場の露と消えれば、後に残る妻子は一体どうなるだろうと考えると慄然たるものを感じた。そして私自身戦う勇気と自信が消え失《う》せて行くのを感じた。その時から私は内心、この戦争の本質を疑いはじめ、敵味方の戦力に大きな差異のあることを感じはじめた」、また「軍部の責任ある指導者の無策無謀振りに大きな怒りを感じた」という（宜野湾がじゅまる会編『戦禍と飢え』二一六―二二三頁）。米軍が上陸すると国頭に後退し、そこで米須中隊長は「部隊でまとまっていても、みんなの分の食料はない。仕方がないから、服を民間の着物に着替え、各自家族を探していきなさい。ただし同じ部隊の人二、三人まとまって行動するように」と命令して解散させた（北谷町『戦時体験記録』四一七―四一八頁）。この米須さんは戦後、宜野湾市長になった。

浦添村の又吉栄長さんは中国に従軍経験のある軍曹で、荷馬車ごと召集されて独立歩兵第二一大隊の防衛隊行李《こうり》班の班長になった。この班は荷馬車持ち二〇人で構成されていた（浦添

5・四七頁以下)。彼は日米両軍の弾の撃ち具合から負けると判断し、「捕虜にとられなかったら死ぬ。捕虜にとられたら生き残れる。アメリカは一等国だから捕虜民は殺さないだろうという確信を持ってい」た。残してきた家族には、壕の入り口に子どものオシメや赤い着物などをさげて住民の壕であることがわかるようにさせ、妻には絶対この壕から出て行かず、第一線が通り過ぎると宣撫《せんぶ》班が来るのでその時に出るように言い含めておいた。家族はその壕で米軍に保護された。

米軍が上陸し食糧運搬の途中に部下から戦死者が出始めると、部下を逃がし始めた。炊事班長の上等兵がおにぎりが不足しているのは防衛隊員のせいだとわめき散らした時、その班長の顔を殴り、ローソクを消して防衛隊員たちが班長に飛びかかったこともあった。そして浦添の壕から部下たちと逃げ出した。逃げる途中、防衛隊に駆り出された友人三人に会った時、三人は家族を避難させる許可をもらって家に戻り、また部隊に戻るところで、彼らは「戻って来なければ本人はもとより家族も銃殺されると脅されていた」(同前・一八三頁)。又吉さんは「現役の兵隊はそこで死んでしまうのに誰があんたがたを死刑にするか、心配するな」と言って、家族の元に逃げるように勧めた。彼は出会った知り合いに早く捕虜に取られたほうがよいと勧めていた。ただ日本兵には聞かれないように注意し、投降する時に背後から日本兵に撃たれることを心配していた。又吉さんは南部で住民とともに米軍に投降して助かった。

集団ではなくても個々人が戦線を離脱し、自ら投降したケースも多い。米軍は捕らえた日本兵に尋問をおこないさまざまな情報を得ているが、その尋問記録のなかに、「希望のない目的のために命をかけて戦うことは望まなかったので」脱走し投降した防衛隊員、妻と病気の娘のことが心配で仲間数人と一緒に脱走し家族とともに米軍に捕まった者、防衛召集の出頭に遅れたといって伍長《ごちょう》から殴られたために脱走しようと決意し自ら投降した者など、残してきた家族が心配で逃げ帰ったり、本土兵による沖縄兵への差別や暴力に憤って脱走したり、さまざまな理由で脱走、投降した防衛隊員の証言が多数記録されている（林博史『沖縄戦と民衆』二五一―二五四頁）。元防衛隊員の証言でも、壕に避難していた住民を日本軍が銃を突き付けて追い出し、その際に日本兵がおばあさんの髪をつかんで壕から引きずり出したのを見た者、斬り込みにいくように命令されたり、行かされそうになったので逃げた者などがいた。防衛召集ではなく初年兵として召集された大城直吉さんは、ある兵隊から「お前は沖縄人だから、死んでもいいが、自分らは内地の人間だから生きなくちゃならない」と言われて、避難民と一緒に投降した（旧県史9・八三四頁）。

本土出身の将兵から逃げるように、あるいは生きて投降するように言われたケースも少なくない。ある少尉から「どうせ負けいくさだ。壕から脱出してなんとか生きのびてくれ」と言われて脱出して助かった者、ある兵士から「アメリカ軍は捕虜は決して殺しはしない。日本軍の言っている事はうそだよ。だから、君はフンドシをはずしてシャモジに結んで降参旗を上げて振りなさい」と言われて降参旗をつくって投降した者（東風平・三六〇頁）、兵長から五月末に南部に後退する時、「もう玉砕だから、あなた方沖縄の人は生き残りなさい」と言われた者、斬り込み命令が出された防衛隊員たちに、班長が「家族と面会して来い」と言って逃げさせたケース、曹長から「本土には女房、子どもがいる。家族に逢《あ》わないではどうしても死ねない。（中略）だから、いざという時には住民に変相《ママ》して逃げるつもりだ。敵に見つかった時は手をあげれば命だけは大丈夫だからおまえもそうしなさい」と言われ、そのことを思い出して「万に一を期待」して捕虜になった者、などがいた（宜野湾3・一二五―一二七頁）。

本土から送られてきた将兵のなかにも、軍人としては素人の沖縄の防衛隊員たちまでも道連れにするのは忍びないと考えた者は少なくなかったようだし、将兵自らもこんな戦争では死ねないと考えた者もいたことがわかる。

兵士のなかにはかつて日本共産党が指導する労働組合運動に参加、弾圧されて服役した経験のある宮本正男さんもいた（宮本正男『沖縄戦に生き残る』）。日本軍は兵力が足りなくなるなかでそうした人物までも召集して沖縄に送り込んできていた。彼はこんな戦争で死ねないと、思いが通じる仲間を秘《ひそ》かに募り、最終的に脱走して米軍に収容されて生き延びることができた。

なぜ防衛隊員たちは「玉砕」を拒否したのか

多くの防衛隊員たちが脱走したこと、少なくとも部隊から離脱してでも生きようとしたことの理由としては、第一に日本軍による沖縄県民（防衛隊員や沖縄出身兵、一般住民など）への差別や横暴に対する反発があった。軍（特に本土出身の将兵）から差別迫害を受け、こんな日本兵たちとはとても一緒に死ねないと考えたことが挙げられる。

第二の理由は、家族（特に妻子）への心配である。防衛隊員は三〇代・四〇代が多く、家族持ちが多かった。また一〇代の青年でも、たとえば一八歳の青年呉屋栄一さんは兄ふたりがすでに召集されており、残された母と叔母のことが心配だったので、ある夜に部隊を抜け出して家に戻りそのまま家族と一緒に逃げた（西原3・三六八頁）。

第三に戦争の行方、あるいは沖縄での戦闘についての冷静な認識、米軍（兵士）に対する理解が挙げられる。この戦争は負けだという判断をした者や、少なくとも沖縄での戦闘は負けだと判断した者は少なくなかった。かねてから日本がおこなってきた戦争や軍部に対して批判的な考えや不信を持っていた者もいた。

すでに紹介した又吉さんのように中国での戦闘経験から負けいくさであることを理解した人もいたし、ほかに移民経験もある。

ハワイ移民の経験のある安里嘉真さんは、防衛隊長の少尉からの質問に答えて、「（アメリカは）物がとっても豊富にあって日本では到底及びもつかない。むこうは金属も多くあって、古い自動車はエンジンかけて海に捨てる位ものがあるし、むこうは手ごわいです」「自分の考えでは捕虜になったら助かる。決して殺さないと思う。でも戦争だからどうとも言えないけど。日本の連合艦隊が来てアメリカはひとたまりもないといわれているが、自分はそうでないと思う。むこうは物資は豊富にあるし、日本の艦隊が来ても二重三重も取り巻くでしょう」と答えていた（浦添5・六七頁）。

宮里亀栄さんはハワイ移民帰りの人から「アメリカという国は何もかも豊富な国だからあそこと戦争したら大変よ！　あんたたちが行って、早く戦争をやめさせねばならないよ」と口ぐせのように言われており、米軍が上陸してきてみると、その言葉の通りだと思ったという（同前・七九―八〇頁）。

移民体験ということで言えば、米軍の中に、アメリカに移民で行っており、そこで兵士として召集された日系兵たちがいた。沖縄出身のそうした兵士たちは通訳や翻訳にあたる語学兵として派遣されてきていた。彼らは郷里の人々を救おうとして沖縄に来た者も少なくなかった。ガマに隠れている人々には、沖縄の言葉で呼びかけたほうが共通語よりもずっと効果的だった。沖縄に戻って日本軍に召集されたにせよ、アメリカにとどまっていて米軍に入ったにせよ、どちらも沖縄の人々を救う上で貴重な貢献をしたと言える。

また社会経験も積んで、社会の建前と本音、ウソもわかるようになっていた人もいた。彼らは建前を純粋に信じ込んでいた一〇代の青年たちとはかなり違っていた。

第四に、防衛隊員の中には、自分たちは軍人ではないという意識があったことを挙げられる。防衛召集という言葉を知らない者もいたし、多くはまともな軍事訓練も受けておらず、当初はもっぱら労務者のように働かされていたこともある。軍人意識よりも一般庶民としての感覚が強かったと言える。

米軍の通訳として沖縄戦に参加したドナルド・キーンが「防衛隊に入れられた人たち（その大半は何の軍事情報ももっていなかった。ちゃんとした武器も持たず、戦い方についても正しくは知らなかった）は、日本軍に利用されただけだと思う。だから、彼らはアメリカの捕虜になるのがイヤではなかった」（吉田健正『沖縄戦　米兵は何を見たか』一七七頁）と振り返っているのは実態を的確にとらえている。

米軍の報告書によると、防衛隊には、約二万人が召集され、うち戦死傷者は約五〇パーセント、脱走者は約二〇パーセントと見積もっている（林博史『沖縄戦と民衆』二六八―二六九頁）。激しい地上戦がおこなわれているなかで投降しようとしてもきわめて困難であり、生きようとしても生きられなかった人が多かったが、二割が脱走したという見積もりは実態からそれほど外れていないように思われる。

天皇のために命を捧げることが名誉だというような観念が通用しないそうした人たちを無理やり軍人として戦闘に駆り立てるために、日本軍は脅迫強制の手段を使うしかなかった。

沖縄出身兵たち、特に三〇代・四〇代の防衛隊員たちが日本軍の上官たちからよく言われていたことは、もし脱走すれば家族を皆殺しにするという脅しだった。ある女性の夫は防衛隊員として召集され一度家族のところに帰ってきたのでもう部隊には戻らないように頼んだが、夫は自分が逃げたら「自分一人だけ死刑にするとは思われない」「家族みんなが死刑になったら、どうするか」と言って戻っていった（旧県史9・九〇三頁）。また日本軍が勝ったら、逃げた者は「全員死刑」にされると聞かされていた者もいた（東風平・三四二頁）。

敗北を前にしていた日本軍には、その組織を維持するためにそうした脅迫と強制に依存するしかない状況が生まれていたのである。しかし沖縄での日本軍の敗北が明白になってくると日本軍によって家族を殺されるという心配も杞憂《きゆう》になり、脱走への心理的抵抗も薄れていった。

なお脱走したり捕虜になったりすると、残された家族が警察などから迫害されるだけではなく、「非国民」の家族として地域の人々から村八分にされるなどの迫害を受けることへの恐れが、多くの日本兵を束縛していた。通常の徴兵で兵にされた沖縄出身者も、四四年一〇月に召集された桃原栄喜さんのように、もし米軍の捕虜になったら「日本軍が一族までも死刑にすると上等兵や下士官から脅されて」いた（南風原9・二五〇―二五一頁）。つまり兵士に対してもそうした脅しでつなぎ止めるしかない状況が生まれていたと言えるだろう。

ただ沖縄では日本軍の敗北によって家族の元に帰れるという希望が出てきたが、本土出身兵の場合はそうではなかった。本土出身兵で、沖縄の者は逃がしながらも自らは自決を選んだ(そうせざるをえないように追い込まれていた)のはそうした違いがあったのではないかと思われる。

沖縄出身兵たち

話はさかのぼるが、沖縄では徴兵により召集された者は九州の各師団に配属されてきたが、一九四四年一〇月の召集では沖縄にいる部隊に配属された。第六二師団だけで一〇月九日に一四二六名を受け入れた(「第六十二師団歴史」、沖縄103)ので、四個師団その他が駐屯していたことを考えると数千名にはのぼると見られる。ところがすでに一〇月三〇日には、独立混成第四四旅団第二歩兵隊第二大隊第四中隊(名護駐屯)の中隊長が下士官以上に対して「私的制裁による逃亡兵多し　私的制裁はやめよ」と訓示している(同中隊「陣中日誌」、沖縄133)。その後も初年兵の逃亡についての注意が繰り返され、私的制裁によるものが多いと第三二軍法務部は警告していた(第三二軍法務部「逃亡犯に関する若干の参考」、県史23・七九―八六頁)。

美里村山城(現在のうるま市)の区長の山城善蒲さんによると、「恐ろしいほどの教練だったね、銃の持ち方が悪いとかよ。気をつけし立つとね、膝で蹴って倒したりしてよ。もう大変なしごきようだった。そしてまた、起立すると、またも殴り倒したりしてよ。そこに一五〇人ほどいるんだがよ、初年兵だけ、かまえ撃ちとか、寝撃ちのかまえ、非常撃ちと言うものの練習しているがよ、上等兵だけが虫けらのようになぐってよ、かまえが悪い者は。それで、気をつけをしてから、またも、そんなにしてかまえるかと、靴で、蹴り倒してよ。一五〇人くらいの初年兵、新兵隊なんだがね、徴集をうけて一ヶ月はなっていたのだろうか皆は。全員沖縄人よ、星一つをつけた者だけだったんだが。そんなにしたんじゃー戦争が出来るだろうか、何も物考えさせないで殴りっぱなしだから」という状況だった（山城正夫『シマの戦争』二八三―二八四頁）。沖縄出身の兵士に対する差別と暴行はほかの住民も目撃していた。この問題は沖縄戦のなかでも続くことになる。

危険な壕出入り口の警備に沖縄出身の初年兵があてられ、日本兵から「お前たちの国じゃないか、お前たちの島じゃないか、だからしっかり見張れよ！　僕たちには関係ない」と言われているのを見て、悔しい思いをした女子義勇隊員がいた（浦添5・二二八頁）。「君達の島を守るんだから君達が進んで斬り込みに行かんとどうする」と斬り込み隊に入れられた初年兵もいた。幸い彼は逃げて助かった（東風平・二五三頁）。

こうした体験が沖縄戦のなかでの彼らの行動に影響を与えたと思われる。

しかし他方で、渡嘉敷島に駐屯していた知念朝睦陸軍少尉は、住民に山を下りるように働きかけた村の幹部たちを「軍隊にとっては許しがたい……スパイ行為」だと戦後もそう主張を続け、山中の部隊に米軍からの投降勧告文を持ってきた男女四人を処刑した際に、彼自身もひとりの女性を処刑したこと、また逃げ出した朝鮮人三人を斬ったことも沖縄県史の聞取りに対して話している。彼は「『やられたのは沖縄人、やったのは日本軍』という考え方には賛成しません」と断言している(旧県史10・七七三―七七四頁)。

「沖縄人はすべて被害者、ヤマトンチューは加害者」(日本軍=ヤマトンチュー/本土出身兵)という図式にあてはめて、「沖縄県出身兵士の残虐行為については不問に付されている」と安仁屋政昭氏はすでに一九七四年に厳しく指摘している(同前・一一〇七頁)。沖縄出身兵は本土兵から差別されながらも、軍隊組織の一員として侵略戦争と加害行為に加担していった。時には近代における同化政策に積極的に加わった沖縄人と同じように、差別から逃れるために天皇の軍隊の一員であることを積極的に示そうとしたケースもあったと思われる。

8 朝鮮人

多くの朝鮮人が沖縄に連れてこられて犠牲になった。日本軍「慰安婦」にさせられた女性たちについては次の節で扱うこととし、ここでは男たちの状況を見てみたい。

第一に人数としても最も多いのが主に特設水上勤務隊などに配属された「軍夫」（一般に軍属）と呼ばれた人たちである。軍夫とは「戦時に於て軍需品の輸送運搬に使役する為め傭《やと》ひ入る、人夫」（原田政右衛門『大日本兵語辞典』一二九頁）であり、つまり兵士ではなく労務者としての仕事をさせられていた者である。第二に兵士として歩兵部隊をはじめさまざまな部隊に配属された朝鮮人がいた。彼らは陸軍特別志願制度や徴兵などによって入隊した。第三に船舶の乗組員などである。

軍夫

第一の軍夫であるが、特設水上勤務第一〇一から一〇四中隊が四四年七月に朝鮮の大邱《テグ》で編成され合わせて二八〇〇人ほどが八月に沖縄に送り込まれた。この中隊は指揮監視役の日本人将兵数十人と約七〇〇人の朝鮮人軍夫で構成されており、第一〇一中隊は宮古・八重山、ほかの三つは本島の各港での物資の荷揚げ・運搬、さらに陣地構築作業などにあたらされた。第一〇三と一〇四中隊は四五年二月には慶良間列島の各島に送られた（朝鮮人の動員と被害については、竹内康人編著『戦時朝鮮人強制労働調査資料集』、沖本富貴子『沖縄戦に動員された朝鮮人』による）。

監視兵から暴力を受けて乏しい食糧しか与えられず強制労働させられていた様子を目撃していた中学生だった大浜万栄さんは「那覇港の軍作業でのことも忘れられない。日本軍下士官が、多数の韓国人軍属に罵詈《ばり》雑言を浴びせ、棒や軍刀で撲《なぐ》りつけながら酷使していた。そのむごさに、これは人間のすることではないと、トラックの陰で独り泣いた」と語っている（沖縄県立第二中学校32期生『戦世を生きた二中生』五六頁）。

宮古島に送られた第一〇一中隊は、四五年三月一日、平良《ひらら》港（張水《はりみず》港）での荷揚げ作業中に米軍機の空襲を受け、名簿で確認されている限りでも船の乗組員らを合わせて六〇人の朝鮮人が戦死している。なおここで紹介する戦死者数は利用できる名簿に基づく竹内氏と沖本氏の研究によるもので、南西諸島（近海を含む）での朝鮮人の死亡者は七〇一人が確認されているが、これがすべてとは言えない。

慶良間列島の阿嘉島では、米軍の上陸後、山を下りてポケットにサツマイモを忍ばせて戻ってきた者や帰隊時間内に戻ってこなかった者など七人が銃殺された。そのうちひとりは死んでいなかったので、墓穴掘りを命ぜられた朝鮮人軍夫が彼には軽く土をかけただけにし、その後脱出して助かった（海野福寿・権丙卓『恨』二一五―二一六頁、中村仁勇『沖縄・阿嘉島の戦闘』一四四―一五一頁）。阿嘉島だけでも少なくとも十数人がこうして処刑されているだけでなく、山中で餓死した者も少なくなかった。本部陣地にいた中村仁勇さんによると「よく朝鮮人の死体が運ばれてきました。（中略）みんな骨と皮だけになってしまって、明らかに餓死」だったという（『恨』一九六頁、旧県史10・七一二頁）。

慶良間列島では三月二八日までに米軍は約二五〇人の朝鮮人軍夫を捕虜にした（林博史『沖縄戦と民衆』三四〇頁）とされており、日本軍から逃げて投降した者も少なくないが、投降できずに犠牲になった者も多かったと見られる。沖縄本島に配備された軍夫は戦場での物資運搬だけでなく斬り込みにも動員された。

六月の南部では米軍の呼びかけに応じて投降しようとして日本軍に撃たれて殺された朝鮮人も多い。喜屋武で投降しようとした朝鮮人五人が日本兵に撃たれてうちひとりが射殺されたケース（旧県史9・四四〇頁）や投降しようと海に入った朝鮮人を日本兵が射殺したケースなど目撃者の証言がいくつもある（同前・八八五頁）。

朝鮮人兵士たち

第二の朝鮮人兵士を見てみよう。彼らの情報は少ないのだが、歩兵部隊などにも配属されていたことがわかる。たとえば第二四師団歩兵第八九連隊の朝鮮人一五人が、四月末から六月にかけて戦死していることが確認できる。また海軍根拠地隊や海軍第二二六設営隊の構成員として二三人と三六人の死亡が確認されており（軍人か軍属かは不明）、海軍が多くの朝鮮人を巻き添えにして死なせたことがわかる。

四月一日にひとりの朝鮮人捕虜が出ており、米軍による尋問記録によると、かつては東京帝国大学の学生であり、部隊で虐待されたので脱走したと答えている（林博史『沖縄戦と民衆』三一七頁）。ほかにも大学に一年間在籍したことのある一等兵の朝鮮人兵士は「無理やり召集されて軍務についたので、長い間投降したいと考えて」おり、南部に撤退してから脱走して捕虜になったと米軍に語っている（同前・三一七頁）。

県立一中生の城間期一さんは、一緒にいた金本上等兵が朝鮮人だというので日本兵から差別されるのを見て「日本人の醜さを見せられた思いがした」。また軍による住民の壕からの追い出しを何度も見た。その後、南部で金本上等兵とふたりになった時、金本上等兵が「俺たちはもう十分すぎる程お国のために戦ってきたんだ。戦争はもう終わったんだ。命を粗末にするのではない。死ぬなんて考えるな。さあ手榴弾をよこせ」と彼が持っていた手榴弾を取り上げた。そして「俺は今日限り日本人であることをやめる。俺は今まで朝鮮出身であるということだけでべっ視され差別されてきた。その苦しみは君にはわからんだろう。したがって今日以降、俺は金本の名を捨てる。俺の名は金だ」と言った。翌朝、ふたりは民間人の服に着替え、食事をすませたところを米兵に取り囲まれて捕虜になった（西原3・三二七―三三二頁）。

彼らは日本軍が敗北するなかで、部隊から離されたことでようやく個人として行動できるようになり、朝鮮人であることを示すことができるようになった。

船舶の乗組員など

第三に船舶の乗組員として動員されて犠牲になった人も多い。主に一九四三年一二月から四五年六月にかけて軍に徴用されて船に乗り込んでいた朝鮮人が多数、空襲や魚雷攻撃などで亡くなっている。ほかに特攻隊員として特攻機に乗り込んでいた人などもいた。

沖縄戦と直接には関係ないが、一九四五年初め頃中国の大連から九州に大豆などを運搬していた安東丸が漂流して西表島に漂着し、朝鮮人らの乗組員は日本軍に強制労働させられて何人もが死亡しただけでなく、残っていた一〇人ほどを人里離れた西海岸に連れて行って食糧もなしで放置し、戦後助けられた若干名を除いて餓死させるということがあった（大田静男「西表島における日本軍の戦争犯罪」中田龍介編『八重山歴史読本』一六八―一七〇頁）。

残されている史料に基づく竹内氏と沖本氏の研究によると、日本軍の軍人軍属として沖縄に連れてこられた朝鮮人は三四〇〇人あまりが確認されている。ただこの人数は実態よりもかなり少ないと見られる。沖縄戦が終わった時点で米軍に収容された朝鮮人が三〇〇〇人あまりなので、少なくとも数千人から一万人が犠牲になったのではないかと推測される。「平和の礎」に刻銘されている人数は、韓国三八一人、朝鮮民主主義人民共和国（北朝鮮）八二人、合わせて四六三人にすぎない（二〇二四年六月二三日現在）。

なお平和の礎の刻銘者について、かつて沖縄県が公開していたデータを基に集計したところ戦没場所がわからない人が約八割、戦没時期が不明の人が過半数を占めていた（平和の礎が建立されてからしばらくの間は、朝鮮人も含めて刻銘者の生年月日、戦没日、戦没場所などの情報が公開されていたが現在は公開されていない）。また平和の礎に刻銘するにあたって遺族の了解を得ているはずなので、当然、もっとくわしい情報があるはずである。日本軍によって動員された朝鮮人の実態をあきらかにするために、沖縄県はこうした情報を隠すのではなく公開すべきである。これでは朝鮮人強制連行強制労働の実態を隠そうとしている日本政府と違いがないと批判されても仕方がないのではないか。

戦争中は日本人だとして徴兵・徴用しておきながら、戦争が終わるともはや日本人ではないとして、日本政府はきちんと調査をおこなわず補償もしなかったため膨大な犠牲者の実態がわからないままに放置され続けている。

9　日本軍「慰安婦」と性暴力

日本軍「慰安婦」

これまでにも述べてきたように、沖縄戦においても日本軍による性暴力と米軍による性暴力は大きな問題だった。

第三二軍が創設されて日本軍がやってくるとすぐに日本軍慰安所が設置された。一九四四年四月に飛行場建設を担当する第一九航空地区司令部が沖縄に到着すると、渡辺正夫第三二軍司令官は「疲労に対する慰安方法を工夫すること」を指示した。五月伊江島の飛行場建設の起工式にあたって伊江島飛行場設定隊長は「一般婦女子と性交」あるいは「強姦」してはならないとしたうえで「本職の設備する特殊慰安婦」とのみ認めると訓示した。まもなく要塞建築勤務中隊（大工、左官などの建築専門の部隊）によって慰安所建設工事が始まり、建設工事中にも、「慰安婦」が一時的に送り込まれ、二日間の臨時慰安所が既存家屋を使って設けられた。

日本軍慰安所は、沖縄全域で一四〇か所以上が確認されている。伊江島のように軍が建物を建設したところもあるが多くは民家などを接収して使った。そこには沖縄の女性、日本本土の女性（長崎や福岡など九州出身が多かったようである）、朝鮮女性が「慰安婦」として連行されてきた（古賀徳子「沖縄戦における日本軍「慰安婦」制度の展開」、アクティブ・ミュージアム「女たちの戦争と平和資料館」編『軍隊は女性を守らない―沖縄の日本軍慰安所と米軍の性暴力』参照）。

沖縄のなかからは遊廓だった辻の女性たちや「サカナヤ」と呼ばれていた料理屋兼売春宿の女性などが慰安婦にされた。県や那覇警察署長らは軍の慰安所設置への協力を拒否したので、軍は直接、辻のアンマー（抱え親）やジュリ（遊廓の女性）を集めて、慰安所に来て「兵隊の士気を鼓舞」するように働きかけて動員した（林博史『沖縄戦と民衆』六三頁）。

軍慰安所に対して付近の住民から苦情が出ていたが、一般の婦女子を保護するためだと説得した。しかし慰安所をたくさんつくったからといって女性たちへの性暴力がなくなったわけではない。中国などにおいても軍の慰安所設置と地元女性たちへの日本軍将兵による性暴力の横行が並存していたのと同じである。

日本軍「慰安婦」にされた朝鮮人女性

朝鮮の女性たちは、女工の募集とか、兵隊の身の回りの世話をするとか、だまされて連行されてきて日本軍「慰安婦」にされた。台湾から宮古島へ向かう船が米軍機に攻撃され、乗っていた朝鮮人慰安婦五三人のうち四六人が亡くなるなど輸送途中で犠牲になった女性たちもいた

1945年10月ごろ。キャンプコザの朝鮮人元慰安婦。朝鮮半島に送りかえされる直前
米国立公文書館蔵

(旧県史10・二六〇—二六二頁)。

　四四年一〇月に鹿児島から輸送船マライ丸で朝鮮人慰安婦五一人が沖縄に運ばれた(川田文子『赤瓦の家』五一頁、儀同保『慶良間戦記』三五頁)。ペ・ポンギさんらもこの船で連れてこられたと見られる。この女性たちは、慶良間列島の三つの島に七人ずつ、那覇に約二〇人、約一〇人は大東諸島に送られた。

　米軍の報告書によると、四五年一〇月に沖縄各地から生き残った朝鮮人「慰安婦」一五〇人をキャンプ・コザに集め、朝鮮に送り返したことが記されている。米軍に捕まった彼女たちは米軍病院の看護婦や孤児院で子どもたちの世話をしていた。しかし他方でペ・ポンギさんのように帰国できないまま沖縄に残り水商売でかろうじて食いつないだ女性もいた。おそらく少なくとも数百人の朝鮮女性が慰安婦として沖縄に連れてこられ亡くなったと見られるが、「平和の礎」にはひとりも刻銘されていない。

渡嘉敷島に「アリラン慰霊のモニュメント」(一九九七年建立)、宮古島に「アリランの碑」(二〇〇八年建立)が市民の手で建てられた。後者の碑は宮古島の人々と日本・韓国の人々が共同で建てたもので、「日本軍による性暴力被害を受けた一人ひとりの女性の苦しみを記憶し、全世界の戦時暴力の被害者を悼み、二度と戦争のない平和な世界を祈ります」と一二か国語で刻まれている。日本軍慰安婦制度という性暴力を反省しようとしない日本政府に対して、女性を中心とした沖縄―日本―韓国の人々の努力がこうした碑に現れている。

米軍の性暴力

女性に対する性暴力は日本軍によるものだけではなかった。米兵による女性たちへの強かんなど性暴力は、沖縄戦の最中から、さらにその後も、特に収容所に収容されてからひどかった。早い時期に北部で米兵による民間人の男の殺害とともに強かんが起きており、すでに紹介したセア・ビビンズの回想のように多くは海兵隊員によるものと見られる。

米軍の記録によると、四月一四日頃に女性の強かん未遂(北部と見られる)で海兵隊一等兵が軍法会議にかけられ、五月一九日に禁固二〇年(召集官が一二年に減刑)、不名誉除隊の有罪判決が下されている。また五月九日に起きた強かん事件では海軍一等水兵に対して禁固九年（召集官が五年に減刑）と不名誉除隊の有罪判決が下された。ところが終戦後、ワシントンの海軍法務総監の勧告を受けて海軍長官は、女性が「自らの能力の限りを尽くして抵抗しなかった」などの理由で、強かんについての有罪判決をいずれも破棄する決定をおこなった（林博史「資料紹介　占領下沖縄における米兵による性犯罪」、県史6・五五一頁）。

米第一〇軍のバックナー司令官は、参謀会議において米兵による強かん事件に大きな懸念を表明し、これを厳しく罰しないと東洋では我々は失敗するだろうと語っている（保坂廣志『硫黄島・沖縄戦場日記』2・四一一頁）。六月一二日の参謀会議では、勝連半島の軍政府キャンプで強かん事件があり兵士五人を検挙したと報告されている（同前・四六二頁）。五月五日から二六日までに強かん事件が三二件発生していること、六月一九日までに五件の強かん事件が裁判にかけられているとも報告されている（同前・四七一頁）。しかし第一〇軍全体として六月三〇日までに強かんで検挙されたのは一二件前後、ほかに男性に対する強かんが五件前後にすぎず（グラフから読み取った数字なので概数）、実際に起きた事件の氷山の一角にすぎないと思われる（林博史『沖縄戦と民衆』三六二頁）。

米軍は住民の反発を受ける恐れの強い強かん事件に対して敏感になり、当初はある程度厳しく処罰しようとしていたようだが、十分な取り締まりをおこなわず、さらに終戦後、海軍省はそうした性犯罪を免罪するような判断をおこなった。軍のトップのそうした姿勢は現場にも影響し、軍事占領下の沖縄で強かんがはびこるような状況が生み出されたのではないだろうか。

住民たちが収容所に入れられるようになってから、さらには村に戻ってからも米兵による女性への強かんは多発した。テントや家に米兵が押し入り、あるいは農作業に畑に出ていたり食糧探しに出ているところを拉致して強かんすることが頻発した。少女を拉致した米兵を追いかけた警官が逆に射殺される事件も起きていた（四五年一一月二九日、ポール・スキューズ文書／沖縄県公文書館所蔵、林博史『沖縄戦と民衆』三六三頁）。

「基地・軍隊を許さない行動する女たちの会」がまとめた『沖縄・米兵による女性への性犯罪（1945年4月～2021年12月）』によると、米軍上陸直後から米兵による強かんが起きており、特に四五年八月頃から農作業中や歩いている女性を、時には家に乱入して、強かんするケースが頻発していることがわかる。日本軍の敗北と米軍による占領は軍隊による性暴力の終わりではなく、新たな、日本軍以上とも言える軍隊による性暴力の始まりでしかなかった。

10　沖縄の外での戦争に参加した沖縄の人々

沖縄から兵士として召集されて県外に出た人たちが四万人前後ではないかと見られることは

すでに紹介した。そのなかには日本本土にとどまった兵士も多かったと思われるが、中国、東南アジア、太平洋諸島など国外で従軍した者は万を超えるだろう。

中国戦線における残虐行為の体験についてはすでに紹介したので、ここでは別の側面について見ていきたい。

無謀な作戦の犠牲になった兵士たち——中国・大陸打通作戦

ちょうど第三二軍が沖縄に来て沖縄戦に向かいつつある時期に、中国戦線に送られた沖縄出身兵士たちは別の悲惨な戦場に放り込まれていた。日本軍は中国で一九四四年四月から翌四五年二月（関連する作戦を含めると五月）まで大陸打通作戦（一号作戦）をおこなった。これは支那派遣軍総兵力の約八割にあたる約五一万人を動員して、華北から武漢を経由して仏印（フランス領インドシナ）にいたるまで大陸を貫通する作戦であり、南方圏との陸上交通の確保と、中国南西部の米軍飛行場を覆滅することを目的としていた。約一五〇〇キロ、本州の端から端までに相当する距離を徒歩で戦闘をしながら進むもので、兵士たちは実際には六五〇〇キロ、あるいは四六〇〇キロを徒歩で行軍させられ（札幌—那覇が約二二〇〇キロ）、多くの戦死者を出したがそれ以上に補給もないなかでの栄養失調とそれによる戦傷病死を出した。たとえば第二七師団支那駐屯歩兵第三連隊ではこの作戦における死者一六四七人のうち戦死者五〇九人に対して、戦傷死八四人、戦病死一〇三八人を出している。飢えた大軍は農民たちから略奪を繰り返したため中国農民たちからは蝗軍《こうぐん》（通り過ぎると農作物が何も残らない「蝗《いなご》」と皇軍をかけた言葉）と呼ばれ、中国人に多大の犠牲をもたらした（笠原十九司『日中戦争全史』下・二八五―三一六頁、藤原彰『餓死した英霊たち』、同『中国戦線従軍記』参照）。

熊本で編成された第三七師団もこの大陸打通作戦に投入され、約一万四〇〇〇人の兵員のうち半数にあたる約七五〇〇人を失った。戦友会が把握しているデータではここに沖縄出身兵一二二三人が参加し、五三九人が戦死した（浦崎康華『戦争と平和の谷間から』一三九―一四八頁）。

この大陸打通作戦によっても陸上交通網は役に立たなかったし、米軍飛行場を破壊しても米軍はマリアナ諸島を占領してそこから本土空襲に出撃するようになり無意味に終わった。軍事的にもまったく意味のない作戦に多くの日本軍将兵を動員して多大の犠牲を出しただけでなく、はるかに多くの中国民衆に塗炭の苦しみを与えた作戦だった。

この作戦が始まった同じ時期の四四年三月からはインパール作戦が開始されており、補給を無視してジャングルの山岳地帯を徒歩で行軍させる無謀な作戦のために参加兵力約九万人のうち少なくとも三万人以上が戦死したとされている。撤退するルートは「白骨街道」と呼ばれ、飢餓や傷病で倒れた将兵の死体が累々と横たわっていたと語られている。こうした作戦と並行して第三二軍による沖縄戦準備が進められていったのである。

戦後も帰らなかった兵士たち

日本軍の一員として従軍したなかには、戦後も長く海外にとどまった人もいた。一例を挙げると一九七八年七月、ベトナムから在留邦人家族一九世帯、九九人が帰国した（一一月には五四人が帰国）。そのなかのひとり、当間元俊さんは一九四〇年に与那原から出征し中国や東南アジアを転戦しカンボジアで終戦を迎えた。そこから逃げる途中、ベトナム独立戦争を戦っていたベトナム独立同盟（ベトミン）に捕まり、ベトミンに参加して独立戦争をともに戦った。その間にベトナム女性と結婚し、一九五四年のジュネーブ協定後はベトミン軍を離れて南ベトナムで韓国や日本の企業で働き、六人の子どもをもうけた。しかし一九七五年のベトナム統一、ベトナム戦争の終了後、外国人は帰国を迫られて帰国した（石川文洋『戦場カメラマン』六八四—七〇四頁、「朝日新聞」一九七八年一月一九日、七月二四日、「琉球新報」同年七月二四日）。彼は軍人としての一四年間を含め三八年間、海外にとどまったことになる。ほかにもそういう人がいただろうが、実態はよくわからない。

戦犯になった沖縄の人たち

兵士としてだけでなく、占領地軍政の警察官や通訳などさまざまな形で沖縄人も戦争に関わった。それを戦犯という視点で見てみると、連合軍によるBC級戦犯裁判において裁かれた者のなかで、法務省史料によって沖縄を本籍として確認できる者は二七人いる（詳細は林博史「戦犯裁判と沖縄出身者」）。戦争との関わりで整理すると、第一に陸軍憲兵や海軍の憲兵にあたる特別警察隊の曹長・軍曹ら（以下、陸海軍合わせて憲兵と呼ぶ）が八人いる。たとえばインドネシアのハルマヘラ島の憲兵分遣隊長は島民数十人を憲兵隊長の命令に基づき、彼が現場指揮官となって銃殺した事件で死刑になった。この裁判の日本人弁護士は戦後に記した記録で「訴因調書面よりして此の結果もやむを得ぬものと思惟《しい》す」と記している。ほかの憲兵も捕らえた者を棍《こん》棒《ぼう》で殴ったり電気刑や水責めで「酷刑を加えた」など、拷問によって死にいたらしめた罪で裁かれている。

第二に憲兵隊の通訳が何人かいる。東南アジアの日本軍占領地にかねてから住んでおり、現地の言葉がわかったので通訳に使われた者が取り調べの時に現地の住民などに暴行を加えたケースである。たとえば沖縄の離島出身のある人物は、父の借金を払うために前金と引き換えに四年契約で漁師として一二歳頃にセレベス島に来て、その後、現地の女性と結婚し終戦時には子どもが三人いた（四歳から〇歳）。彼はセレベスを占領した海軍の特別警察隊の通訳に駆り出された。戦後、オランダ当局によっておこなわれた戦犯裁判では、住民を木にしばって棒で殴る、火のついたタバコを押し付ける、水責めなど一三件の暴行虐待行為で起訴され終身刑の判決が下された。彼は判決直後に書いた「特赦申請書」のなかで「上の者に命ぜられた事を命ぜられた通りやるより外《ほか》仕方がありませんでした。その為拷問も仕方なくやりましたが実に実に嫌な気持で致しました」と書いている。その後、日本に送還されるが肺結核にかかり国立中野療養所に入院した。その時に釈放の嘆願書を書き、それに付けた「調査資料」のなかで、「私は私のなした戦争犯罪行為を否定するものではありません。確かにこれらの行為をなした事を認め心から詫びる気持ちではあります」としたうえで、「当時の占領日本軍の常識としてある程度の残酷な取調をしなければ取調べとは見られず、かえって敵に組する行為とすら見られる状況であった事も認めて戴きたいのです」と記している。そして郷里の沖縄に高齢の両親、セレベスには妻と三人の子どもがおり、彼らに会いたいと切々と訴えているが、重い肺結核にかかっていたようでその願いはかなわなかったと推察される。

第三に軍政要員としての警部が三人裁かれている。沖縄師範学校を卒業後、東京で警視庁の警部となり、セレベス島に憲兵隊の特高係として赴任し捕らえた者を拷問して殺したことなどが問われて死刑になった者やボルネオ島の警察署長として、連合軍が上陸してきたために撤退する際、スパイ容疑で捕まえた者たちを裁判抜きで銃剣や拳銃で処刑し、ほかにも多数に拷問を加えたことで死刑になった者などがいる。

第四に現地やインド人の労務者の監督あるいは捕虜収容所の警備員として彼らを虐待し死亡

させたことで裁かれた者がいた。

このように軍に入って憲兵下士官になって占領地で抗日活動を取り締まり、あるいは現地住民を弾圧した者たち、東京などに出て警察官として出世し占領地の軍政警察幹部として派遣されて同じく現地住民を弾圧するなど、沖縄を出て一定の出世をした者が侵略の先兵となったケースがいくつもある。また移民や出稼ぎなどによって東南アジアや太平洋の島々で仕事をしていた者が現地の言葉ができるので通訳に駆り出されたり、労務者の監督役をさせられて、なんらかの残虐行為に加担した者など、日本国民の一員として侵略に関わりそのなかで非人道的行為をおこなった者たちがいたことがわかる。戦犯として裁かれた者はその氷山の一角であり、多くの沖縄出身者がさまざまな形で日本がおこなった侵略戦争に組み込まれていた。

沖縄人は本土人からは差別される存在であった側面もあるが、日本国民として侵略戦争においては侵略国の一員として振る舞ったことも忘れてはならない。そうした加害に加担する（させられる）なかで自らも被害を受ける、つまり加害と被害の重層構造を考える必要があるだろう。

11　移民した人たちの戦争

中国・「満州」

移民と言われる人たちのなかでも、戦前から移民で出て行っていた人もいれば、侵略戦争の一環として国の政策で送り込まれた人たちもいた。

満州には国の政策により満蒙開拓団として沖縄からも送り込まれ、戦争最終盤にソ連軍が参戦するなかで多くの犠牲を出した。日本軍がつくった傀儡国家満州国への農業移民は一九三二年から始まるが、沖縄から最初に送り込まれたのは一九三九年の第七次からだった。沖縄から第一三次までに六一〇戸、二六〇三名が送り込まれたが、九八〇人が死亡した（沖縄女性史を考える会編『沖縄と「満洲」』四三頁）。開拓団のなかから現地召集されて兵士となり、戦死した者やシベリアに抑留された者もいた。ソ連軍に追われた逃避行のなかで「集団自決」が数多く起きた。そこでは沖縄の玉砕にならえ、沖縄に続けという言い方がされた（同前・六三一―六三三頁）。

開拓団が入植地に入ったとき、それまでいた現地住民を追い出して没収した家や畑を使ったことがあった（同前・三四九、六一七頁）。満州移民は、日本の侵略に組み込まれた沖縄を含む日本各地の民衆が、現地の農民たちへの加害に加担させられることを通じて、最終的には日本の民衆自身に深刻な被害を生み出すことになった例である。加害への加担の行きついた先が民衆自身の被害だった。

満州開拓団の送り出しとほぼ同じ時期に沖縄県は中国の三竈島《さんそうとう》への移民送り出しをおこなった。香港の南西沖にあるこの島は一九三八年二月に海軍が本格的に占領し抗日ゲリラに対して徹底的な掃討作戦を実施した。一万三〇〇〇人ほどの島民のうち約一四〇〇〇人が日本軍によって殺され、難を逃れようとして多くの島民が脱出した。そのために住民がいなくなったところに沖縄からの開拓団が送り込まれ、もともとは島民のものであった家や農地を利用した。三九年九月に第一次移民先発隊五〇人が到着、四一年一〇月からの第二次を合わせて五七四人が入っていった。彼らは軍事訓練を受け武装していた（蒲豊彦編『三竈島事件』一二二―一二八頁）。ただこの島には連合軍が上陸しなかったのでゲリラ戦を除いて地上戦はおこなわれず、満州のような犠牲は出なかった。

満州開拓団もこの三竈島移民もともに軍と一体化した沖縄県が侵略戦争による占領地経営に積極的に関わったものと言える。

なお台湾には、八重山と宮古などから疎開した人たちが一万二、三千人いた（県史6・四〇五頁）。日本が清国に台湾を割譲させて植民地にして以来、沖縄から多くの人々が渡っていった。沖縄で多くの兵士を召集した第九師団が四四年末に台湾に移動したこともあり沖縄出身の兵士も多数、台湾にいた。敗戦直後の時点で約三万人近い沖縄出身者が台湾にいたと見られている（赤嶺守編『「沖縄籍民」の台湾引揚げ　証言・資料集』一七頁）。沖縄からは多くが教員として台湾で同化・皇民化教育を担ったし、警察官や官吏など植民地支配を担う役割を果たした者もいた（又吉盛清『大日本帝国植民地下の琉球沖縄と台湾』第四—六章）。そうした点では日清戦争以来の侵略と植民地支配に沖縄の人々も組み込まれていたのである。

東南アジア

東南アジアには多くの移民が行っており、漁業移民も多かった。東南アジアや南洋諸島の日本人漁業者は昭和一〇年代（一九三五年から）一万八三四人、うち沖縄出身者が九一八七人と八五パーセントを占めていた（名護5—Ⅲ・一六四—一八一頁）。サイパン、パラオ、トラックなどの南洋諸島、フィリピンがそれぞれ一〇〇〇人を超えているが、シンガポール、マレー半島も九九八人（うち沖縄九三〇人）と多い。それらの地にやってきた日本軍によって漁民・漁船が利用されて多くの犠牲を出した。

在留していた日本人は、シンガポール、マレー半島やビルマ（現在のミャンマー）などイギリスの植民地では開戦と同時に英当局によって捕らえられインドに連れて行かれて抑留された。日本軍がシンガポールに迫るなか、一九四二年一月にシンガポールを出航してインドのデリー郊外のプラナキラ収容所に送られた。四二年二月二一日時点で計二八一五人（男一八四一人、女七二七人、子ども二四七人）だった（英外務省文書、林博史「インドに抑留された日本人民間抑留者」）。

その後、日英交換船（日英が相互に抑留した民間人らを交換）により四二年八月に外交官や商社員とその家族ら七二〇人は帰国したが、一般の庶民は残された。急きょ、つくられた収容所だったので当初はテント暮らしで夏季は酷暑となった。食糧は英軍が定めた規定量は支給されていたと見られるが、英インド軍（主にインド人兵士からなる英軍）と同じものであって主食として豆が支給されたが多くの日本人はそれに適応できず、そのために四二年末までに一〇六人が死亡した。死亡者リストにはヒガ、カナシロ、ミヤシロ、オオザト、アラシロなど沖縄出身と見られる名前も散見される。

収容者全体のリストを見ると、沖縄出身者で漁業を営んでいた者が多い。その後、日本人収容所の劣悪な実態を知った英本国政府から改善するように指示され、宿舎など施設の整ったデオリ収容所に移動して食糧なども改善された。抑留者が戦後書いた体験記でも改善されたことがわかる。

蘭領インド（インドネシア）やニューカレドニアなどにいた人たちはオーストラリアに連行

されて抑留された。オーストラリアで抑留された日本人・日系人は台湾人や朝鮮人を合わせて四三〇一人だった。ニューカレドニアにいた沖縄出身者で抑留された者は二三六人、うち男二〇五人、女七人、子ども二四人であり、そのうち一七人がオーストラリアの収容所で亡くなった（名護5―Ⅱ・一八三頁、永田由利子『オーストラリア日系人強制収容の記録』一四頁）。

アメリカの自治共和国だったフィリピンでは一九三九年時点で在留邦人は二万人弱、うち沖縄に本籍のある者は九八九九人、そのなかでもミンダナオ島のダバオに圧倒的多数が集中し、麻の生産にあたっていた（名護5―Ⅱ・八九頁）。

太平洋戦争の勃発とともに在留邦人は米比軍に抑留されたが、すぐに進攻してきた日本軍によって解放された。しかし日本軍による現地住民に対する残虐行為が頻発した。一九四四年に入り米軍の襲来が予想されるようになると男たちは現地召集されて軍に動員され、女性や子どもたちも勤労動員されるようになった。四四年一〇月に米軍がレイテ島、翌四五年一月にルソン島、四月にミンダナオ島にも上陸してからはゲリラ活動も活発になり、米比軍とゲリラ、現地住民から恨まれた在留邦人は逃避行のなかで悲惨な体験をした（豊見城4・三三六―三四四頁、名護5―Ⅱ・九五―一〇三頁）。

なお日本人の男のなかにはフィリピン女性を内縁関係、あるいは「愛人」としたことによって少なくない混血の子どもたちが生まれたが、戦後フィリピンに残された。日本人の子どもとわかると迫害、差別される危険性があったため苦労して育った。一九九〇年代以降、ようやく身元がわかった人もいるが、その後も父親の日本人を探している人も少なくない。

南洋諸島

サイパンやテニアン、ロタ、パラオなど南洋諸島は第一次世界大戦後、日本が国際連盟の委任統治領として統治をおこなった。サトウキビ栽培などの開発をおこない、沖縄から多くの移民が送り込まれた。太平洋戦争で日本軍が次々に後退していくなかで本土に引き揚げた者もいたが、特にサイパンには約二万人の在留邦人（うち半数が沖縄出身）が残り、一九四四年六月から七月にかけての日米両軍の激しい戦闘に巻き込まれて多くの犠牲を出した。それまで太平洋諸島で日米両軍の戦闘はおこなわれていたが、多くの日本の民間人を抱えての戦闘は初めての経験だった。

サイパン戦やテニアン戦のなかで、日本軍による民間人虐殺、迫害、自決の強要など沖縄戦で起きるようなことはほぼすべて起きていたが、詳細は別に譲る（林博史『沖縄戦　強制された「集団自決」』六〇―六四、一四七頁以下）。

南米

太平洋戦争の開戦をうけて、一部を除いてブラジルなど南米諸国は連合国に加わり、日本とは交戦関係となった。ブラジルなどにいた日本人は敵性国民として資産の凍結や都市など一定の地域からの立ち退き、日本語新聞・雑誌などの発行禁止などさまざまな規制を受けた。日本の敗戦の報に対して、沖縄からの移民の多くは、日本は勝った、負けたというのはウソだと信じた(「勝ち組」)。一部の者は日本の敗戦の事実を認識したが(「負け組」)、彼らは「非国民」「国賊」だと非難を浴びただけでなく、「勝ち組」の急進派によって次々と殺害された。そうした殺害・襲撃事件は一九四六年三月から六月にかけて三十数件に及んだ(ブラジル沖縄県人会『ブラジル沖縄県人移民史』一五一―一七一頁)。日本人移民のなかでも沖縄出身者は「勝ち組」が多かったとされているが、日本人のなかからも沖縄として差別されるなかで、より一層天皇に忠誠を尽くすことによってそれを克服しようとする、沖縄社会のなかにあった同化・皇民化志向が、海外の閉ざされた空間のなかでより極端化したのではないかと思われる。

なおブラジル政府は二〇二四年七月、日本人移民を「敵性外国人」として迫害したことを公式に謝罪した。しかし戦争が終わったにもかかわらず、敗戦の事実を認めた人たちを殺害した人たちは何もしないままなのだろうか。敗戦の事実を知ってガマに隠れている人たちを救おうとしながら殺された人たちのことと重なる。

ほかにもハワイや米本国にも多くの沖縄からの移民がいた。多くの証言があるがここでは触れる余裕がない（沖縄の市町村史の移民編を参照していただきたい）。

沖縄の人々の戦争は沖縄戦だけでは語り尽くすことはできない。〝沖縄と戦争〟を全体として描くことはいまだになされていないと言える。

12　米軍兵士にとっての沖縄戦

戦争神経症の多く出た米軍兵士たち

沖縄戦は米軍にも多数の死傷者を出したが、それにとどまらず兵士の精神にも深刻な打撃を与えた戦闘だった。第一〇軍全体で戦死七三七四人、戦傷三万一八〇七人、行方不明二三九人だったが、そのほかに非戦闘死傷者二万六二一一人を出している（米国陸軍省編『沖縄　日米最後の戦闘』光人社NF文庫・五一九頁）。非戦闘死傷者とは戦闘以外による死亡、病気やケガなどの理由で部隊の勤務から外れた者を指すが、このなかに戦闘神経症による者も含まれる。五月末までの時点で陸軍と海兵隊師団の非戦闘死傷者は計一万四〇七七人、そのなかで戦闘神経症が大きな割合を占めているとされている（同前・四一九頁）。戦闘神経症といっても、一時的に前線を離れて後方で治療して部隊に復帰する軽度のものからもっと深刻なものまであり、さらに戦争が終わって時間が経《た》ってからＰＴＳＤ（心的外傷後ストレス障害）を発症する者も多く、正確な数字を出すことは困難である。

日本軍の場合、負けた戦いであり、負傷しても捕虜になることを許さなかったので、戦傷者よりも戦死者の数が圧倒的に多い。つまり捕虜になることを認めていれば戦死者はもっと少なくなっていたはずである。それに比べると米軍の戦死者は少ないように見えるが、兵士たちのおかれた過酷さは単純には比べられないように思われる。

たとえば、第一海兵師団第五連隊第三大隊Ｋ中隊の一員だったユージン・Ｂ・スレッジの体験を見ると、Ｋ中隊は四月一日に総員二三五人で上陸した。作戦中、補充兵が二五〇人送られてきたので、計四八五人がＫ中隊に所属して沖縄戦を戦ったことになるが、作戦終了時に残っていたのはわずか五〇人、うち上陸時から最後まで残ったのは二六人だけだった。残りは戦死や負傷で戦列を離れた。なお六月の南部での戦闘は、米軍による一方的な戦いと思われがちだが、海兵隊には戦闘経験のない補充兵がたくさん投入されて多くの死傷者を出した（ユージン・Ｂ・スレッジ『ペリリュー・沖縄戦記』四〇四、四二二、四四八頁）。

スレッジが体験した五月中旬の首里西方のハーフムーン・ヒルでの戦闘では雨が降り続くな

1945年5月、シュガーローフ・ヒル、西側　沖縄県公文書館蔵

か、「身の毛もよだつ地獄のような光景」「死と腐敗と破壊がないまぜになった異様な気配」があった。砲弾の跡には水が溜まりその多くには海兵隊員の遺骸があり、その周りをハエの大群が飛び回っていた。「日本兵の死体も、いたるところに転がっていた」「たちこめる屍臭《ししゅう》は圧倒的だった」（同前・三七九―三八一頁）と振り返っている。

　ハーフムーン・ヒルの西隣にあったのがシュガーローフ・ヒルだった。この戦闘に参加した海兵隊のアーブ・ゲハート一等兵は一一回突撃をおこない、「毎回、丘に突撃する前に集中砲火をくわえて、突撃して、その後ジャップがもどってきて俺たちを攻撃する。その場所に野ざらしの状態で、たくさんの死体は転がっていた」。そうした「腐乱死体」の上を乗り越えながら戦闘を繰り返したと振り返っている（ジェームス・H・ハラス『沖縄

1945年6月、シュガーローフ・ヒル。日本軍の陣地壕　沖縄県公文書館蔵

シュガーローフの戦い』二六六頁)。

こうしたなかで、兵士たちの心はズタズタにされていった。「負傷者の大部分は敵の砲弾の破片にやられて」おり、「絶え間なく重砲火にさらされ」るなかで、「ショックと恐怖に怯《おび》えきった表情の者もいれば、よく知った顔なのに見分けがつかないほど変わり果て、衝撃にもう恐怖を感じることさえできず、ただうつけた表情を見せている者もいた」「戦争神経症には多くの仲間が苦しんだ。症状はさまざまで、周囲の状況を認識できずに放心したままの者から、ただすすり泣く者、さらに極端な場合は大声でわめき叫ぶ者まで、実に幅広かった」(スレッジ・三九九―四〇〇頁)。

ある兵士が塹壕《ざんごう》を掘っている時に背嚢《はいのう》を背負って匍匐《ほふく》して近づいてくる日本兵を見つけたので射殺した。しかしそれは子どもをおぶっていた女性だとわかって「非常なショック」を受けたこともあった。ただ民間人の服装をしていても手榴弾を隠し持っていることを見つけるようになると、民間人を殺すことも仕方がないと思うようになっていったようである（ジョージ・ファイファー『天王山』上・二七七―二七九頁）。民間人にも手榴弾を配布したことが自決を促しただけでなく、米兵による民間人攻撃を増幅させたと言えるだろう。

田場チヨ子さんの家族は具志川でガマに避難していて四月五日に米兵の呼びかけに応じて出て助かったが、その周辺で子どもをおんぶして歩いていたおばさんが米兵に撃たれたことがあった。その米兵は女性と子どもを撃ってしまったことで「がたがた震えて座り込んでいたという」（具志川5―I・一八五頁）。そのような兵士もいたのである。

もちろんそれが心に与えた傷は戦争が終わってからも続き（あるいはしばらく経ってから発症し）、悪夢、フラッシュバック、睡眠障害、パニック障害、家庭内暴力、アルコール中毒などPTSDに苦しめられることになる（保坂廣志『沖縄戦のトラウマ』二六〇頁）。

海軍においても、繰り返される特攻機による攻撃に悩まされた水兵たち、特に機動部隊や輸送船団の前方で哨戒と対空防衛にあたっていた艦船の乗組員たちの間では戦闘神経症が少なくなかった。なお心の傷の問題は米兵だけでなく日本兵や民間人でも同じである。

なお第一海兵師団は、沖縄戦の前に一九四四年九月から一〇月にかけてペリリュー進攻作戦にも投入されている（スレッジ・七六頁）。そこでも沖縄戦と同じような凄惨な体験をしており、一万六〇〇〇人あまりの同師団の隊員のうち、死傷者は六五二六人（うち戦死一二五二人、戦傷五二七四人）を出していた。師団の戦闘員の中核である三つの海兵連隊だけを見るとほぼ半数が失われている（同前・七六、二四四頁）。

沖縄にやってきた米軍部隊の戦歴

この第一海兵師団はまずガダルカナル島での戦いに投入されたが、その時に日本兵が死んだふりをして手榴弾を投げつけてきたり、負傷したふりをして救いを求めてきた日本兵に近づいていった米兵がナイフで刺し殺されたりするという経験をしていた。また捕虜にした日本兵の、自分の部隊は飢えで苦しんでいるので助けてくれるならば投降するという話を信じて二五人の偵察隊（軍医を含む）が上陸艇で赴いて下船したところ、待ち伏せしていた日本軍に攻撃され、わずか三人しか生き残らなかった事件などの経験が海兵隊員たちの間で語りつがれ、「日本兵を激しく憎み、捕虜にとる気にもなれなかった」という状況が生まれていた（スレッジ・五九、六九―七〇頁）。

沖縄においても投降するふりをして、時には民間人の服を着て、米兵が近づくと突然銃や手榴弾で攻撃してくることを米兵たちは体験していた（ファイファー・三一〇頁）。

「汚れた毛布に身を包んだ長い民間人の列」が米軍の方にやってきたとき、そのなかに手榴弾や爆薬を持っている日本兵が紛れ込んでいたこともあった。そうしたことも積み重なり、「おおむね十歳から六十歳までの民間人が、すべて潜在的な仕掛け爆弾と見られ」ていたという（同前・二三三頁）。

捕虜を取ろうとせずに殺してしまう海兵隊員は少なくなかったようであるし、家族を農家に入れて火をつけ焼け落ちるまで窓や戸口から銃撃を続けたこともあったという（同前・三二七頁）。「海兵隊員の日本兵に対する憎悪」（スレッジ・六〇頁）は鬼畜米英の憎しみを煽られ捕虜を認めない日本兵の姿勢とあいまって、日米両軍の間で捕虜を取らない徹底した殺戮戦につながったのではないかと思われる。米兵の証言を見ると、捕虜に取らずに捕まえた日本兵を処刑したり、民間人でも殺してしまったケースがいくつも語られている。米軍首脳部は日本軍の情報を得、また日本兵の抗戦意思を弱め投降を促し、より少ない損害で短い期間に勝利するために捕虜を取るように将兵に命じていたが、記録に残らない殺戮は少なくなかったと考えられる。また北部では第六海兵師団によって、捕らえた民間人のなかから大人の男たちだけを殺害したケースが多数知られているのもこうした背景があったからではないかと思われる。

なお第六海兵師団は、その後、日本占領のために八月三〇日に最初に横須賀・横浜地区に上陸した。この日、横須賀市内で二件の米兵による強かん事件があったことがわかっている。この二件について米軍の捜査報告書が残っているが犯人は逮捕されないままで終わっている。海兵隊による犯罪は、沖縄から本土へ、そして今日の沖縄へとつながっている（林博史「資料紹介占領軍進駐直後の米兵による強かん事件捜査報告書」）。

ところで、他方で、民間人を助けようとした米軍兵士たちも多かったことは指摘しておかなければならないだろう。それは沖縄出身、あるいは日本出身の日系兵士だけではない。自らの命の危険を顧みずにガマに入って避難している人々を助け、食糧を与え医療を提供した米軍将兵について証言している沖縄の人たちは数多い。日本軍よりも米軍のほうが助けてくれたという証言も多い。

米軍という組織を見ると、一面では無差別攻撃に見られるような戦闘方法を取ると同時に、自軍の損害を減らし戦闘を早期に終わらせるための心理戦など民間人を保護する方法も採用した。他方で兵士たち個人の要素もある。残虐なこと、強かんも平然とおこなう者もいれば、民間人を助けようとする者もいる。それらの組織・個人の両面が現れたのではないかと思われる。ただ軍政担当者がいくら善処しようとしても米軍組織が日本本土進攻作戦という軍事作戦を優先させ、その後は将兵の復員を優先させるなかで、多くの民間人がいた収容所の劣悪な条件が放置されたことを見ると、軍隊組織のあり方が個人の善意を超えた力を持っていたと言うしかない。

第五章
沖縄戦の帰結とその後も続く軍事支配

1945年6月、糸満喜屋武半島の荒崎に星条旗を掲揚する米兵。この頃、日本軍と県民は逃げ道のない断崖に追い詰められていた

那覇市歴史資料室収集写真。那覇市歴史博物館 提供

戦中の南部と見られる住民の死

那覇市歴史資料室収集写真。那覇市歴史博物館 提供

1　どれほどの人たちが亡くなったのか

戦没者数の推計

沖縄戦で亡くなった人はどれくらいいたのか。実はこのきわめて重要で基礎的な事実も明確ではない。琉球政府が援護行政のなかで作成した資料によると、沖縄県出身者は、軍人軍属二万八二二八人、一般住民九万四〇〇〇人（「戦闘参加（協力）者」五万五二四六人と「一般住民」三万八七五四人）、県外出身日本兵六万五九〇八人、日本側計一八万八一三六人、米軍一万二五二〇人、総計二〇万六五六人となっている。沖縄県出身者は合計で一二万二〇〇〇人あまりになる。しかしこの数字は[*]、きわめて不正確である。

＊この数字は一九四四年二月と四六年一月の沖縄群島（宮古・八重山は含まれない）の人口統計を基に、県外疎開の人数を推定で除外し、宮古・八重山の戦没者や調査漏れなどを推定で追加するなどいくらかの操作をおこなって計算したものである。しかしこの計算では一九三〇年代に毎年一万五、六千人あった出生数が考慮されていない（平時の死亡数を差し引くと人口増加は毎年五、六千人）。

ふたつの人口統計の二年間の間に沖縄戦を挟むので出生数は半減したと考えて計算したとして、一万五〇〇〇人ほどを追加するとそれだけ戦没者数が増える。また四四年一月以降に南洋諸島などから引き揚げてきた者、戦後に県外疎開から戻ってきた者（正式の引き揚げだけでなく私的な引き揚げも含めて）が四六年一月の数字には加算されているので、その分、戦没者は多くなるはずである。そうしたことなどを考えると、援護資料の一二万二〇〇〇人よりは多くなると見込まれる。ただ安仁屋氏が指摘するように「十五万人を上回ると推定される」かどうかは今の段階では保留しておきたい（くわしい計算方法は安仁屋政昭編『裁かれた沖縄戦』一三三―一三七頁）。

軍人軍属・「戦闘参加（協力）者」と一般住民の区別についても、前者は援護行政でそのように認定された者の数字にすぎず、本書でくわしく見たように通常ではとうてい兵士になれないような民間人まで召集されている。軍人軍属と分類されている人の多くが一般住民と言ってもおかしくない（防衛召集者、男子学徒隊は軍人、女子学徒隊は軍属扱い）。「戦闘参加（協力）者」は一般の民間人を援護法の対象とするために軍の戦闘に「参加（協力）」したと認定した者で「準軍属」とも呼ばれているが、「一般住民」と違いはない。

しかし、軍によって壕を追い出されたために砲爆撃で死んだ者は「壕提供」、軍に食糧を奪われて餓死した者は「食糧提供」と事実が改ざんされて「準軍属」とされている。援護行政は日本軍による残虐・迫害行為を隠蔽し、あたかも人々が自ら進んで軍に協力したかのような作文を偽造して援護を受けられるようにしている。そこには日本軍は正しい、残虐なことはしていないという日本政府の姿勢が現れており、援護行政に関わる文書の内容は取り扱いに十分な注意が必要である。また沖縄戦の実態を見るうえで、援護行政上の分類にすぎない「戦闘参加者」と一般住民を区別することはできないし、するべきではないだろう。

これとは別に平和の礎に刻銘された沖縄県民は一四万九六五八人（二〇二四年六月二三日現在）となっているが、この数字には一九三一年九月一八日（満州事変）以降の「県内外において戦争が原因で死亡した者」が刻銘対象者となっており沖縄戦よりも対象がはるかに広い。他方で戸籍が失われ、証言者がいなかったなどこの調査から漏れている戦没者もあると考えられる。この刻銘者のなかで、死亡場所が沖縄県内と県外・国外を示す数字がわかれば、死亡時期とあわせて見ることによって刻銘者のなかでの沖縄戦の戦没者がかなり正確に推定できるだろうが、集計したデータを沖縄県は公表していないので、平和の礎の数字から推定することは難しい。

平和の礎には、県外都道府県七万七九七八人、アメリカ一万四〇一〇人、イギリス八二人、台湾三四人、朝鮮民主主義人民共和国（北朝鮮）八二人、韓国三八一人、総計二四万二二二五人が刻銘されている。このなかで北朝鮮と韓国は沖縄に連れてこられて亡くなった人のほんの一部にすぎず、少なくとも数千人あるいは万を超える人数が落ちていると見られるし、日本軍慰安婦として連行された朝鮮女性はまったく刻銘されていない。九州など本土から連れてこられた日本軍慰安婦の女性も落ちているのではないかと思われる。いずれにせよ沖縄戦で二〇万人を超える戦没者が出たことは間違いないが、先に紹介した援護行政の数字で戦没者数を示すのは避けるべきだろう。

なお台湾人に関しては、平和の礎の資料を見ると、米軍上陸前の時期の海上での戦没者が多い。日本軍の一員だったというよりは、船の乗組員あるいは乗客として遭難した人が多いように見受けられるが詳細はよくわからない。

南部撤退・戦闘の長期化と北部疎開が増大させた犠牲

沖縄戦の戦没者を時期別に見てみると、表5－1のような数字が得られる。平和の礎の刻銘は各市町村による調査が基になっているが、自治体史で戦没者の時期別の数字が記載されているものを拾って作成したのがこの表である。残念ながら沖縄県はこうしたデータを示していないので、沖縄全体の数字はわからない。

第三二軍司令部のあった首里より南の糸満市、豊見城市、南風原町では南部撤退後の六月の戦没者が過半数を占め、それ以降も含めると七割を超えている。

米軍上陸地点だった読谷村では、四月が最も多い（三月下旬に艦砲射撃が始まってから四月三日

表5-1　沖縄県内の戦没者（時期別）

市町村（現在）	糸満	豊見城	南風原	与那原	読谷	沖縄（市）	恩納
3月以前	95	45	30	17	258	261	41
4月	333	338	125	156	740 27.1%	1045 34.5%	194
5月	1803	930	492	564	509	477	177
6月	5385 63.3%	2029 57.1%	1448 (−6.23) 65.6%	657 39.3%	684 25.1%	810 26.8%	204 28.4%
7月	255	234	113 (6.23−)	47	187	126	25
8月	169	213		27	108	104	20
9月−12月	199	301		41	169	107	46
1946−47					74	95	11
6月−12月の割合	70.6%	78.2%	70.7%	46.2%	42.1%	37.9%	41.1%
計（時期不明）	8508	3607 (57)	3505 (1297)	1672	2947 (218)	3217 (192)	718
出典	糸満 7下 29頁	豊見城 6・299 頁	南風原 3・79頁	与那原 140頁	読谷 5下 216頁	沖縄 5・329 頁	恩納村史 編集室 より提供

（注）パーセント　県内戦没者総数を分母。ただし時期不明の数がわかる場合はそれを除いた。6月と、6−12月計のパーセントを示した。ただし戦没者の最も多い月が6月以外の読谷と沖縄市については最大の月にもパーセントを示した。読谷と沖縄市は米軍の進攻占領が4月だった。与那原は5月も多いがこの時期に与那原村域が激戦地だった。読谷と沖縄市が3月以前も多いのは十・十空襲による戦没者が多いことが反映されている。当時の町村との関係は、糸満市（糸満町、兼城村、高嶺村、真壁村、喜屋武村、摩文仁村）、豊見城市（豊見城村）、南風原町（南風原村）。

頃までの村内が多い）が、その後も継続して戦没者が出ている。なお四月にはチビチリガマでの「集団自決」など一三八人が含まれているので、それらを考慮すると六月が最も多いとも言えるかもしれない。また読谷村民でも北部での戦没者が七〇九人（一九四五年中）も出ており、そのうち死亡した月がわかる六五七人では六月以降が六割を占めている。五月を含めると（北部疎開から一か月以上経っている）八二パーセントになる。北部での死亡原因を見ると、四月においても爆撃等が四一人に対して病死（栄養失調）が同数の四一人、六月になると爆撃等一五人に対して病死（栄養失調）七三人と圧倒的に飢餓に苦しめられていたことがわかる。南部まで逃げて亡くなった人四九四人のうち六月以降が八一パーセントになる。こうしたことから、北部疎開と南部撤退による戦闘の長期化が多くの犠牲を生み出したことがわかる（読谷5下・二一五—二一八頁）。

四月上旬に米軍に占領された沖縄市でも読谷村と同じような傾向がうかがわれる。

北部の久志村（現在の名護市）の軍政府病院の責任者だったオリバー・M・セル軍医少佐の日記によると、六月二四日に五〇〇人の患者を受け入れたが、「全員が面倒な病気か負傷者、さらに飢餓者であった。かれらの症状は、想像を超えるものであった。四人は、到着時に死亡、七人は、到着後数時間内に死亡した」と記している。彼らは三か月近くを逃げ惑い、ようやく六月二〇日すぎに南部で米軍に保護された人々であり負傷と飢餓で疲弊しきっていた（保坂廣志『硫黄島・沖縄戦場日記』2・三四二—三四三頁)。そのためせっかく米軍が保護して治療しようとしても手遅れとなった人たちも少なくなかった。セル軍医は「前線には、栄養失調の子供が沢山いる。いつも子供たちは、戦争の最大の犠牲者だ」とも記している。日本軍の時間稼ぎの戦いによる長期化はこういう形でも人々の命を奪っていったのである。

ところで年齢別戦没者を見ると、南風原町では、二〇代から五〇代までのさまざまな形で軍に動員された男の戦死率が六〇パーセント前後を占めて多いが、六〇代以上では男七三・四パーセント、女六八・六パーセントと最も高くなっており、高齢者にきわめて過酷だったことがうかがわれる。他方、子どもの場合、世代別では最も少ない死亡率となっているが、一歳児、二歳児では五〇パーセント近くにのぼっており乳幼児の犠牲者も多い(南風原3・八〇頁)。

沖縄の外での戦没者

いくつかの市町村史のデータに基づいて、沖縄県外・海外の戦没者を見ると、南部の糸満市では、県内八五〇八人に対して、県外一五一人、海外一九一九人、合わせて二〇七〇人、「(県外+海外)/県内」の割合は二四パーセントになる(海上除く、糸満7下・二七—三一頁)。つまり県内をほぼ沖縄戦で亡くなった方と考えると、沖縄戦以外で亡くなった方はその二四パーセントに相当するということである。なお「海上」には沖縄戦に関連する疎開途中も含まれるが必ずしも沖縄戦と関係ないものも含まれているので計算からは除外した。

南風原町では、県内の戦没者三五〇五人に対して県外・海外三二九人、「(県外+海外)/県内」の比率は九パーセントとなっている(南風原3・七八頁)。

読谷村では県内戦没者二九四七人に対して、県外二一二人、海外七〇六人、合わせて九一八人であり、比率は三一パーセントとかなり高い。海外のなかではフィリピン二三一人、南洋諸島二二五人と移民が多かった国・地域、ついで中国一〇二人(満州は別に一七人)などとなっている(読谷5下・二二〇―二二四頁)。

沖縄市では、県内の戦没者三二一七人に対して、県外と海外を合わせて二〇九四人、六五パーセントと非常に高い。南洋諸島が一〇五六人と非常に多いのが特徴である(沖縄5・三一六―三一九頁)。

北部の恩納村では、全戦没者一四七三人のうち海外六一三人(うち南洋諸島三四四人)であり、県内の戦没者に対して約七割に相当する(恩納3・七五―七六頁)。

移民や出稼ぎの多かった具志川市(現在のうるま市)では、県内一四六七人、県外五三人、国外一六七三人、海上一四六人となっており、県内よりも国外のほうが多い(具志川5・戦時記録・一〇四四頁)。

沖縄県全体での県内と県外・国外の数字がないので断定的なことは言えないが(平和の礎の

データが公開されればわかるだろう）、沖縄の外で亡くなった戦没者はかなり多く、県内の戦没者に対して二、三割に相当するかもしれない。全体として海外は南洋諸島とフィリピンの戦没者が多いが、いずれにせよ沖縄戦だけでは、沖縄の人々の戦争を語り尽くしたことにはならない。沖縄戦は短期間に大きな犠牲を出した点でも特筆されるべきことであるが、日本がおこなった侵略戦争全体の中で沖縄の人々の戦争とその犠牲を考える必要があるだろう。

2　どうすれば犠牲をなくせたのか、減らせたのか

民間人を守る方法はなかったのか

まず南部撤退がはたして時間稼ぎになったのだろうかという点を考えよう。第三二軍は五月二二日夜、南部撤退を決定、軍司令官は二七日から移動を開始し二九日深夜（三〇日未明）に摩文仁に到着した。三一日に首里は米軍の手に落ちた。米軍は六月四日に小禄地区に上陸、小禄の海軍部隊は六月一二―一四日頃に壊滅した。五月下旬は雨が続いて日本軍の南部撤退を把握することが遅れ、六月五―六日頃から米軍は南部陣地の日本軍への攻勢を始めた。一六―一七日頃には八重瀬岳―与座岳の最後の防衛線を米軍が突破、一九日には第三二軍による組織的な

戦闘は事実上終了、米軍による掃討戦のなかで二二日（または二三日）に第三二軍司令官と参謀長が自決し、米軍は七月二日に沖縄作戦の終了を宣言した。

もし仮に第三二軍が首里の地下司令部を中心に立てこもったまま最後の抵抗をおこなったと仮定すると、小禄の海軍部隊が大砲など大きな兵器を破壊して撤退したがすぐに引き返して抗戦し一〇日前後持ちこたえたことを鑑みると、六月初めからの首里攻防戦は少なくとも二週間以上は続いたのではないかと思われる。そうすると南部撤退によって時間稼ぎができたと見なせる期間はほとんどなかったのではないだろうか。しかし、もし仮に長い期間引き延ばせたとしても、そのために何万人もの民間人の命を、さらに多くの将兵たちの命を奪うことに何の意味があったのだろうか。

五月末の時点では天皇も大本営も沖縄への関心を失い本土決戦準備に移っていた。しかも六月下旬には天皇は本土決戦を断念しているのだから沖縄での時間稼ぎ自体に意味がなくなる。そもそも五月末の時点で降伏していれば、兵士たちも含めて一〇万人以上の命を救うことができたはずである。軍司令官が自分の名誉を重んじたいと考えたのであれば、自分だけが責任を取って、部下や民間人を救うこともできただろう（城を攻め落とされる時に城主とその側近が自決して、多くの部下や人々の巻き添えを避けることは武士の道義としても理にかなった方法だろう）。

多くの日本の民間人を抱えての戦闘はサイパンなどマリアナ戦以降、フィリピンでもおこなわれていたが、民間人の扱いは軍として正式に決めたわけではなかった。捕虜にさせないという考えが強かったが、なんらかの命令や通牒として、民間人も軍とともに玉砕させることが決められたわけではなかった。

住民を戦闘に巻き込まないような陣地配置、住民避難地の設定、住民のための諸施設や食糧などの確保という配慮はまったくなかった。たとえば、一定の地域を非武装地帯に設定して住民をそこに避難させ米軍に通告する方法がある。この場合、米軍は抵抗を受けずに進駐してくるので住民は米軍保護下に入ることになる。日本軍と政府・県は、米軍に対して民間人の保護を強く要請すると同時に、民間人は保護されること、民間人に対する残虐行為は戦時国際法で禁じられていること、米軍に収容されることは恥ではなく、まったく問題ないことを人々にあらかじめ十分に周知徹底しておく必要がある。その点で日本軍も政府も沖縄県も正反対のことをし続けた。

北部に疎開させるのであれば、疎開させる地域には軍、特に遊撃戦部隊を配備して戦闘地域にするようなことはしてはならず、米軍に保護されることを想定して、米軍にそのことを事前に通告（少なくとも民間人しかいないことが米軍にかんたんにわかるように）する必要があった。

軍人であっても万策が尽きた時には捕虜になることを許すべきであったことは言うまでもないが、仮に軍人には「生きて虜囚の辱を受けず」ということを強制したとしても、防衛隊員や民間人の扱いは別にすることができたはずである。

沖縄戦は避けられなかったのか

さかのぼって考えていくと、近衛文麿が天皇に終戦を提言した四五年二月の時点で（マリアナ諸島を失って戦争の帰趨《きすう》は決していたし、さらにレイテ、ルソンなどに米軍が上陸しフィリピンも失うことが確実になっていた時点で）終戦を決断していれば沖縄戦を避けられた可能性があった。そうすれば当然、原爆投下やソ連参戦も避けることができた。天皇が八月に終戦の「聖断」を下したのは国体護持＝天皇制維持にこだわった、あまりにも「遅すぎた聖断」だった。

さらにさかのぼると、一九四一年一二月に英米など世界を相手にアジア太平洋戦争を始めたこと自体が暴挙としか言いようがない。

アジア太平洋戦争が日中戦争の長期化のなかでその原因が生まれたことを考えると、一九三七年からの日中戦争についても、盧溝橋《ろこうきょう》事件を早期に収拾できたはずであり、そうすれば全面化長期化は避けられた。中国から撤退して日本の政治経済社会の改革に向かっていればまったく違った歴史が見出《みいだ》せただろう。日中戦争は一九三一年からの満州事変の延長上にあったことを考えれば（別の道の可能性もあったが）、満州事変が関東軍の謀略から始まったものであったとしても、天皇や政府、日本社会がその侵略主義・排外主義に乗っかったことが大問題だった。

そして共産主義、社会主義運動のみならず、自由主義や個人主義その他のさまざまな思想・運動を弾圧して潰し、国家権力がおこなうことへの批判・異論を許さない社会をつくって（軍というよりは内務省と警察をはじめとする文官の官僚、政府の問題がある）、天皇機関説を否定して神がかった天皇制を国民に押し付けていったことが、戦争へ突っ走る勢力への抵抗力を削《そ》いでいった。そういう点では、大正デモクラシーと政党政治の挫折、治安維持法をはじめとする民衆の自主的な思想・運動の弾圧が大きな意味を持った。けっして軍だけが突出したわけでなく、内務官僚や司法官僚、文部官僚、経済官僚をはじめとした政府・官僚、排外主義を煽ることによって勢力を維持拡大しようとした政治家たち、戦意高揚を煽ったメディアの責任は重い（家永三郎『戦争責任』参照）。

ナチスに反対して強制収容所に入れられた経験のあるドイツのルター派の牧師マルティン・ニーメラーの有名な言葉がある。

「ナチが共産主義者を襲ったとき、自分はやや不安になった。けれども結局自分は共産主義者でなかったので何もしなかった。それからナチは社会主義者を攻撃した。自分の不安はやや増大した。けれども依然として自分は社会主義者ではなかった。そこでやはり何もしなかった。それから学校が、新聞が、ユダヤ人が、というふうに次々と攻撃の手が加わり、そのたびに自分の不安は増したが、なおも何事も行わなかった。さてそれからナチは教会を攻撃した。そうして自分はまさに教会の人間であった。そこで自分は何事かをした。しかしそのときにはすでに手遅れであった」（丸山眞男『現代政治の思想と行動』四七五―四七六頁）。

悲劇は突然起きるわけではない。そこにいたるまでにそれに向かって進む多くの出来事があり、それを防ぐ機会、分岐点はいくつもあり、異なる選択肢があったにもかかわらず、無関心であったり、時には悲劇への方向に加担し、それを避ける道を潰していく。あの時は仕方がなかったという言い訳をするのではなく、そこにいたるまでになぜ防ぐことができなかったのか、自分はそれぞれの分岐点の時に何をしたのか、何をしなかったのか、自らを省みる必要があるのではないだろうか。今に生きている私たちは、その分岐点を何度も何度も通り過ぎているし、今日の日本も大きな分岐点に直面している。沖縄戦の経験はけっして過去の物語ではない。

3　加害と侵略の出撃基地――米軍基地

米軍が沖縄に進攻したのは、日本を降伏させるために日本本土進攻作戦が必要であり、そのための兵站《へいたん》・出撃拠点として沖縄を確保しようとしたからだった。沖縄上陸当初は、沖縄進攻作戦のための飛行場や道路、港湾の整備などが進められたが、並行して本土進攻作戦のための基地建設も進めた。沖縄に航空基地を多数建設し、マリアナからと合わせて日本本土を徹底して爆撃するとともに、日本本土を中国や朝鮮、南方から孤立させて降伏に追い込むことも考えられていた。そのために収容した住民を北部の、沖縄本島のわずか一〇パーセントの土地に押し込めて、中南部、さらに北部の広大な土地を接収、軍事的に利用しようとした。ただしこれらの基地建設は、あくまでも対日戦のためであって、戦後も軍事基地として利用しようとしたわけではない（この点は林博史『米軍基地の歴史』参照）。

しかし終戦とともに米軍将兵の復員がおこなわれ、大規模な基地建設計画はストップした。ただ土地の返還は徐々にしか進まなかった。

その後、世界的な冷戦が進展し、東アジアでは中国の内戦で中国共産党が勝利して中華人民共和国が建国され（一九四九年一〇月）、国民党は台湾に逃げてかろうじて生き延びた。朝鮮半島では一九四八年八月から九月にかけて、南に大韓民国、北に朝鮮民主主義人民共和国のふたつの政府ができて分断が決定的となった。

そうしたなか、一九四九年五月にアメリカの安全保障政策の最高決定機関である国家安全保障会議は、北緯二九度以南の沖縄を「長期的に保持」すること、沖縄での軍事基地の拡充をおこなうことを決定した。さらに一九五〇年六月に朝鮮戦争が勃発したことにより沖縄の基地の重要性は高まった。日本の独立回復と同時に沖縄を軍事占領し続ける権利を確保したアメリカは、沖縄戦以来、占拠し続けていた土地に加えて、さらに暴力的な土地取り上げによって基地を拡張していった。沖縄戦準備のための日本軍による土地接収、それをはるかに上回る沖縄戦中の米軍による土地接収、戦後、いくらかは縮小したが一九五〇年代には新たな土地接収により、郷里を追われた人々が多数生まれた。

加害の出撃基地

米軍は沖縄の基地を朝鮮戦争、ベトナム戦争でフル活用して戦争を遂行した。朝鮮戦争の際には、嘉手納基地にB29が配備され、北朝鮮に対する無差別爆撃の出撃基地となった。ベトナム戦争では沖縄全体が重要な兵站基地となり、さらに嘉手納はB52によるベトナムに対する無差別爆撃の出撃基地となった。太平洋戦争中に沖縄から九州奄美に対して無差別爆撃が繰り広げられたことに始まり、沖縄の基地は一貫して民衆に対する非人道的な無差別爆撃の出撃基地であり続けた。日本がおこなった侵略戦争とそのなかでの残虐行為の事実をきちんと認めることをせず、反省もしない日本政府と日本社会（の多数）は沖縄を犠牲にしながらも加害の出撃基地としての利用を認めてきた。この点は本土の米軍基地にもあてはまる。

一九七二年に沖縄が日本に返還されてからも日本に展開する米軍専用施設の七割以上を日本政府の協力の下で沖縄に集中させて米軍は自由に利用し続けている。一九九〇年代の湾岸戦争、二〇〇〇年代のアフガニスタン戦争、イラク戦争などでも、米軍の地球的規模での軍事介入の展開拠点として利用している。

米軍が特に中東地域への軍事介入をおこなう際には、米本国から日本・沖縄の基地を経由し、インド洋のディエゴガルシアを出撃基地として利用している。一九六〇年代にインド洋への進出をねらって英領チャゴス諸島のディエゴガルシア島に目をつけたアメリカは、イギリス政府と謀って島民千数百人を追い出して無人島にし、空軍と海軍の基地を確保した。無人島にすれば反対運動が起きることもなく米軍が二四時間自由に基地を使えるからである。島民たちは賠償と帰島を求めて闘っているが島には戻れないでいる。アメリカから見て地球の反対側の地域への軍事介入をおこなうために、沖縄とディエゴガルシアでともに住民を排除し、受け入れ国政府と共同で反対運動を抑えつけている。アメリカと、受け入れ国であるイギリス政府と日本政府の植民地主義はいまなお続いている（林博史『暴力と差別としての米軍基地』）。

沖縄／日本に集中する米軍基地

アメリカ国防総省の報告書によると（表5－2）、海外にある基地（米領ヴァージン諸島、プエルトリコ、マリアナ、マーシャル、グアム、サモアなどの米領や保護領は除く）のなかで、嘉手納は最大規模である（嘉手納弾薬庫を含めると飛び抜けて大きい）。

資産評価額を国別に集計すると、日本が一七四五億ドルで一位、二位のドイツ五一六億ドル

表5-2　米軍海外基地　資産価値順2024年度　（2023年9月30日現在）

順位	基地名	資産価値（百万ドル）
1	嘉手納（沖縄）	25079
2	ディエゴガルシア（英領チャゴス諸島）	18993
3	ハンフリーズ（韓国）	18117
4	岩国	17807
5	トゥーレ（グリーンランド／デンマーク）	17353
6	横須賀	16039
7	三沢	15774
8	グアンタナモ（キューバ）	13743
9	横田	13712
10	フォスター（沖縄）	9134
11	オサン（韓国）	6210
12	キンザー（沖縄）	5734
13	ラムシュタイン（ドイツ）	5492
14	厚木	5209
15	アルウデイド（カタール）	5054
16	横瀬（佐世保）	4991
17	ハンセン（沖縄）	4945
18	レイクンヒース（英）	4892
19	嘉手納弾薬庫	4777
20	インジルリク（トルコ）	4571

"Base Structure Report, FY24 Baseline."（国防総省のウェブサイト）より作成
https://www.acq.osd.mil/eie/imr/rpid/library.html（2025.3.2アクセス）

（注）佐世保海軍基地は3118（百万ドル、以下同）だが、それと一体の横瀬を合わせると8109になる。座間（4113）と相模原補給廠（3516）、相模原住宅地区（1215）の近接する陸軍施設を合わせると8844と巨大基地並みになる。
韓国ではソウル以北の米軍基地を撤退し、土地を強制接収してハンフリーズに韓国の陸軍基地が集約されたことが反映されている。

の約三・四倍である。三位の韓国は四八五億ドルで日本はその三・六倍である。沖縄だけでも計六六二億ドル（本土は一〇八三億ドル）で北朝鮮と直接対峙《たいじ》している韓国全土の基地をも、さらにドイツをも大きく上回る。日本にはあまりにも異常に基地が集中しているが、日本全土の〇・六パーセントにすぎない沖縄に、ドイツ全土、韓国全土の基地よりも多くの基地が集中しているのは異常を通り越してしまっている。これは日本・沖縄の米軍基地が日本の防衛などのためではなく、米軍が地球的規模で軍事介入をおこない、戦争ができる基地ネットワークの要になっているからである。

この異常な基地集中の出発点は沖縄戦にあり、アメリカ政府・軍と日本政府が一体となってその異常な集中を維持・拡大してきた。その意味でも沖縄戦は終わっていない。

4　沖縄戦の戦後処理

遺骨収集と追悼

一九四五年末から四六年にかけて、北部の収容所に集められていた住民が郷里に戻ってきた。ただ米軍に占拠されているために元の集落に戻ることができずに周辺にしか戻れなかったケー

ひめゆりの塔

魂魄の塔

いずれも著者撮影

スも多い。特に南部では最初にあちこちに散乱している遺骨の収集から始めなければならなかった。一度、南部の米須に移された真和志村（現在の那覇市）の村民は散乱していた白骨三万体以上を集めて納骨し、四六年二月に「魂魄《こんぱく》」と刻んだ碑を建てた。これが魂魄の塔で、事実上沖縄県の塔となっている。また同年四月には、「ひめゆりの塔」（沖縄師範学校女子部と県立第一高等女学校）と「健児之塔」（沖縄師範学校男子部）が建てられた。

その後、一九五六年から日本政府の資金援助の下で琉球政府によって遺骨収集作業がおこなわれるようになる。日本復帰後も日本政府の委託を受けた沖縄県や民間ボランティアによって遺骨収集はおこなわれ、二〇二三年度までに一八万五〇〇〇体以上を収集した（県史6・六六六—六七一頁、沖縄県保護・援護課「沖縄戦の遺骨収集状況」二〇二四年三月末現在）。しかしその後もボランティアによる収集は続いている（具志堅隆松『ぼくが遺骨を掘る人

渡嘉敷島の「アリラン慰霊のモニュメント」　読谷村の「恨之碑」　いずれも著者撮影

「ガマフヤー」になったわけ。』)。近年、まだ遺骨が残されている南部の土を、沖縄県を始め県民多数が反対している辺野古《へのこ》の新基地の埋め立てに使っている政府のやり方に、死者を今日また軍事利用する冒とく行為だと批判がなされている。

一九四〇年代後半から五〇年代にかけて各地域で納骨施設をともなう慰霊碑や、学徒隊の碑がつくられていくが、一九六〇年代から一九七二年の日本復帰までの期間に、本土のそれぞれの都道府県が記念碑を建てていった。しかしそれらのほとんどは自県の兵士の武勲を称えて戦死者を美化し、沖縄の人々の犠牲を顧みないものばかりである。六四年に嘉数高台に建てられた「京都の塔」だけは「沖縄住民」に「哀惜」の念を示し、「再び戦争の悲しみが繰りかえされることのないよう」と平和の願いを刻んでいる希少な碑である（靖国神社国営化反対沖縄キリスト者連絡会『戦争賛美に異議あり』、県史6・六七二―六八二頁）。

一九八〇年代以降、住民の視点からの沖縄戦研究が進み、日本軍による加害の実態があきらかにされるようになると、「集

平和の礎　　著者撮影

団自決」のあった読谷村波平のチビチリガマの碑（一九九五年）、戦争マラリアによる波照間島民の犠牲者を悼む西表島の忘勿石《わすれないし》の碑（一九九二年）、朝鮮人の日本軍慰安婦や軍夫に関する渡嘉敷島のアリラン慰霊のモニュメント（一九九七年）、読谷村の恨《ハン》之碑（二〇〇六年）、宮古島のアリランの碑（二〇〇八年）などが市民の手によって建立されている。

　一九九五年に沖縄県によって「平和の礎」がつくられた。「平和の礎」は「世界の恒久平和を願い、国籍や軍人、民間人の区別なく、沖縄戦などで亡くなられたすべての人々の氏名を刻んだ記念碑」である。日本の戦争を美化・正当化する靖国神社が原則として日本軍人のみを英霊として称えているのに対して、敵味方の区別なく、軍人民間人を問わずすべての戦死者を追悼しようとする記念碑である。ただ沖縄の人々を犠牲にする作戦を指揮した牛島満軍司令官など軍幹部や住民を虐殺迫害した日本軍将兵と、沖縄県民、さらには強制連行された朝鮮人などの人々を同列に刻銘することは問題を含んでいるだろう。そうした問題をどのように克服するのかは課題として残されているが、こうした刻銘と追悼の方法を採用した「平和の礎」は沖縄の人々の平和への努力が生み出した貴重な財産だと言ってよい。

援護法の適用と歪《ゆが》められた沖縄戦像

日本では戦後の占領軍による民主化政策の一環として軍人恩給が廃止されたが、独立回復後の一九五二年、軍人軍属等を対象とした「戦傷病者戦没者遺族等援護法」が制定され、五三年には軍人恩給も復活した。この援護法は、当時まだ米軍支配下にあった沖縄にも適用が図られ、五七年に沖縄の軍人軍属や準軍属（一般住民で「戦闘参加（協力）者」として認定された者）の扱いが決められた。これで認定されると遺族給与金や障害年金が支給された。同時に、援護法の適用を受けた人の名簿が靖国神社に渡され、靖国神社に合祀《ごうし》される手続きになっていた。

すでに紹介したように「戦闘参加（協力）者」と認定されるためには「軍の要請により戦闘に協力し」たことを示さなければならない。そのため沖縄の遺族が、日本軍によって家族が殺されたからと申し出ても拒否され、壕から追い出されて死んだ者は「壕提供」とあたかも自ら軍のために壕を「提供」したかのように書いて申請しなければ認められない。こうした事実の歪曲《わいきょく》が靖国神社へとつながっている（県史6・六五四―六六五頁）。

日本政府は、国がおこなった誤った戦争によって死なせてしまった人々への償いとして補償するのではなく、戦争遂行への貢献に応じて援護する政策を取った。つまり援護法には侵略戦争への反省が完全に欠落している。日本政府が、今日にいたるまで日本の侵略戦争と戦争犯罪による被害者への償いを一切おこなっていないし、また国内での弾圧などによる被害者への謝罪と補償もおこなっていないのはそうした政府の考え方による。日本政府と軍が沖縄を捨て石にし、多くの犠牲を生み出したことを認め反省するような沖縄戦に関する国の記念館も記念碑もない。そもそも侵略戦争と日本軍による数々の残虐行為の事実を認めて展示し反省を示す国の記念館も記念碑もない。

不発弾

沖縄戦が遺したものとして不発弾がある。米軍が沖縄で使用した砲爆撃などの弾薬の総量については、部分的な数値はあるが、おおよその数を示す数字もない。ただ米軍が日本本土に爆撃で投下した爆弾総量を上回ることは確実である。また日本軍が使用した弾薬量もわからない。いずれにせよ一万トンかそれ以上が不発弾として残されたと推定されている。

一九四八年八月に伊江島で不発弾を海中投棄する作業中の船で爆発が起き、死者一〇二名を出す大きな事故があったが、不発弾による事故は続き、日本復帰後も建設工事現場などでの事故、発見が続いている（県史6・六四六―六五三頁）。

5　沖縄戦の認識・体験談・研究

沖縄戦叙述・研究の歩み

沖縄戦についての記録を振り返ると、一九四〇年代後半に本土出身の軍人による文献などが出されたが、沖縄の人たちのものはようやく五〇年代に入って、「沖縄タイムス」の記者たちによる沖縄タイムス社『鉄の暴風』（一九五〇年）、ひめゆり学徒隊を引率した教師だった仲宗根政善による『沖縄の悲劇―姫百合の塔をめぐる人々の手記』（一九五一年）、鉄血勤皇隊員で生き延びた大田昌秀『沖縄健児隊』（一九五三年）が出された。その後、当時の警察官、県幹部、新聞記者などの記録などが出される。

一九六〇年代後半、防衛庁防衛研修所戦史室『沖縄方面陸軍作戦』『沖縄方面海軍作戦』（一九六八年）のような軍事作戦中心の戦史が出された。これは摩文仁の丘に戦争を美化するような都道府県の碑が建設されていくのと同じ時期にあたる。

他方、その時期の沖縄では、米軍の圧政への抵抗、ベトナム反戦運動、日本への復帰運動が高まっていた。そうした運動の結果、七二年五月に日本に復帰することになるが、ほとんどの基地は残り、核兵器の撤去もあいまいにされ（再持ち込みができる密約がなされた）、自衛隊配備もおこなわれ、日本本土にまた裏切られたという思いが出てきた。

日本に復帰しようとしていた時期は、米軍の圧政に関心が集中し、日本軍の問題は後景に退いていたが、こうしたなかで沖縄戦の記憶が蘇《よみがえ》ってきた。特に防衛庁による軍人本位で、沖縄の人々の体験を無視する戦史の姿勢を批判し、沖縄の民衆の視点から人々の体験談を集めた『沖縄県史　第9巻　沖縄戦記録1』（一九七一年）と『沖縄県史　第10巻　沖縄戦記録2』（一九七四年）が刊行された。これは座談会や面談をしながら体験談を収集・記録したもので、沖縄の人々の沖縄戦体験が離島も含めて包括的に取り上げられた。沖縄の人々の手による、住民の視点からの沖縄戦の記録が始まったと言えるものだった。その後、沖縄の市町村でも自治体史の編纂が始まり、七〇年代には『那覇市史　資料編第2巻中の6　戦時記録』（一九七四年）、一九八〇年代に入ると『浦添市史　第5巻　資料編4　戦争体験記録』（一九八四年）など県史を発展させ、地域住民の戦争体験と被害を詳細に調査したものが次々に刊行されていった。

同時に日本軍による住民虐殺や軍に強制された「集団自決」、防衛隊、男女それぞれの学徒隊など沖縄戦を体験した人々の体験記が次々に出されるようになった。ひめゆり平和祈念資料館の開館（一九八九年）に向けての取り組みは学徒隊の実相をあきらかにする大きな刺激となった。沖縄に強制連行されてきた朝鮮人軍夫や日本軍慰安婦についての調査記録も刊行されるようになった。この時期に沖縄戦全体をまとめた著作も出され、一般に理解されている沖縄戦像はこの時期に広がったと言える。たとえば、大田昌秀『総史沖縄戦』（一九八二年）、安仁屋政昭『沖縄戦再体験』（一九八三年）、大城将保『改訂版　沖縄戦』（一九八八年）、藤原彰編著『沖縄戦―国土が戦場になったとき』（一九八七年）、藤原彰編著『沖縄戦と天皇制』（一九八七年）などが挙げられる。

沖縄戦を継承しようとする文献、教育・文学・絵本やガイドブックなどが刊行されるようになり、平和学習として訪れる人も増え、本土の出版社からも『観光コースでない沖縄』（一九八三年）が出された（二〇二三年に第五版刊行）。各自治体の市町村史には、沖縄戦編（戦争編）が独立した巻として刊行されるようになり、沖縄の人々の体験記・体験談が広く集められた（県史6・七二七―七四一頁、市町村史の成果をまとめたものが古賀徳子ほか『続・沖縄戦を知る事典』）。

「命こそ宝」という言葉・思想が広がったのもこの時期である。一九六〇年代のベトナム戦争、日本復帰闘争の時期に、米軍支配と戦争によって沖縄の人々の命が脅かされていることに対して命の大切さが叫ばれるようになり、さらに日本政府によって裏切られた日本復帰を経て、一九八二年に表面化した、文部省による教科書検定において沖縄戦における日本軍による住民虐殺の叙述が削除される動きなど沖縄戦の実相を隠そうとする姿勢が示され、日本政府・本土も沖縄の人々の命を軽視していることがあきらかになるなかで、戦争を殉国美談に仕立てあげる「玉砕の思想」に対置する形で「命こそ宝」が沖縄の思想として広がったのである（屋嘉比収『沖縄戦、米軍占領史を学びなおす』、川満彰・林博史『沖縄県知事　島田叡と沖縄戦』）。

なお沖縄戦のなかで島田知事がこの言葉を使ったという物語をつくっている人たちがいるが、彼がそれを言ったことを裏付ける根拠は何もない。沖縄の人々が、米軍と日本政府による圧政と人命軽視に対峙するなかで、悲惨な体験と苦しみを経て体得していった言葉／思想を、本土の官僚が沖縄の人々に与えた言葉であるかのように扱う歪曲が今日においてもなされ続けている。

その後も、疎開の詳細、収容所の実態、ハンセン病者、心の傷、米軍兵士の視点から見た戦争、沖縄戦から米軍基地建設の過程、などさまざまな記録・研究が生まれている。また二〇〇七年に文部科学省が教科書検定において、「集団自決」における日本軍の強制を削除させたことは多くの沖縄県民の怒りを巻き起こし、「集団自決」についての体験者の証言とそれを踏まえた研究も生み出されている。

一九六〇年代から九〇年代にかけて沖縄戦の記録・研究をリードした世代が退場しつつあるなかで、その次世代・次々世代による取り組みも進められつつある（吉浜忍ほか『沖縄戦を知る事典』、古賀徳子ほか『続・沖縄戦を知る事典』)。また体験者が次々に去り、体験談を聞く機会もなくなりつつあるなかで、沖縄戦の経験をどのように総括、認識し、後の世代につなげていくのか、という危機感は強く、そのなかで戦争遺跡をどのように保存活用するのか、ということが重要であるという議論もなされている(吉浜忍『沖縄の戦争遺跡』)。

ただ歴史を扱う際に、それが観光と結び付くと、歴史認識を歪めてしまうことが多い。郷土の誇りや観光客の誘致の視点からは、負の歴史、特に日本が加害者であった歴史は消されてしまうことがしばしばある。これは日本各地でも見られる問題である。

自衛隊の沖縄戦認識

現在の自衛隊がこの沖縄戦をどのように見ているのか、ということは日本列島に住んでいる市民にとって大きな問題である。無人の地で軍隊同士だけで戦うのではなく、多くの民間人が住んでいる地で戦闘をおこなう時に沖縄戦から何を学ぶのかはきわめて重大な問題である。

しかし自衛隊は一九五〇年代以来、沖縄戦について数多くの研究をおこない、戦史をまとめてきたが、ほぼ一貫しているのは日本軍が勇戦奮闘したという日本軍賛美である。そこには多くの沖縄の人々の命を奪い生活を破壊したことへの総括も反省もない。

そうした姿勢はさまざまな機会に示されてきた。沖縄の自衛隊幹部をはじめ自衛隊員たちが六月二三日の慰霊の日の早朝、人目を避けて、牛島軍司令官らを祀っている「黎明《れいめい》の塔」に参拝することが長年おこなわれてきていた（批判を受けて現在中止）。

沖縄に駐留する陸上自衛隊第一五旅団は公式ホームページで、牛島満が自決前に詠んだという辞世の句を掲載していることが報道された（「東京新聞」二〇二四年六月五日）。それは一九七二年五月一五日付、つまり沖縄の日本復帰の日に正式に配備された陸上自衛隊臨時第一混成群長桑江良逢・一等陸佐の訓示に付けられたもので、その訓示のなかでは「沖縄作戦において国土・郷土防衛のために散華された軍官民20余万の英霊」と述べられている。つまり軍官民が一体となって戦って死んだことが「英霊」と称賛され、第三二軍が多くの沖縄県民を犠牲にしたこと、将兵に対しても死を強いたことはまったく無視されている。住民を犠牲にした経験を消し去り、県民も祖国のために自ら命を捧げたという殉国美談に仕立て上げてしまう沖縄戦観であり、自衛隊や防衛庁（省）の諸機関でまとめられている沖縄戦に関する著作を見てもこうした沖縄戦観は一九六〇年代から一貫して続いていると言える。

なお自衛隊幹部や隊員たちはしばしば靖国神社を集団参拝している。また二〇二四年四月には海上自衛隊元海将が靖国神社の宮司に就任した。日本がおこなった戦争を正しい戦争として美化し、日本軍による残虐行為・非人道的行為の事実をすべて否定、戦死した兵士を神として崇《あが》める靖国神社を崇拝し続け、旧日本軍を今日なお称え続けている。

旧日本軍のあり方を反省し、同じ過ちを繰り返さないという決意の上に自衛隊があるのではなく、旧日本軍をひたすら弁護し正当化する自衛隊でいいのだろうか。旧軍意識・価値観を現在の自衛隊員に注入し続けているといったいどういうことが起きてしまうのだろうか。

自衛隊の存在を認めるとして、日本という地で戦闘をおこなうことを考えるのであれば、何よりもの前提は、そこにいる多くの人々の生命安全をいかにして確保するのか、そのために戦闘の仕方や配備なども考えなければならない。しかしそのことを考えているとは思えない。しかも自衛隊は実際の戦争になった場合、米軍の指揮下において行動することになる。米軍にとっては米兵の命が優先され、軍事作戦優先の下で日本の人々の生命とその安全は軽視（あるいは無視）される。特に二〇二〇年代に入り、南西諸島の軍事化、特に中国との戦争の第一線として沖縄を日本本土防衛の捨て石に、さらに日本本土をもアメリカの捨て石にしようとしている今日、沖縄戦はきわめて今日的な問題としてあり続けている。

おわりに

戦争について振り返る時に、「戦没者の方々の犠牲の上に今日の日本の平和と繁栄が築かれました」「みなさんの死があったから、今日の平和が生まれました」というような言い方がよくされる。しかしはたしてそうだろうか。

米軍に捕まることを許されず山中で餓死あるいは病死していった人たちは、軍や県・警察が民間人は残虐な扱いを受けないので米軍に収容されてよいと言っていれば、助かったはずだろう。米軍の呼びかけに応じて壕を出ようとして日本兵に殺された人は、殺されたほうがよかったのだろうか。日本軍が愚かなことを将兵に洗脳していなければ、生きて郷里に帰って戦後の建設に貢献してくれたのではないだろうか。私たちは、死を強制する日本国家と軍に抗して、生きることを戦い取った人々からもっともっと学ぶべきではないか。生きようとしながら死を強いられた人々の無念こそ――彼らに死を強いた者たちの責任をあきらかにし追及することによって――受け止めなければならないのではないだろうか。

冒頭に挙げたような言い方で、生きることのできた人々を死に追いやった原因をあいまいにし、戦争をあたかも自然災害であるかのように扱い、多くの人々を死に追いやった組織（日本軍や国・県などの行政、教育、社会など）とそれを動かしていた人たちの責任を免罪してきた。自己と自己の属する組織・社会の問題に正面から向き合って変えることから逃げてきたのではないだろうか。

米軍がガマから出てくるように呼びかけたにもかかわらず、出て行かずに日本軍から与えられた手榴弾を爆発させたり、米軍に爆雷を投げ入れられて殺された人は多い。しかしそこで死んだことがなぜ平和と繁栄につながるのだろうか。そこで死なないで生きていたほうが、はるかに平和と繁栄の建設に力を発揮できたのではないだろうか。死を拒否して生き延びたほうがずっとよかったのではないだろうか。「戦没者の方々の犠牲の上に……」というのは、生き残ろうとした人々の行為を恥ずべきこととして否定し、むしろ死んでくれたほうがよかったと言っているようなものではないだろうか。

すでに紹介したように十五年戦争における日本軍将兵の戦死者約二三〇万人のうち餓死（飢えによる傷病死を含む）は半数あるいはそれ以上にのぼると推定されている（藤原彰『餓死した英霊たち』）。当時の通常の軍隊であれば、戦闘の勝敗がついた時、あるいは弾薬や食糧が尽きた時には投降して捕虜になることが認められていた。しかしそれを許さなかった日本軍は死ぬことを強制する軍隊だった。

ガダルカナルやニューギニアなどで米軍を前にして弾薬も食糧もなくなった時、飢死・病死するか、米軍に突撃して殺されるしか許されなかった。

日本軍将兵の戦死者のうち少なくとも一〇〇万人以上は、通常の軍隊であれば生き残ることができたのであり、けっして「戦争だったから」死んだのではない、生きることができたにもかかわらず、天皇の軍隊の一員であったために死を強いられたと言うべきだろう。将兵に死を強いた日本軍や政府以下の行政、教育、そして社会（ほかでもなく一人ひとりの国民によって構成されている）、それらの一つひとつを検証し、死を強いる組織に、なぜ、誰が、どのようにして、してしまったのか、その責任も含めて検証しなければならなかった。しかし、「戦没者の方々の犠牲の上に……」という美辞麗句によって、あるいは「戦争だったから」と戦争は人が準備計画し実行してきたことから目を背けて、あたかも戦争が自然災害だったかのように扱うことによって、そうした検証をおこなうことを封じ、責任者たちを免罪してきた。そして一人ひとりがつくっている社会のあり方の検証も避けてきた。

人々の自由を抑圧し戦争体制をつくって国民を戦争に駆り立てた内務官僚などの官僚は、責任を取ることなく戦後も自民党議員や閣僚など政権の幹部としてとどまり続けた。最後の最後まで竹槍を持ってでも米兵と戦えと煽り続けた島田知事をいい人だと美化する議論が二一世紀になって堂々となされるありさまは、そうした戦後社会が生み出した病理だろう。また自衛隊を保持するのであれば、旧日本軍のようなことは二度とやらない、市民の生命と安全を第一に考える組織にしなくてもよいのだろうか。

日本の戦争責任や植民地責任、近年では日本軍「慰安婦」問題や朝鮮人の強制連行・強制労働問題、靖国神社問題を例に挙げると、日本政府もほとんどのメディアも世論も、韓国や中国が批判しているから対応するという議論の仕方ばかりである。日本という国家がなぜそうしたことをおこなったのか、それを改革し二度と起こさないような国・軍(自衛隊)・社会をつくることができているのか、など自らの問題として考えようとはしない。少女の性を広範に利用し搾取している今の日本社会は、日本軍「慰安婦」制度を本当に反省した社会なのだろうか。労働力不足に対処するための方策としか考えず、外国人労働者の人権を踏みにじるような入国管理や外国人技能実習生制度などを当たり前のように維持している日本国家・社会は、朝鮮人や中国人の強制連行・強制労働についていったいどのように反省し、そうしたことを繰り返さない社会をつくったなどと言えるのだろうか。

ただ韓国や中国が批判している、あるいは文句を付けてきているという枠組みでのみとらえて反韓反中意識を煽り、日本自身の問題であることから目を背け続けているだけではないだろうか。

沖縄戦のなかで生きようとした人々に注目するのは、筆者が二〇〇一年に出した『沖縄戦と民衆』のメインテーマだった。沖縄戦というと、沖縄の人たちは犠牲になった受け身の存在、多くの本土の者にとってはかわいそうな同情の対象でしかないという沖縄戦のとらえ方を根本的に変えたいという思いもあった。本土から多くの人が沖縄に行くが、リゾートアイランド、あるいは「癒しの島」で、ひめゆりの塔とひめゆり平和祈念資料館、摩文仁の平和の礎や平和祈念資料館などを訪問して沖縄戦の悲劇を知り（そうしたところにさえも行かない人が多いが）、かわいそうな沖縄の人たち、それに比べて自分たちは平和な日本で生きていてよかったと安心して帰ってくる。沖縄の自然も文化も、沖縄戦さえも本土人の「癒し」と自己満足のために消費されているだけの現状に、このままでいいのだろうかという問い直しをしなければ、という問題意識があった。

沖縄の近代を振り返ると、琉球王国が廃されて日本に併合され、日本本土への同化政策が進められるなかで、それに対する疑問、問いかけ、模索がなされ、本土から差別される沖縄という枠組みを変えようとする試みもなされた。移民もそうしたこととは別の道の模索だったと言えるだろう。残念ながらそうした営みは日本国家によって圧殺され、日本がおこなう侵略戦争に沖縄全体が駆り立てられていった。

しかし、沖縄戦において、国家や軍・行政・教育の教えに従っていれば死ぬしかない状況に追い込まれるなかで、天皇のために命を捧げよ、それが帝国臣民の名誉だという国家の教義を拒否して、生きようとする人たちがたくさん生まれた。お上の言うことに従っていれば死ぬしかない状況のなかで、自分たちの頭で考え判断し行動する人々がたくさん生まれてきた。この沖縄戦の経験は沖縄社会を、沖縄の人々を大きく変えただろう。その姿はすぐに現れたわけではなかった。米軍は沖縄の人々を従順だと判断して、暴力的に土地を取り上げ、軍事基地建設を推し進めた。それに対して、一九五〇年代に島ぐるみ闘争と呼ばれる広範な抗議運動が繰り広げられた。日本国家から犠牲にされて捨てられ、米軍からも圧政を受けるなかで、自らの人権を自らの意思と行動で勝ち取る運動を粘り強くおこない、日本復帰を勝ち取った。これは植民地の独立あるいは自国の軍事支配からの民主化に匹敵する運動の成果だったと言ってよいだろう。もちろん基地のない沖縄を目指した日本復帰だったにもかかわらず、ここでもまた日本政府とアメリカ政府によって裏切られ米軍基地を押し付けられているが、それでもあきらめずに平和と人権を希求する努力を続けている。

残念ながら日本は、民主化と平和憲法を自力で勝ち取ったわけではない。私自身、本土の出身・在住者であるが、本土の者たちこそ、そういう沖縄の人々の主体的な営みから学びたいと思う。

なお本土からは、「癒しの島」沖縄のイメージが観光と結び付いて広がっているが、他方で、沖縄社会が抱えている暴力／性暴力、性搾取、女性差別、貧困、共同体からの排除・差別などが不可視化されてしまっている。近年、沖縄ではそうした問題が取り上げられてきているが、それらは沖縄戦とその後の米軍事支配が残し、あるいは生み出した問題でもある。また基地を維持し続けるために日本政府がおこなっている経済政策の問題でもある。本書ではこうした問題に触れることはできないが、沖縄戦から現在にいたる、日本とアメリカというふたつの国家と軍事支配が生み出してきた問題を全体として認識し考えることが——特に日米両国が南西諸島の軍事化、戦場化をともにそろって推し進めている現在——、ますます必要になっているのではないだろうか。

あとがき

沖縄戦について研究を始めたのは一九八六年のことです。大学院の時に指導していただいた藤原彰先生から、沖縄戦について本土の我々も研究しなければならないから共同研究を始めようと声をかけられたのがきっかけです。それ以来、私個人としては『沖縄戦と民衆』『沖縄戦強制された「集団自決」』『沖縄戦が問うもの』の三冊を出してきました。三冊目は沖縄戦の全体像を描こうとしたものですが、二〇一〇年に出したものですのでそれから一五年が経っています。それ以降も沖縄戦について新しい調査研究の成果が次々に出されていますが、それらを踏まえて沖縄戦の全体像をわかりやすく描いたものはありません。そこでそうした成果のうえに沖縄戦像を描こうとしたのが本書です。できるだけ多くの方々に読んでいただきたいと思い、新書として出すことにしました。

ところで私は、二〇〇五年から始まった沖縄県史の編集専門部会（沖縄戦）の一員となり、二〇一七年に刊行された『沖縄県史　各論編6　沖縄戦』の編纂に関わって多くのことを吸収しました。またこの県史を執筆できる若手を育てようと、沖縄国際大学の吉浜忍さんからの誘いを受けて二人で沖縄戦若手研究会（若手研）を二〇〇四年に立ち上げ、私が沖縄に行く機会を利用して年数回の研究会をおこない、その成果が『沖縄戦を知る事典』と『続・沖縄戦を知る事典』として刊行されました。研究会は現在なお若手と元若手が一緒に参加して継続しています。残念ながら吉浜さんは二〇二四年八月に急逝されましたが、その意思は沖縄の中で着実に実を結びつつあると思います。この若手研での参加者の報告や議論、二次会で語られる、表にはなかなか出ない諸情報は私にとって何よりも学ぶところが多く、また研究への刺激となっています。県史と若手研で得たことなしに本書はなかったと思います。吉浜さんのご冥福をお祈りするとともに、みなさんに感謝したいと思います。

また本書の編集ならびに校閲にあたられた方々には大変お世話になりました。記してお礼申し上げます。

沖縄戦から八〇年、方向感覚を失って混沌《こんとん》とする世界のなかで、私たちはその経験から何を学び、何をしなければならないのか、あらためて考えたいと思います。

二〇二五年三月四日

林　博史

参考文献

＊ここでは本書で直接、引用参照した文献、ならびに基本的な文献だけを挙げた。

【史料】
米国立公文書館　米軍史料
沖縄県公文書館（アメリカでの収集史料、琉球政府史料など）
国会図書館憲政資料室（主にアメリカでの収集史料）
防衛省防衛研究所戦史研究センター　旧日本軍史料
国立公文書館　援護関係、戦犯裁判関係等
内閣府沖縄戦関係資料閲覧室　日本政府が保有している沖縄戦関係公文書など
アジア歴史資料センター（ウェブ上の資料館）

【県市町村史・字史】
（旧県史）
『沖縄県史　第9巻　沖縄戦記録1』一九七一年
『沖縄県史　第10巻　沖縄戦記録2』一九七四年
『沖縄県史料　近代1』一九七八年
（新県史）
『沖縄県史　各論編5　近代』二〇一一年

『沖縄県史　各論編8　女性史』二〇一六年
『沖縄県史　各論編6　沖縄戦』二〇一七年
『沖縄県史　各論編7　現代』二〇二二年
『沖縄県史　資料編1　民事ハンドブック』一九九五年
『沖縄県史　資料編2　琉球列島の沖縄人・他』一九九六年
『沖縄県史　資料編3　米国新聞にみる沖縄戦報道』一九九七年
『沖縄県史　資料編4　10th Army Operation Iceberg（原文編）』一九九七年
『沖縄県史　資料編12　アイスバーグ作戦（和訳編）』二〇〇一年
『沖縄県史　資料編14　琉球列島の軍政　1945-1950（和訳編）』二〇〇二年
『沖縄県史　資料編20　軍政活動報告（和訳編）』二〇〇五年
『沖縄県史　資料編23　沖縄戦日本軍史料』二〇一二年
沖縄県教育委員会編『沖縄戦研究』Ⅰ・Ⅱ、一九九八・一九九九年
（市町村史・字史）
『伊江島の戦中・戦後体験記録』伊江村教育委員会、一九九九年
『石垣市史　資料編　近代7　新聞集成Ⅳ』一九九一年
石垣市市史編集室『市民の戦時・戦後体験記録』第4集、一九八八年
『糸満市史　資料編7　戦時資料』上二〇〇三年、下一九九八年
『浦添市史　第5巻　資料編4　戦争体験記録』一九八四年

『新大宜味村史　戦争証言集　渡し番―語り継ぐ戦場の記憶―』二〇一五年
『沖縄市史　第5巻　戦争編』二〇一九年
『沖縄市史　第5巻　戦争編』CD版、二〇二〇年
沖縄市『戦争体験記』一九七八年
『恩納村史　第3巻　戦争編』二〇二二年
『上勢頭誌　中巻　通史編Ⅱ』一九九三年
『北中城村史』一九七〇年（旧村史）
『北中城村史 第4巻　戦争・証言編1』『同　戦争・証言編2』『同　戦争・論述編』二〇一〇年
『宜野座村誌　第2巻　資料編1　移民・開墾・戦争体験』一九八七年
『宜野湾市史　第3巻　資料編2　市民の戦争体験記録』一九八二年
『金武町史　第二巻　戦争・本編』『同　戦争・証言編』『同　戦争・資料編』二〇〇二年
『具志頭村史　第2巻　歴史編・教育編・沖縄戦編』一九九一年
『具志川市史　第2巻　新聞集成　大正・昭和戦前編』一九九三年
『具志川市史　第5巻　戦争編　戦時記録』『同　戦時体験Ⅰ』『同　戦時体験Ⅱ』二〇〇五年
『くんじゃん　国頭村近現代のあゆみ』二〇一六年
『久米島町史　資料編1　久米島の戦争記録』二〇二一年
『東風平町史　戦争体験記』一九九九年
『米須字誌』一九九二年

『座間味村史』上中下、一九八九年
『竹富町史　第11巻　資料編　新聞集成Ⅲ』一九九七年
『竹富町史　第12巻　資料編　戦争体験記録』一九九六年
『玉城村史　第6巻　戦時記録編』二〇〇四年
『知念村史　第三巻　戦争体験記』一九九四年
『北谷町民の戦時体験記録集』第一集、北谷町史編集事務局、一九八五年
『北谷町史　第五巻　資料編4　北谷の戦時体験記録』上下、一九九二年
北谷町『戦時体験記録』北谷町町史編集室、一九九五年
『豊見城村史　第6巻　戦争編』二〇〇一年
『豊見城市史　第4巻　移民編（本編）』二〇一六年
『中城村の沖縄戦　資料編』二〇二二年
『中城村の沖縄戦　証言編』上下、二〇二二年
『名護市史　本編3　名護・やんばるの沖縄戦』二〇一六年
『名護市史　本編3　名護・やんばるの沖縄戦　資料編2　沖縄戦時下における名護・やんばるの疎開と関係資料』二〇一八年
『名護市史　本編3　名護・やんばるの沖縄戦　資料編3　米軍政府と民間人収容地区　1945-1946年』二〇一九年
『名護市史　本編5　出稼ぎと移民Ⅰ　総括編・地域編』二〇〇八年

『名護市史　本編5　出稼ぎと移民Ⅱ　出稼ぎ＝移民先編』上、二〇〇八年
『名護市史　本編5　出稼ぎと移民Ⅲ　出稼ぎ＝移民先編』下、二〇〇八年
『名護市史　本編5　出稼ぎと移民Ⅳ　戦後編・展望』二〇〇八年
『名護市史　本編5　出稼ぎと移民　別冊資料編』二〇一〇年
名護市『語り継ぐ戦争』第3集、二〇一二年
『那覇市史　資料編第2巻中の6　戦時記録』一九七四年
『那覇市史　資料編第3巻7　沖縄の慟哭　市民の戦時・戦後体験記1』一九八一年
『那覇市史　資料編第3巻8　沖縄の慟哭　市民の戦時・戦後体験記2』一九八一年
『市民の戦時体験記』第1集、那覇市役所市史編集室、一九七一年
那覇市総務部女性室・那覇女性史編集委員会編『なは・女のあしあと—那覇女性史（近代編）』ドメス出版、一九九八年
『南城市の沖縄戦　資料編』二〇二〇年
『西原町史　第3巻　資料編2　西原の戦時記録』一九八七年
『南風原町史　第3巻　南風原が語る沖縄戦　ダイジェスト版』（改訂）二〇〇四年
『南風原町史　第9巻　戦世の南風原—語る　のこす　つなぐ—』二〇一三年
南風原町史編集委員会『南風原町沖縄戦戦災調査8　山川が語る沖縄戦』一九九四年
南風原町史編集委員会『南風原町沖縄戦戦災調査9　照屋が語る沖縄戦』一九九四年
『八重瀬町史　戦争編』二〇二二年

『与那原町史　戦時記録編　与那原の沖縄戦』二〇一一年
『読谷村史　第5巻　資料編4　戦時記録』上下、二〇〇二・二〇〇四年

【文献】＊出版社名がないのは私家版

赤嶺守編『「沖縄籍民」の台湾引揚げ　証言・資料集』琉球大学法文学部、二〇一八年
秋山かおり「第二次世界大戦期ハワイ準州における戦争捕虜収容」、「アメリカ史研究」No.46、二〇〇三年
アクティブ・ミュージアム「女たちの戦争と平和資料館」編『軍隊は女性を守らない―沖縄の日本軍慰安所と米軍の性暴力』二〇一二年
浅井春夫『沖縄戦と孤児院』吉川弘文館、二〇一六年
安里延『沖縄海洋発展史』一九四一年
安仁屋政昭『沖縄の無産運動』ひるぎ社、一九八三年
安仁屋政昭『近代沖縄の民衆運動』あけぼの出版、二〇一九年
安仁屋政昭編『裁かれた沖縄戦』晩聲社、一九八九年
荒井紀雄『戦さ世の県庁』一九九二年
新崎盛暉『沖縄現代史への証言』上、沖縄タイムス社、一九八二年
蟻塚亮二『沖縄戦と心の傷―トラウマ診療の現場から』大月書店、二〇一四年
粟屋憲太郎・川島高峰編『敗戦時全国治安情報』第一巻、一九九四年

家永三郎『戦争責任』岩波書店、一九八五年
石川文洋『戦場カメラマン』朝日文庫、一九八六年
石川政秀『沖縄キリスト教史』いのちのことば社、一九九四年
石原昌家『虐殺の島―皇軍と臣民の末路』晩聲社、一九七八年
石原昌家『証言・沖縄戦―戦場の光景』青木書店、一九八四年
石原昌家『沖縄の旅・アブチラガマと轟の壕』集英社新書、二〇〇〇年
石原ゼミナール・戦争体験記録研究会『大学生の沖縄戦記録』ひるぎ社、一九八五年
石原ゼミナール・戦争体験記録研究会『もうひとつの沖縄戦―マラリア地獄の波照間島』ひるぎ社、一九八三年
井澗裕「樺太国民義勇戦闘隊―国民皆兵の歪みとその余波」、日ソ戦争史研究会編『日ソ戦争史の研究』勉誠出版、二〇二三年
一ノ瀬俊也『故郷はなぜ兵士を殺したか』角川書店、二〇一〇年
浦崎康華『戦争と平和の谷間から』出版・大永、一九八三年
浦崎純『消えた沖縄県』沖縄時事出版社、一九六五年
海野福寿・権丙卓『恨　朝鮮人軍夫の沖縄戦』河出書房新社、一九八七年
大内建二『戦う日本漁船』光人社（NF文庫）、二〇一一年
大江志乃夫編・解説、家永三郎序『支那事変大東亜戦争間動員概史』（復刻）不二出版、一九八八年
大倉忠夫『奄美・喜界島の沖縄戦―沖縄特攻作戦と米軍捕虜斬首事件』高文研、二〇二一年

大城将保『改訂版　沖縄戦』高文研、一九八八年
大田静男『八重山の戦争』南山舎、一九九六年
大田昌秀『総史沖縄戦』岩波書店、一九八二年
大田昌秀『久米島の「沖縄戦」―空襲・久米島事件・米軍政』沖縄国際平和研究所、二〇一六年
大田嘉弘『沖縄陸・海・空戦史』相模書房、一九八八年
大矢英代『沖縄「戦争マラリア」―強制疎開死３６００人の真相に迫る』あけび書房、二〇二〇年
沖縄県警察史編さん委員会編『沖縄県警察史』第2巻、一九九三年
『沖縄県ハンセン病証言集』全3巻（資料編、宮古南静園編、沖縄愛楽園編）、二〇〇六―二〇〇七年
沖縄県立第二中学校32期生『戦世を生きた二中生』一九八六年
沖縄県子ども総合研究所編『沖縄子どもの貧困白書』かもがわ出版、二〇一七年
沖縄県婦人連合会『母たちの戦争体験』一九八六年
沖縄女性史を考える会編『沖縄と「満洲」―「満洲一般開拓団」の記録』明石書店、二〇一三年
沖縄戦・精神保健研究会編『沖縄からの提言―戦争とこころ』沖縄タイムス社、二〇一七年
荻野富士夫『特高警察体制史―社会運動抑圧取締の構造と実態』せきた書房、一九八四年
沖本富貴子『沖縄戦に動員された朝鮮人』アジェンダ・プロジェクト、二〇二〇年
笠原十九司『日中戦争全史』上下、高文研、二〇一七年
蒲豊彦編『三竈島事件―日中戦争下の虐殺と沖縄移民』現代書館、二〇一八年
川島高峰『銃後―流言・投書の「太平洋戦争」』読売新聞社、一九九七年

川田文子『赤瓦の家―朝鮮から来た従軍慰安婦』筑摩書房、一九八七年
川名紀美『女も戦争を担った』冬樹社、一九八二年
川満彰『陸軍中野学校と沖縄戦―知られざる少年兵「護郷隊」』吉川弘文館、二〇一八年
川満彰『沖縄戦の子どもたち』吉川弘文館、二〇二一年
川満彰・林博史『沖縄県知事　島田叡と沖縄戦』沖縄タイムス社、二〇二四年
菊池邦作『徴兵忌避の研究』立風書房、一九七七年
基地・軍隊を許さない行動する女たちの会『沖縄・米兵による女性への性犯罪（1945年4月～2021年12月）』第13版、二〇二三年
儀同保『慶良間戦記』叢文社、一九八〇年
宜野湾がじゅまる会編『戦禍と飢え―宜野湾市民が綴る戦争体験』一九七九年
金城重明『「集団自決」を心に刻んで』高文研、一九九五年
具志堅隆松『ぼくが遺骨を掘る人「ガマフヤー」になったわけ。』合同出版、二〇一二年
県立農林第42期回想録編集委員会編『比謝の流れはとこしえに』一九九六年
行田稔彦『生と死・いのちの証言　沖縄戦』新日本出版社、二〇〇八年
古賀徳子「沖縄戦における日本軍「慰安婦」制度の展開」1、「季刊戦争責任研究」第60―63号、二〇〇八―二〇〇九年
古賀徳子・吉川由紀・川満彰編『続・沖縄戦を知る事典―戦場になった町や村』吉川弘文館、二〇二四年
犀川一夫『ハンセン病政策の変遷』沖縄ハンセン病予防協会、一九九九年

斉藤利彦『国民義勇戦闘隊と学徒隊―隠蔽された「一億総特攻」』朝日新聞出版、二〇二一年
『サイパン会誌―想い出のサイパン』一九八六年
榊原昭二『沖縄・八十四日の戦い』新潮社、一九八三年
島袋貞治著、琉球新報社編『奔流の彼方へ―戦後70年沖縄秘史』新報新書、二〇一六年
下嶋哲朗『生き残る　沖縄・チビチリガマの戦争』晶文社、一九九一年
下嶋哲朗『チビチリガマの集団自決―「神の国」の果てに』凱風社、二〇〇〇年
下嶋哲朗『非業の生者たち―集団自決　サイパンから満州へ』岩波書店、二〇一二年
謝花直美『戦場の童―沖縄戦の孤児たち』沖縄タイムス社、二〇〇五年
謝花直美『証言　沖縄「集団自決」―慶良間諸島で何が起きたか』岩波新書、二〇〇八年
セア・ビビンズ『アメリカの一水兵の沖縄戦日記』名護市教育委員会、一九八八年
瀬良垣克夫『我が家の戦争記録』一九八九年
尖閣列島戦時遭難死没者慰霊之碑建立事業期成会編『沈黙の叫び―尖閣列島戦時遭難事件』南山舎、二〇〇六年
創価学会青年部沖縄県反戦出版委員会編『戦争を知らない世代へ　No.1　沖縄編　打ち砕かれしうるま島』第三文明社、一九七四年
創価学会青年部反戦出版委員会編『戦争を知らない世代へ　No.6　沖縄編　沖縄戦―痛恨の日々』第三文明社、一九七五年
竹内康人編著『戦時朝鮮人強制労働調査資料集　増補改訂版　連行先一覧・全国地図・死亡者名簿』神戸

学生青年センター出版部、二〇一五年
田中徳祐『我ら降伏せず』立風書房、一九八三年
崔吉城（チェ・キルソン）「サハリン瑞穂村の朝鮮人虐殺事件」、「世界の日本研究２００５」国際日本文化研究センター、二〇〇六年
津田邦宏『沖縄処分―台湾引揚者の悲哀』高文研、二〇一九年
津田憲一「加計呂麻島旅日記」、「歴史地理教育」二〇二〇年一二月号
仲宗根政善『ひめゆりの塔をめぐる人々の手記』角川書店、一九八〇年
仲田精昌『島の風景』晩聲社、一九九九年
中田龍介編『八重山歴史読本』南山舎、二〇〇四年
永田由利子『オーストラリア日系人強制収容の記録』高文研、二〇〇二年
中村仁勇『沖縄・阿嘉島の戦闘』元就出版社、二〇一三年
西平英夫『ひめゆりの塔　学徒隊長の手記』雄山閣、一九九五年
日韓共同「日本軍慰安所」宮古島調査団、洪玧伸編『戦場の宮古島と「慰安所」』なんよう文庫、二〇〇九年
野里洋『汚名―第二十六代沖縄県知事泉守紀』講談社、一九九三年
野村進『海の果ての祖国』時事通信社、一九八七年
野村正起『船工26の沖縄戦』亜細亜書房、一九九八年
濱川昌也『私の沖縄戦記』那覇出版社、一九九〇年

林えいだい『増補版　証言・樺太朝鮮人虐殺事件』風媒社、一九九二年
原田政右衛門『大日本兵語辞典』増補改訂版、成武堂、一九二一年（復刻、国書刊行会、一九八〇年）
ひめゆり同窓会相思樹会『戦争と平和のはざまで―相思樹会の軌跡』一九九八年
ひめゆり平和祈念資料館『ひめゆり平和祈念資料館ガイドブック　展示と証言』二〇二三年
福地曠昭『防衛隊』沖縄時事出版、一九八五年
藤原彰編著『沖縄戦と天皇制』立風書房、一九八七年
藤原彰編著『沖縄戦―国土が戦場になったとき』青木書店、一九八七年
藤原彰『餓死した英霊たち』青木書店、二〇〇一年
藤原彰『中国戦線従軍記』大月書店、二〇〇二年
ブラジル沖縄県人会『ブラジル沖縄県人移民史―笠戸丸から90年』二〇〇〇年
防衛庁防衛研修所戦史室『沖縄方面陸軍作戦』朝雲新聞社、一九六八年
防衛庁防衛研修所戦史室『沖縄方面海軍作戦』朝雲新聞社、一九六八年
保坂廣志『戦争動員とジャーナリズム』ひるぎ社、一九九一年
保坂廣志『沖縄戦下の日米インテリジェンス』紫峰出版、二〇一三年
保坂廣志『沖縄戦のトラウマ―心に突き刺す棘』紫峰出版、二〇一四年
保坂廣志『沖縄戦捕虜の証言―針穴から戦場を穿つ』上下、紫峰出版、二〇一五年
保坂廣志『沖縄戦将兵のこころ―生身の捕虜調査』紫峰出版、二〇一六年
保坂廣志『硫黄島・沖縄戦場日記』１・２、紫峰出版、二〇二一年

保坂廣志『首里城と沖縄戦』集英社新書、二〇二四年
細川護貞『細川日記』中央公論社、一九七八年
又吉盛清『大日本帝国植民地下の琉球沖縄と台湾』同時代社、二〇一八年
松田良孝『台湾疎開―「琉球難民」の1年11か月』南山舎、二〇一〇年
丸山眞男『現代政治の思想と行動　増補版』未来社、一九六四年
三上智恵『証言　沖縄スパイ戦史』集英社新書、二〇二〇年
水島朝穂・大前治『検証防空法―空襲下で禁じられた避難』法律文化社、二〇一四年
宮城晴美『新版　母の遺したもの―沖縄・座間味島「集団自決」の新しい事実』高文研、二〇〇八年
宮城正行『行きて帰るまで』一九六四年
宮里真厚『少国民のたたかい　乙羽岳燃ゆ』一九九五年
宮本正男『沖縄戦に生き残る』一九八四年
宮良作『日本軍と戦争マラリア』新日本出版社、二〇〇四年
森杉多『空白の沖縄戦記』昭和出版、一九七五年
屋嘉比収『沖縄戦、米軍占領史を学びなおす―記憶をいかに継承するか』世織書房、二〇〇九年
靖国神社国営化反対沖縄キリスト者連絡会『戦争賛美に異議あり！―沖縄における慰霊塔碑文調査報告』
一九八三年
八原博通『沖縄決戦―高級参謀の手記』読売新聞社、一九七二年
山内武夫『怯兵記―サイパン投降兵の手記』大月書店、一九八四年

山川泰邦『秘録沖縄戦記』読売新聞社、一九六九年
山城善光『山原の火―昭和初期農民闘争の記録』沖縄タイムス社、一九七五年
山城正夫『シマの戦争　戦争体験記』一九九五年
山田朗『昭和天皇の軍事思想と戦略』校倉書房、二〇〇二年
山田朗『大元帥　昭和天皇』新日本出版社、一九九四年（ちくま学芸文庫、二〇二〇年）
山本義中『沖縄戦に生きて―一歩兵小隊長の手記』ぎょうせい、一九八七年
吉川麻衣子『沖縄戦を生きぬいた人びと』創元社、二〇一七年
吉川由紀「ハンセン病患者の沖縄戦」上下、「季刊戦争責任研究」第40・41号、二〇〇三年
吉田健正『沖縄戦　米兵は何を見たか』彩流社、一九九六年
吉田裕『日本の軍隊―兵士たちの近代史』岩波新書、二〇〇二年
吉田裕『日本軍兵士―アジア・太平洋戦争の現実』中公新書、二〇一七年
吉浜忍『沖縄の戦争遺跡―〈記憶〉を未来につなげる』吉川弘文館、二〇一七年
吉浜忍・林博史・吉川由紀編『沖縄戦を知る事典―非体験世代が語り継ぐ』吉川弘文館、二〇一九年
陸上自衛隊幹部学校『沖縄作戦における沖縄島民の行動に関する史実資料』一九六〇年
琉球弧を記録する会編『島クトゥバで語る戦世』一九九七年
琉球新報社会部編『未来に伝える沖縄戦』1―7、琉球新報社、二〇一三―二〇二二年
琉球政府文教局『琉球史料　第三集　教育編』一九五八年
ロバート・シャーロッド著、中野五郎訳『サイパン』光文社、一九五一年

渡辺考『沖縄　戦火の放送局―軍隊に飲み込まれたラジオ』大月書店、二〇二三年

【英語文献】

Appleman, Roy E. et al. *The War in the Pacific: OKINAWA: The Last Battle*, Washington DC.: Center of Military History, United States Army, 1948.（米国陸軍省編、外間正四郎訳『日米最後の戦闘』サイマル出版会、一九六八年（『沖縄　日米最後の戦闘』光人社NF文庫、一九九七年）、アメリカ陸軍省戦史局編、喜納建勇訳『沖縄戦　第二次世界大戦最後の戦い』出版舎Mugen、二〇一一年）

Feifer, George, *Tennozan: The Battle of Okinawa and the Atomic Bomb*, Houghton Mifflin, 1992.（ジョージ・ファイファー、小城正訳『天王山―沖縄戦と原子爆弾』上下、早川書房、一九九五年）

Hallas, James H., *Killing Ground on Okinawa: The Battle for Sugar Loaf Hill*, Westport: Praeger, 1996.（ジェームス・H・ハラス、猿渡青児訳『沖縄　シュガーローフの戦い―米海兵隊地獄の7日間』光人社、二〇〇七年）

Sledge, E. B., *With the Old Breed: At Peleliu and Okinawa*, California: Presidio Press, 1981.（ユージン・B・スレッジ、伊藤真・曽田和子訳『ペリリュー・沖縄戦記』講談社学術文庫、二〇〇八年）

【林博史の文献】

『沖縄戦と民衆』大月書店、二〇〇一年

『沖縄戦　強制された「集団自決」』吉川弘文館、二〇〇九年

『沖縄戦が問うもの』大月書店、二〇一〇年
『戦犯裁判の研究』勉誠出版、二〇一〇年
『米軍基地の歴史―世界ネットワークの形成と展開』吉川弘文館、二〇一二年
『暴力と差別としての米軍基地　沖縄と植民地―基地形成史の共通性』かもがわ出版、二〇一四年
『日本軍「慰安婦」問題の核心』花伝社、二〇一五年
『沖縄からの本土爆撃―米軍出撃基地の誕生』吉川弘文館、二〇一八年
『朝鮮戦争―無差別爆撃の出撃基地・日本』高文研、二〇二三年
（論文・史料紹介）
「インドに抑留された日本人民間抑留者」、関東学院大学経済学部総合学術論叢「自然・人間・社会」第25号、一九九八年七月
「沖縄戦における脱走兵について」、「季刊戦争責任研究」第26号、一九九九年一二月
「暗号史料にみる沖縄戦の諸相」、「史料編集室紀要」沖縄県教育委員会、第28号、二〇〇三年三月
「資料紹介　占領軍進駐直後の米兵による強かん事件捜査報告書」日本の戦争責任資料センター研究事務局（文責・林博史）、「季刊戦争責任研究」第40号、二〇〇三年六月
「サイパンで米軍に保護された日本民間人の意識分析」、関東学院大学経済学部総合学術論叢「自然・人間・社会」第45号、二〇〇八年七月
「ナウルでのハンセン病患者の集団虐殺事件」上下、「季刊戦争責任研究」第64・65号、二〇〇九年六月・九月（林博史『戦犯裁判の研究』勉誠出版、二〇一〇年に収録）

「資料紹介　第三十二軍（沖縄）臨時軍法会議に関する資料」、「季刊戦争責任研究」第79号、二〇一三年三月
「資料紹介　占領下沖縄における米兵による性犯罪」、「季刊戦争責任研究」第80号、二〇一三年六月
「資料紹介　沖縄・宮古島における日本軍慰安所」、「季刊戦争責任研究」第84号、二〇一五年六月
「戦犯裁判と沖縄出身者―大日本帝国の戦争のなかの沖縄」、「季刊戦争責任研究」第91号、二〇一八年一二月

林 博史（はやし ひろふみ）

一九五五年、神戸市生まれ。現代史研究者、一橋大学大学院社会学研究科博士課程修了（社会学博士）。関東学院大学名誉教授。主な著書に『沖縄戦と民衆』『沖縄戦が問うもの』（大月書店）、『沖縄戦　強制された「集団自決」』『米軍基地の歴史　世界ネットワークの形成と展開』『帝国主義国の軍隊と性　売春規制と軍用性的施設』（吉川弘文館）、『朝鮮戦争　無差別爆撃の出撃基地・日本』（高文研）、『BC級戦犯裁判』（岩波新書）、『日本軍「慰安婦」問題の核心』（花伝社）等多数。

沖《おき》縄《なわ》戦《せん》　なぜ20万《まん》人《にん》が犠《ぎ》牲《せい》になったのか

集英社新書一二六〇D

二〇二五年四月二二日　第一刷発行
二〇二五年六月二四日　第三刷発行

著者……林《はやし》　博史《ひろふみ》

発行者……樋口尚也

発行所……株式会社集英社
東京都千代田区一ツ橋二-五-一〇　郵便番号一〇一-八〇五〇
電話　〇三-三二三〇-六三九一（編集部）
　　　〇三-三二三〇-六〇八〇（読者係）
　　　〇三-三二三〇-六三九三（販売部）書店専用

装幀……原　研哉

印刷所……株式会社DNP出版プロダクツ　TOPPANクロレ株式会社

製本所……加藤製本株式会社

定価はカバーに表示してあります。

ISBN 978-4-08-721360-7 C0221

Printed in Japan

a pilot of wisdom

集英社新書　好評既刊

歴史・地理——D

日本人の魂の原郷 沖縄久高島　比嘉康雄
沖縄の旅・アブチラガマと轟《とどろき》の壕　石原昌家
アメリカのユダヤ人迫害史　佐藤唯行
ヒロシマ——壁に残された伝言　井上恭介
英仏百年戦争　佐藤賢一
死刑執行人サンソン　安達正勝
僕の叔父さん 網野善彦　中沢新一
反米大陸　伊藤千尋
陸海軍戦史に学ぶ 負ける組織と日本人　藤井非三四
在日一世の記憶　小熊英二 姜尚中 編
江戸・東京 下町の歳時記　荒井 修
日本人の坐り方　矢田部英正
江戸っ子の意地　安藤優一郎
人と森の物語　池内 紀
ローマ人に学ぶ　本村凌二
北朝鮮で考えたこと　テッサ・モーリス-スズキ

司馬遼太郎が描かなかった幕末　一坂太郎
縄文人からの伝言　岡村道雄
14歳〈フォーティーン〉満州開拓村からの帰還　澤地久枝
日本とドイツ ふたつの「戦後」　熊谷 徹
江戸の経済事件簿 地獄の沙汰も金次第　赤坂治績
「火附盗賊改」の正体 ——幕府と盗賊の三百年戦争　丹野 顯
在日二世の記憶　小熊英二 高賛侑 高秀美 編
シリーズ〈本と日本史〉①『日本書紀』の呪縛　吉田一彦
シリーズ〈本と日本史〉③ 中世の声と文字 親鸞の手紙と『平家物語』　大隅和雄
シリーズ〈本と日本史〉④ 宣教師と『太平記』　神田千里
「天皇機関説」事件　山崎雅弘
列島縦断「幻の名城」を訪ねて　山名美和子
大予言「歴史の尺度」が示す未来　吉見俊哉
十五歳の戦争 陸軍幼年学校「最後の生徒」　西村京太郎
物語 ウェールズ抗戦史 ケルトの民とアーサー王伝説　桜井俊彰
シリーズ〈本と日本史〉② 遣唐使と外交神話『吉備大臣入唐絵巻』を読む　小峯和明
テンプル騎士団　佐藤賢一